Sven J. Körner

RECAA –
Werkzeugunterstützung in der Anforderungserhebung

RECAA –
Werkzeugunterstützung in der Anforderungserhebung

von
Sven J. Körner

Dissertation, Karlsruher Institut für Technologie (KIT)
Fakultät für Informatik
Tag der mündlichen Prüfung: 07. Februar 2014
Referenten: Prof. Dr. Walter F. Tichy, Prof. Dr. Tanja Schultz

Impressum

 Scientific
Publishing

Karlsruher Institut für Technologie (KIT)
KIT Scientific Publishing
Straße am Forum 2
D-76131 Karlsruhe

KIT Scientific Publishing is a registered trademark of Karlsruhe
Institute of Technology. Reprint using the book cover is not allowed.

www.ksp.kit.edu

Print on Demand 2014

ISBN 978-3-7315-0191-6
DOI: 10.5445/KSP/1000039460

Karlsruhe Institute of Technology

RECAA -
Werkzeugunterstützung in
der Anforderungserhebung

zur Erlangung des akademischen Grades eines

Doktors der Ingenieurwissenschaften

der Fakultät für Informatik
des Karlsruher Instituts für Technologie (KIT)

genehmigte

Dissertation

von

Sven J. Körner

aus Bad Friedrichshall

Tag der mündlichen Prüfung: 07. 02. 2014
Erster Gutachter: Prof. Dr. Walter F. Tichy
Zweiter Gutachter: Prof. Dr. Tanja Schultz

Vorwort

„Computers can figure out all kinds of problems, except the things in the world that just don't add up.", James Magary

Stellen Sie sich vor, sie haben Ihr Studium beendet und überlegen, was Sie mit Ihrem Leben anfangen möchten. Bei einem Vorstellungsgespräch wird Ihnen erklärt, dass Sie „vom Typ her dafür geeignet wären, zu promovieren". „Wie bitte? - Ich?" waren meine ersten Gedanken. Aber nach kurzer Überlegung machte ich mich mit dem angebotenen Stipendium daran, meinen Doktorvater Walter F. Tichy zu finden. Die Möglichkeit zu arbeiten und nebenbei zu promovieren klingt schwierig, ist aber möglich, wenn man sich seine Zeiten entsprechend einteilt. Sowohl von Seiten der Firma, als auch von Seiten der Universität wurde mir das Arbeiten und Forschen erleichtert; es gilt nur, sich selbst darum zu kümmern und auch entsprechend Dinge einzufordern. Ich weiß nicht, ob ich eine Promotion berufsbegleitend für jeden empfehlen kann, aber die Vorteile liegen auf der Hand: nach nunmehr 7 Jahren Forschung habe ich zugleich auch 8 Jahre Berufserfahrung. Und zur Zeiteinteilung habe ich einen Spruch meines Doktorbruders verinnerlicht: *Man denkt nicht schneller, nur weil man öfter da ist.*

Letztendlich gilt es nun allen zu Danken, die mir geholfen haben, mein Ziel zu erreichen. Allen voran sind das meine Frau, meine Familie und Freunde. Gesunde Bemerkungen zur Arbeitslast, regelmäßige Nachfragen zum Arbeitsstand und gut gemeinte Ermutigungen halfen. Wirklich. Als nächstes gilt der Dank meinem Doktorvater Walter F. Tichy. Er hat mir gezeigt, dass man für Dinge, die man will, arbeiten muss. Seine Kritik ist meist unverblümt und direkt, aber nie persönlich. Das macht die Arbeit effektiver und qualitativ besser. Und mit Kritik umgehen zu können hat noch niemand geschadet. Ein schöner Nebeneffekt: wenn Walter sagt, dass etwas gut ist, dann ist das auch so. Auf internationalen Konferenzen muss man sich dann keine Sorgen machen.

Eine echte Bereicherung bei der akademischen Arbeit waren meine Studenten, deren Diplom-, Studien- und Bachelorarbeiten ich betreute. Wie von Walter gelernt, habe ich immer viel erwartet und dies auch angekündigt. Ich denke es spricht für sich, dass bis auf eine Ausnahme, jede studentische Arbeit eine internationale Veröffentlichung nach sich zog. Ein weiterer großer Dank geht an meine Doktor-Geschwister, auf deren Unterstützung und Hinweise ich immer zählen konnte: es macht Spaß, mit euch zu diskutieren! Zu guter Letzt möchte ich mich noch bei Marc Kresin und Marc Koch bedanken, ohne deren Einsatz, Rücksicht und Unterstützung das Stipendiat der legodo ag nicht möglich gewesen wäre.

Abschließend sei gesagt, dass diese Promotion wie erwartet eine lehrreiche Zeit war. Die Idee abzubrechen kam mir nie, auch wenn es die ein oder andere Durststrecke gab. Man sagte mir, das sei normal, ich solle mir keinen Kopf machen, denn:

Nur weil man öfter da ist, denkt man bekanntlich nicht schneller.

Inhaltsverzeichnis

Abstract

Die Anforderungserhebung (Requirements Engineering) ist der erste und wesentliche Teil der Softwareentwicklung. Bis heute besteht die Anforderungserhebung hauptsächlich aus manuellen Prozessen. Diese Prozesse sind fehleranfällig und die Qualität ihrer Ergebnisse hängt stark von den Fähigkeiten des Anforderungsanalysten (Requirements Engineer) ab. Somit ist die Anforderungserhebung ein früher Ansatzpunkt für die Verbesserungen der Softwareentwicklung in Puncto Qualität und Geschwindigkeit.

Unser Projekt RECAA (*Requirements Engineering Complete Automation Approach*) beschäftigt sich mit der Automatisierung dieser bisher manuellen Schritte. Der Fokus liegt auf der iterativen Arbeit der Anforderungsanalysten mit textuellen Spezifikationen. Die Verbesserung von Spezifikationen und deren anschließende Wandlung in Software-Modelle sind hierfür ein Beispiel. Die Qualität von Anforderungen beeinflusst die Qualität der zu erzeugenden Software direkt. Die Ergebnisse der Anforderungserhebung wirken sich damit auf den kompletten Software-Entwicklungszyklus aus.

Die Schwierigkeiten sind Widersprüche, Unvollständigkeiten und Mehrdeutigkeiten in der Spezifikation, sowie Missverständnisse bei der Formulierung von Anforderungen und der Interpretation ihrer Bedeutungen. Jedes Missverständnis führt zu Verzögerungen oder Fehlern und erzeugt Kosten. Diese Prozesse sind aber nicht einmalig, sondern treten iterativ auf. Da die textuelle Spezifikation in den meisten Fällen die Vertragsgrundlage zwischen Auftraggeber und -nehmer darstellt, müssen nachträgliche Änderungen in den Software-Modellen und deren Auswirkungen auf zuvor erstellte textuelle Spezifikationen erkannt werden.

Ziel dieser Arbeit war es, Teile der bisher rein manuellen Arbeitsschritte zu automatisieren und die Anforderungserhebung zu einem strukturierten Vorgang zu machen. Es zeigt sich an den im Zuge dieser Arbeit erstellten Prototypen, dass die hierbei erdachten Konzepte funktionieren.

Kapitel 1

Einleitung

„The problem with common sense is, that it is not so common", Voltaire

Diese Dissertation beschäftigt sich mit der Automatisierung von Anforderungserhebungen. Die Arbeit basiert auf der Annahme, dass das tiefere Verständnis von natürlicher Sprache helfen kann, bessere Maschinenmodelle zu erstellen [JM00]. Wir zeigen, dass es möglich ist, Werkzeuge zu erstellen, die natürlichsprachliche Anforderungen verarbeiten und für die Anforderungserhebung aufbereiten. Natürlicher Sprache ist allgegenwärtig – auch in der Softwareentwicklung.

Unsere Ansätze basieren auf linguistischen [BKK03, BBGT08, KZMB08] und psychologischen Aspekten [RG03, Rup02] im täglichen Umgang mit natürlicher Sprache. Wenn es möglich sein soll, dass Maschinen diese Arbeiten übernehmen, so müssen wir den Maschinen „gesundem Menschenverstand"[1] beibringen. Ziel dieser Arbeit ist eine Verknüpfung großer Wissensbasen (sogenannter Ontologien) mit Vorgängen der Softwaretechnik. Diese Herangehensweise soll einen neuen und hohen Automatisierungsgrad bei der Verarbeitung von Anforderungen auf Basis natürlicher Sprache ermöglichen.

1.1 Motivation

Die Anforderungserhebung (*Requirements Engineering*, kurz RE) beschäftigt sich mit Kundenwünschen für eine Software. Diese Anforderungen werden meist in textuellen Spezifikationen festgehalten [LV07, MFI04]. Das Zusammenspiel der beteiligten Personen bei der Erstellung von Anforderungen eines Softwaresystems ist unscharf spezifiziert, schwer zu strukturieren und auf Grund von Medienbrüchen und Prozesswechseln fehleranfällig [Sut02, SG09, Sta09]. Die präzise Formulierung von Anforderungen und die Überführung der darin enthaltenen Information für die anschließende Implementierung von Software bedeutet viel Aufwand. Die meisten Schritte der Anforderungserhebung sind heute manuell; vorhandene Werkzeuge unterstützen aber bei der Verwaltung [Vol09]. Die Werkzeugunterstützung fehlt, da die eigentliche Herausforderung in

---

[1]Engl.: common sense

der Auseinandersetzung mit natürlicher Sprache liegt. In der Literatur werden deshalb
für die Interaktion mit den Kunden (Stakeholder, Definition siehe 3.1.7) Verhaltensregeln vorgegeben [Rup06] und die Qualität der Anforderungen hängt von den Fähigkeiten
des Analysten ab. Gelhausen [Gel10] zeigte 2010, dass es möglich ist, aus natürlicher
Sprache UML-Modelle zu erzeugen, vorausgesetzt man kennt die semantische Bedeutung der einzelnen Satzteile. Abbildung 1.1 zeigt die Arbeit von Gelhausen, bei der der
Spezifikationstext manuell mit semantische Information annotiert wird. Die Erzeugung
der Modelle aus der annotierten Spezifikation wurden automatisiert. Der Ansatz betrachtet aber nicht den in der Arbeit mit Anforderungen vorherrschenden zirkulären Vorgang
(*Roundtrip*). Dieser beachtet, dass Änderungen an der Spezifikation oder an den daraus
erzeugten Modellen gegenseitige Auswirkungen haben. Eine Nichtbeachtung führt zu
Softwaredivergenz [Som04]. Abbildung 1.2 zeigt die Einführung diese *Round-Trips* im
Rahmen dieser Arbeit. Hierbei wurden drei Werkzeuge entwickelt, die diese Arbeitsvorgänge unterstützen sollen: RESI, AUTOANNOTATOR und REFS.

Das Problem der Informationserosion beim Übergang von der Spezifikation zum Modell und weiter in die Implementierung ist im Software-Entwicklungsprozess inhärent
verankert. Betrachtet man die Ausbreitung von Software auf alle Lebenslagen und die
Entwicklung des Marktes weltweit, so liegt der Rückschluss nahe, dass die Forschung
noch effizientere Wege der Softwareentwicklung hervorbringen muss. Selbst Firmen,
die die Softwareentwicklung nicht als ihre Hauptkompetenz betrachten oder aus anderen
Branchen kommen, müssen mittelfristig Software entwickeln oder entwickeln lassen.

Ein Beispiel wäre die Automobilbranche. In den frühen 80er Jahren kam Software
im Fahrzeug das erste mal im Bereich der Motorsteuerelektronik moderner Einspritzanlagen zum Tragen. Über die Jahre wuchs der Anteil von Software dann im Bereich
der Sicherheitssysteme (Antiblockiersystem ABS, Airbag, Elektronisches Stabilitätsprogramm ESP). Automobilhersteller im Jahre 2011 stehen allerdings vor ganz anderen Herausforderungen, was die totale Vernetzung der Fahrzeuge angeht: Sie benötigen
Software für Navigation, Mobilfunk, Internet, ja sogar Apps wie im Mobilfunkmarkt
bekannt, werden inzwischen dem Fahrer zur Verfügung gestellt. Hierfür benötigen sie
Werkzeuge, um die Entwicklung zu steuern und zu unterstützen.

Die Motivation zur Verbesserung der Anforderungserhebung ist die Vermeidung hoher Kosten, die durch Missverständnisse zwischen dem Auftraggeber (Stakeholder) und
dem Auftragnehmer (Produzent) entstehen [Sut02, S. 4]. Das Auffinden und Lösen von
Missverständnissen während der Projektlaufzeit soll beschleunigt werden, um unnötige
oder unbrauchbare Entscheidungen zu vermeiden. Hierbei ist die Erhebung von Anforderungen grundlegend für eine erfolgreiche Umsetzung der Kundenwünsche. Der
CHAOS Report der Standish Group [SG09] aus dem Jahr 2009 zeigt, dass Softwareprojekte durchschnittlich wenig erfolgreich verlaufen: 24% aller Projekte scheitern; le-

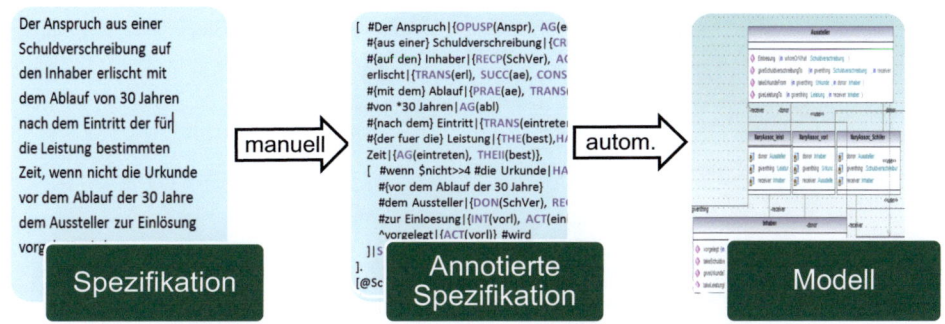

Abbildung 1.1: Gelhausen [GT07, Gel10] transformiert semantisch annotierte Anforderungen automatisch in UML-Modelle.

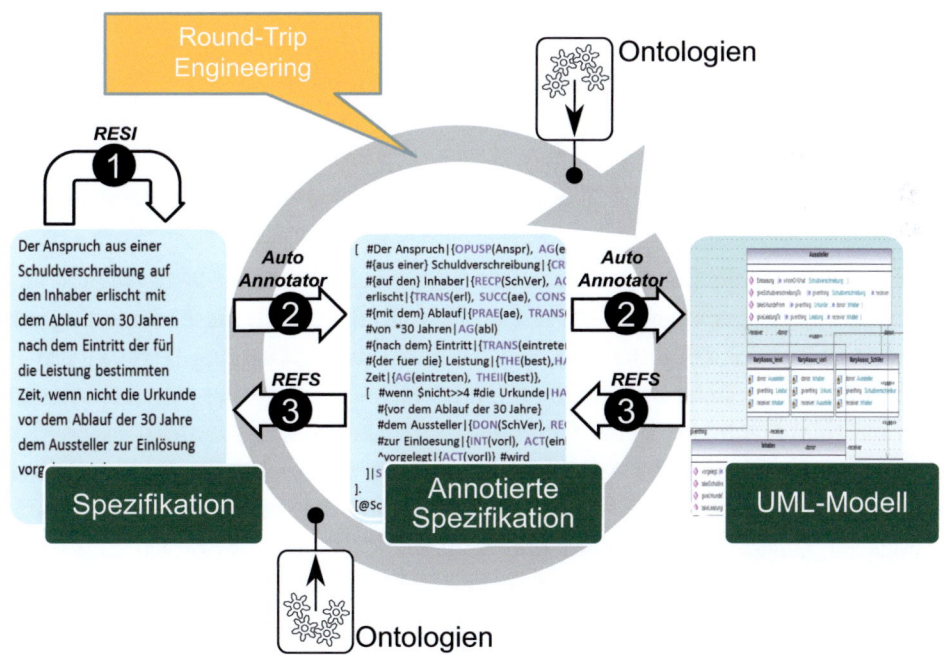

Abbildung 1.2: Das Konzept RECAA unterstützt das in Softwareprojekten vorherrschende iterative Vorgehen (Round-Trip Engineering)

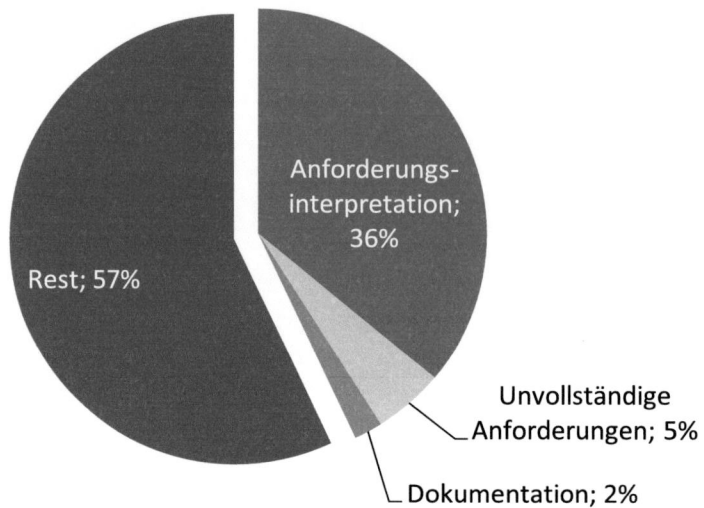

Abbildung 1.3: Anteil der Fehler eines Luftfahrt IT-Projekts, die nach dem Problemtyp klassifiziert sind [SKT$^+$92, S. 19]. 43% der Fehler sind auf Anforderungen zurückzuführen.

diglich 44% werden als teilweise erfolgreich eingestuft. Jan Stafford [Sta09] sieht unklare Anforderungen als vermeidbaren Hauptgrund für das Scheitern von Softwareprojekten. Bestätigt wird dies durch zahlreiche Studien, darunter ein Software-Projekt aus der Luftfahrtindustrie bei dem 43% aller Fehler auf Anforderungen zurückgeführt werden können (siehe Abbildung 1.3).

Auf Grund mangelhafter Spezifikationen scheitern Software-Projekte folglich an zu hohen Kosten oder extremem Lieferverzug. Deshalb findet sich die Anforderungserhebung in Arbeiten des IEEE [Cha05], von Stafford [Sta09], Haughey [Hau08] und von IBM [Per03] jeweils unter den primären Gründen, warum Software-Projekte scheitern. Stylus Inc. [inc] kommt bei seiner Umfrage *What makes software projects succeed?* auf einen Projektgesamtanteil der Anforderungserhebung von 15,9% für die Nutzerbeteiligung und 13% für die klare Formulierung der Anforderungen (siehe Tabelle 1.1). Die Umfrage zeigt auch, die Herausforderung von Anforderungen für Softwareprojekte mit einem Gesamtanteil an den Projektkosten von 36,9% (siehe Tabelle 1.2).

Um durchgehend bessere Ergebnisse im Bereich des RE zu erzielen, müssen Teile der Prozesse automatisiert und gleichzeitig für die Stakeholder verständlicher gemacht werden. Eine Arbeit auf der textuellen Repräsentation von Kundenwünschen ist erstrebenswert um das Verständnis am Software-Entwicklungsprozess für Stakeholder zu erhalten, denn natürlichsprachliche, textuelle Repräsentationen ermöglichen den Stakeholdern am Entwicklungsprozess teilzunehmen.

Tabelle 1.1: Erfolgsfaktoren für Projekte nach [inc]

#	Faktor	Anteil in %
1	Nutzerbeteiligung	15,9%
3	Klare Formulierung der Anforderungen	13,0%
4	Gute Planung	9,6%
..	..	..
	Erfolgsfaktoranteil der Anforderungen: 25,9%	

Tabelle 1.2: Herausforderungen für Projekte nach [inc]

#	Faktor	Anteil in %
1	Fehlender Nutzereinsatz	12,8%
2	Unvollständige Anforderungen und Spezifikationen	12,3%
3	Geänderte Anforderungen	11,8%
..	..	..
	Herausforderungsanteil der Anforderungen: 36,9%	

1.2 Problemstellung

Die Softwareentwicklung ist der Prozess der Übersetzung von menschlicher Vorstellung in Software. Heutzutage werden für die Entlockung[2] (*Requirements Elicitation*) dieser Vorstellungen Spezialisten benötigt. Diese sogenannten Anforderungs-*Analysten* erstellen die schriftliche Dokumentation der Kundenwünsche als Spezifikation. Im Software-Entwicklungsprozess werden die vagen Formulierungen der Beteiligten analysiert und dokumentiert, so dass Software-Entwickler die gewünschte Funktionalität umsetzen können.

Anforderungen werden häufig in natürlicher Sprache formuliert [MFI04, LV07]. Das birgt Probleme in der Ausdruckskraft, Vollständigkeit und Genauigkeit [Rup06, Rup02]. Diese Probleme müssen von den Spezifikationen (siehe 3.3) vom Analysten ohne Werkzeugunterstützung gefunden werden. Die heute verfügbaren Werkzeuge [Vol09] stellen lediglich Modellierungs- und Verwaltungsfunktionen für die manuell zu bearbeitenden Anforderungen bereit. Der im Rahmen dieser Arbeit durchgeführte Erfahrungsaustausch mit Automobilherstellern bestätigte dies.

Wir Menschen nutzen den *gesunden Menschenverstand*, um Mängel in Spezifikationen zu finden. Dieser beinhaltet neben dem linguistischen Verständnis für unsere Sprache (z.B. Grammatik, Satzbau, Wortwahl) auch semantische Prüfungen, bei denen wir die Bedeutung einer Aussage im Kontext bewerten. Diese Art der Auffindung von

---

[2]Rupp nennt die Requirements Elicitation in ihrem Standardwerk [Rup06] „Entlockung"

Mängeln ist dennoch problematisch, da der Anforderungsanalyst normalerweise kein Domänenexperte für die zu erstellende Software ist. Dies schränkt die Möglichkeiten des Analysten zur semantischen Korrektur entsprechend ein [KZMB08]. Und trotzdem fließen bei der Software-Modellerzeugung aus Spezifikationen Entwurfsentscheidungen mit ein, die durch das Verständnis des Analysten geprägt sind. Dieses Verständnis ist aber durchaus fehlerhaft – und das ohne, dass es der Analyst bemerkt.

Im Laufe der letzten drei Jahrzehnte hat das RE versucht diesen Problemen durch verschiedene Ansätze beizukommen. Allen voran sind die formalen Methoden (siehe 4.4), die textuelle Spezifikationen in mathematische Modelle wie z.B. Prädikatenlogik überführen. Formale Methoden bieten zwar die Möglichkeit, Spezifikationen auf Konsistenz und Widersprüche zu überprüfen, erweisen sich auf Grund ihrer Komplexität aber als unrealistisch im Realwelt-Einsatz. Ein weiterer Ansatz sind kontrollierte Sprachen (siehe 4.6.3), bei denen Grammatik und Wortschatz der natürlichen Sprache begrenzt wird, um mögliche Fehlformulierungen und Fehlinterpretationen so vermeiden. Kontrollierte Sprachen liefern zusammen mit Satzschablonen, die den Aufbau von Sätzen vorschreiben, einen Kompromiss für die heutige Anforderungserhebung: Einsatz von natürlicher Sprache bei vertretbarem Analyseaufwand. Allerdings sind für die Erstellung von Spezifikationen mit diesen Maßnahmen auch Spezialisten notwendig.

1.3 Gliederung der Dissertation

Der Dissertationsvorschlag ist wie folgt gegliedert. In Kapitel 2 werden die Zielsetzung und der Beitrag der Arbeit erläutert und die zentralen Thesen der Dissertation aufgestellt. Kapitel 3 gibt eine Einführung in die Grundlagen und Grundbegriffe der automatisierten Anforderungsermittlung und automatischen Modellerzeugung. Der Stand der Technik und die verwandten Arbeiten werden im darauffolgenden Kapitel behandelt. Die Konzepte und Lösungsansätze für die in dieser Arbeit beschriebene Dissertation werden in Kapitel 5 beschrieben. Kapitel 6 beschreibt die Implementierung und den Systemaufbau für die in Kapitel 7 durchgeführte Evaluierung.

Kapitel 2

Zielsetzung und Beitrag der Arbeit

Die Zielsetzung dieser Arbeit orientiert sich an den zuvor beschriebenen Problemen im Bereich der Anforderungserhebung und -erstellung. Abbildung 2.1 zeigt wie sich diese Arbeit (RECAA) im Softwareentwicklungsprozess neben den heute bereits verfügbaren CASE-Werkzeugen (*Computer Aided Software Engineering*) eingliedert. Traditionelle Anforderungsverwaltungswerkzeuge zählen zu den CASE-Werkzeugen. RECAA unterstützt vor allem die Analysephase der Softwareentwicklung durch Werkzeuge im Bereich der natürlichsprachlichen Anforderungen. Dieses Kapitel beschreibt den Beitrag der Arbeit im Forschungsbereich der Softwaretechnik, insbesondere der Anforderungsermittlung, und schließt mit den Thesen dieser Arbeit.

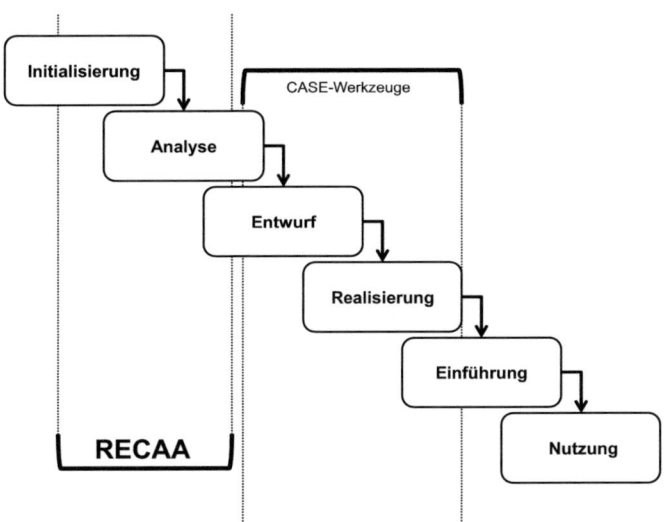

Abbildung 2.1: RECAA gliedert sich im klassischen Wasserfallmodell vor die Prozesskette der bereits verfügbaren CASE-Werkzeuge. Es schließt den Spalt zwischen Initialisierung und Entwurf.

2.1 Zielsetzung

Die meisten Arbeiten im Bereich der Anforderungserhebung und der anschließenden Modellbildung beschäftigen sich mit Verhaltens- und Vorgehensanweisungen für den Anforderungsanalysten. Diese Verhaltenskodexe sollen die Arbeit des Analysten mit den Stakeholdern strukturieren und kontrollieren [RG03][Rup02][Rup06]. Diese Arbeit soll dem Analysten Werkzeuge zur Hand zu geben, die die Arbeiten des Analysten von der Spezifikation zum Modell unterstützen.

Die natürlichsprachliche Spezifikation soll sprachlich zuerst so weit verbessert werden, dass eine optimale Ausgangslage für die automatische Modellerzeugung geschaffen ist (siehe (RESI) in Abbildung 1.2). Fehlerhafte und unvollständige Formulierungen, Widersprüche und Mehrdeutigkeiten werden erkannt und semi-automatisch entfernt. Gelhausen erzeugt Modelle durch die Nutzung annotierter Semantik. Die Annotation der Texte mit semantischen Zusatzinformationen wird nun automatisch vom Werkzeug bereitgestellt(AUTOANNOTATOR). Änderungen am Modell oder dessen einzelnen Elementen (REFS) werden automatisiert in die textuelle Spezifikation zurück geführt. So soll mit RECAA das *Round Trip Engineering* ermöglicht werden, das die Verbesserungen von Spezifikationen, die automatische Modellierung von textuellen Spezifikationen, als auch die Rückkopplung von Modelländerungen zurück in den Spezifikationstext unterstützt. Hierdurch sollen die Brüche in der Informationsübergabe zwischen dem Kunden und dem Analysten zum Zeitpunkt der Anforderungsermittlung geschlossen werden. Zusätzlich sollen mögliche Probleme zwischen dem Verständnis des Analysten und dem des Software-Architekten bereits bei der Modellierung der Anforderungen automatisch aufgezeigt werden. Eine direkte Korrektur ist dann möglich. Ziel ist es, die Menge an möglichen Fehlern im Bereich der Anforderungserhebung zu minimieren. Das Ziel dieser Arbeit ist:

- Prüfung der Handlungsanweisungen aus der Literatur

- Kategorisierung der Handlungsanweisungen

- Konzeptionelles Übertragen der Anweisungen in definierte Prozesse

- Prüfen der konzeptionellen Machbarkeit von Werkzeugen zur Unterstützung der Vorgehensweise

- Prüfung der möglichen technischen Umsetzung der jeweiligen Prozessschritte

- Implementierung der Vorgehensweisen in Softwarewerkzeuge zur Unterstützung der Anforderungsermittlung

2.1.1 Teilkonzept 1 - Ontologien als Wissensbasis

Forschungsergebnisse zeigen, dass Texte als Träger von semantischen Informationen mit Hilfe von Software verbessert werden können [LS04a, LS04b, LLSB04, LLM06, KJL09, Kro00]. Das erste Teilkonzept dieser Arbeit beschäftigt sich mit der Nutzung von Ontologien zur Extraktion und Anwendung von semantischen Informationen. Die Nutzung der inhärenten Semantik von Sprache in Computersystemen wird mit Hilfe von Ontologien erst möglich. Das Verarbeiten von inhärenter Semantik ist die Grundlage um Texte durch Computersysteme sprachlich verbessern und automatisch annotieren zu können (siehe Abbildung 1.2). Ontologien werden im Bereich der Anforderungsermittlung bereits eingesetzt (siehe Kapitel 4). Man nutzt sie aber eher rudimentär zur Prüfung der Konsistenz von selbst erzeugten Domänenmodellen. Die heute verfügbaren Speichermengen und die Rechenleistung durchschnittlicher Desktop-PCs ermöglicht inzwischen die Nutzung von umfangreichen Ontologien ohne leistungsfähige Server betreiben zu müssen. Bekannte Ontologien wie Cyc [Cyca] arbeiten mit über 300.000 Konzepten und mehr also 3 Millionen so genannter Zusicherungen unter diesen Konzepten. Diese Ontologien können als umfangreiche Wissensbasen benutzt werden und liefern im Zuge der Anforderungsermittlung Informationen für Computersysteme, die sonst nur menschlichen Nutzer durch Weltwissen zur Verfügung stehen. Folgende Ansatzpunkte werden betrachtet (und in den Kapiteln 5.4 und 5.5 umgesetzt):

- Ontologien können von Analysten im Zuge der Arbeit mit dem Kunden zur Verbesserung von Spezifikationen und somit der daraus entstehenden Software eingesetzt werden.

- Bei Unklarheiten und Problemen in Spezifikationen verlassen sich Analysten auf ihren gesunden Menschenverstand, unsere menschliche Ontologie. Für Computersysteme ist es in gewissem Umfang möglich diese Informationen aus dem Kontext mit Hilfe von Ontologien zu erschließen.

- Die Syntax von Texten in Spezifikationen ist für die Implementierung einer Software weniger wichtig, als die eigentliche Semantik (siehe auch [Gel10]). Ontologien unterstützen die semantische Auswertung (z.B. Schlussfolgerungen) von Informationen und stellen somit einen Zusammenhang zwischen Elementen eines Satzes her, der die Möglichkeiten von syntaxbasierten Ansätzen übersteigt. Die automatische Modellierung von textuellen Inhalten wird hierdurch unterstützt.

Es ist ausdrücklicher Fokus dieser Arbeit, bestehende Ontologien zu nutzen, anstatt spezifische Wissensbasen selbst zu erstellen. Die entsprechende Umsetzung dieser Konzepte finden sich in den Kapiteln 5.4 und 5.5.

2.1.2 Teilkonzept 2 - Sprache und Modelle

Weitere Arbeiten im Bereich der Anforderungsermittlung zeigen, dass textuelle Anforderungen und deren Modellrepräsentationen (Bsp. UML) ineinander überführt werden können [LL04][LL05]. Die Sprache und daraus resultierende Modelle sind also miteinander verknüpft. Es zeigt sich, dass optimierte Texte (wenige Mehrdeutigkeiten, unvollständige Formulierungen, etc.) zu besseren Modellen führen. Folgende Ergebnisse werden mit dem zweiten Teilkonzept angestrebt (siehe Kapitel 5.4):

- Unterstützung bei der Textenverbesserung durch automatisches Finden von Mehrdeutigkeiten, Prüfen von Formulierungen, gezielte Verbesserung von Quantoren.

- Gleichzeitiger Einsatz der aus Teilkonzept 1 verwendeten Ontologien und Nutzung der dadurch gewonnenen semantischen Informationen.

- Die Verbesserung von Texten durch die sinnvolle Verkettung von Weltwissen-Ontologien (Bsp. Cyc) als auch grammatikalischen Lexika (Bsp. WordNet) in einem Werkzeug.

2.1.3 Teilkonzept 3 - Round Trip Engineering

Die Anforderungsermittlung ist ein iterativer Prozess, der in Zusammenarbeit mit dem Kunden und den Analysten durchgeführt wird. Hierbei ist zu beachten, dass beide Parteien regelmäßig Anpassungen vornehmen; diese haben entsprechend Einfluss auf die Anforderungen. Zur Unterstützung dieses Vorgehens streben wir im dritten Teilkonzept REFS (siehe Kapitel 5.6) folgende Ergebnisse an:

- Die automatische Verbesserung von Spezifikationsänderungen durch gezieltes Rückfragen.

- Die automatische Überführung von Änderungen an der Spezifikation in ein bestehendes Softwaremodell.

- Die automatische Rückführung von Änderungen am Modell in die Spezifikation.

2.2 Beitrag

Diese Arbeit beschäftigt sich mit dem Erreichen einer weitgehenden Automatisierung der Anforderungsverarbeitung aus natürlicher Sprache und liefert einen grundlegenden Beitrag im Bereich der Werkzeugunterstützung der damit verbundenen manueller

Prozesse. Hierdurch wird die Anforderungsermittlung beschleunigt – und wie von Parnas' [Par85] gefordert – einem breiteren Nutzerkreis zugänglich. Die Fortschritte im Bereich der Ontologien ermöglichen es erstmalig, Automatisierungen durch Computersysteme in diesem Umfang umzusetzen.

Die Kombination aus Linguistik, maschineller Verarbeitung, Werkzeugunterstützung und interaktiver Nutzerführung sind neue Ansätze in der Softwareentwicklung. Diese Kombination erhöht die Verarbeitungsgeschwindigkeit von Anforderungen und Spezifikationen, verbessert die Qualität der Analysen und liefert gleichzeitig eine kontrollierte Vorgehensweise bei der Ermittlung von Anforderungen. Die Arbeit zeigt damit, dass es mit Hilfe von semantikverarbeitenden Programmen möglich ist, die Softwareentwicklung im Bereich der Anforderungen zu unterstützen. Die Evaluierung zeigt, dass im Rahmen dieser Arbeit entwickelte Werkzeuge sowohl für Fachleute (Analysten, Programmierer), als auch für den Kunden und Laien hilfreich sind.

Die Arbeit bildet die Grundlage für weitere Arbeiten in diesem Gebiet und ist zugleich eine Fortführung der Arbeit von Tom Gelhausen, welche sich mit der automatischen Modellerzeugung aus textuellen Spezifikationen beschäftigte. Am Lehrstuhl Prof. Tichy des IPD wurde eine Forschungsgruppe eingerichtet, die diese Ansätze mit der Vision des „Automatic Programming" [Par85, McL06] in der Forschung weiterführt.

2.3 Thesen

Im Folgenden werden die zu Grunde liegenden Thesen dieser Arbeit aufgestellt. Sie ergeben sich aus den Zielsetzungen, die in den vorangegangenen Abschnitten beschrieben wurden.

- These 1: Die Kombination von grammatikalischer Analyse, verfügbaren Texterkennern mit Ontologien und Lexika ermöglicht es, automatisiert sprachliche Mängel in Texten zu erkennen.

- These 2: Es ist möglich, die für die Modellierung erforderlichen inhärenten semantischen Informationen aus textuellen Spezifikation zu extrahieren und automatisch zu annotieren.

- These 3: Der Zusammenhang zwischen textuellen Spezifikationen, deren Modellrepräsentation und der entsprechenden Änderungen kann aufrecht erhalten werden. Somit ist es möglich, Änderungen am Text im Modell nachzuvollziehen und Änderungen am Modell im Text widerzuspiegeln.

Kapitel 3

Grundlagen

3.1 Grundbegriffe

Dieses Kapitel beschreibt Grundbegriffe, die in dieser Arbeit verwendet werden. Da zahlreiche Begriffe im Bereich der Softwaretechnik mehrere Definitionen besitzen, definieren wir in diesem Kapitel, wie die Begriffe in dieser Arbeit verwendet werden.

3.1.1 Natürliche Sprache

Natürliche Sprache ist das Hauptkommunikationsmedium der Menschen. Dies gilt auch in der Software-Entwicklung [LV07]. Natürliche Sprache folgt einer Grammatik, ist aber nicht so präzise wie formale Sprachen. Die natürliche Sprache ist nach neo-pragmatischer Position [Mic96] die Sicht der Welt als ein Kontinuum. Menschen beschreiben dieses Kontinuum abhängig von ihren Wahrnehmungen und der Historie. Die Sprache soll hierbei die Welt als wiedererkennbare Objekte beschreiben, deren Relationen zueinander wir erkennen. Bei Softwareprojekten verbindet die natürliche Sprache die verschiedenen Verständnisgrade von Domänenfachleuten und Domänenfremden. Die Kopplung von Verständnis und Wissen ist bei natürlicher Sprache aber nicht verlustfrei.

3.1.2 Definition Anforderungserhebung (Requirements Engineering)

Die Anforderungserhebung (Requirements Engineering, kurz: RE) ist ein Begriff der Software-Entwicklung. Sie umfasst das Sammeln, Dokumentieren, Analysieren und Verfolgen von Kundenanforderungen für ein zu erstellendes Softwareprodukt. Das IEEE [1] teilt die Anforderungserhebung in Anforderungsaufnahme (*elicitation*), Anforderungsanalyse (*analysis*), Anforderungsspezifikation und Anforderungsbewertung (*validation*)

---

[1] www.ieee.org

ein. Diese Schritte überlappen einander und werden in mehreren Iterationen durchgeführt. Nachdem die Anforderungen dokumentiert wurden, kümmert sich die Anforderungsverwaltung um die Zusammenhänge zwischen den Anforderungen und deren Implementierung. Durch die Analyse von Kundenanforderungen wird ein gemeinsames Verständnis zwischen Auftraggeber und Auftragsnehmer hergestellt. Für die Software-Entwicklung werden textuell dokumentierte Anforderungen anschließend in Software-Modelle transformiert. Der Prozess der Anforderungserhebung ist in Abbildung 3.1 illustriert und lässt sich wie folgt beschreiben:

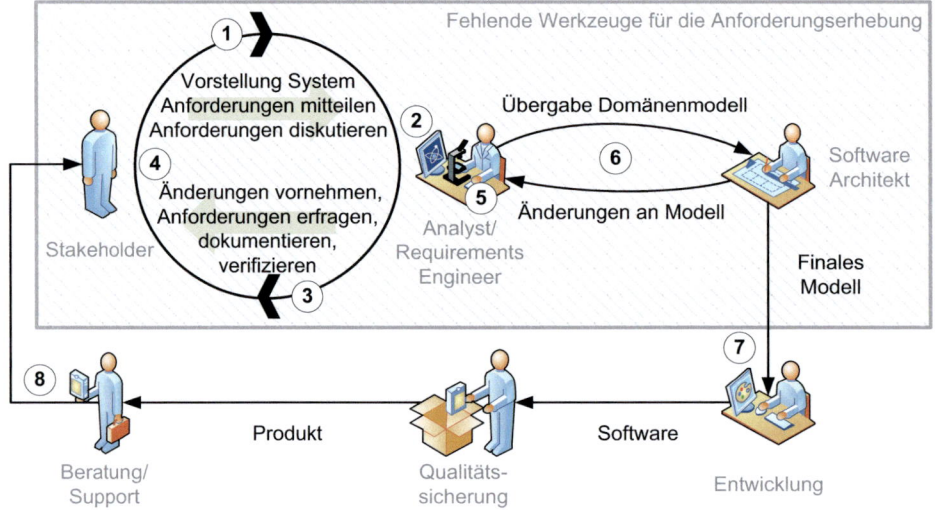

Abbildung 3.1: Der Anforderungsmanagement Prozess ohne Werkzeugunterstützung

1. Der Stakeholder[2] äußert seine Wünsche gegenüber dem Anforderungsanalysten. Er beschreibt eine Idee, die seinen Vorstellungen entspricht. Dies wird in Skizzen und textueller Form festgehalten.

2. Der Analyst versucht die Idee zu verstehen und diese in textueller Form strukturiert festzuhalten. Die Spezifikation entsteht. Hierbei erstellt der Analyst die ersten Modelle der Ideen. Im Zuge der Dokumentation und Modellüberprüfung stellt der Analyst mögliche Mängel in den Anforderungen fest.

3. Diese müssen nun den Stakeholdern mitgeteilt und im gemeinsamen Gespräch korrigiert und verifiziert werden um das gemeinsame Verständnis zu verbessern.

---

[2]Definition Stakeholder (engl.: Interessenvertreter), siehe 3.1.7

4. Der Prozess beginnt von vorne (über mehrere Iterationen).

5. Nach mehreren Iteration und zahlreichen Fehlerbehebungen wird die Spezifikation finalisiert und ein (Domänen-)Modell erzeugt. Das Modell wird an den Software-Architekten übergeben.

6. Der Software-Architekt nimmt etwaige Änderungen am Modell vor und trifft erste Entwurfsentscheidungen. Die getroffenen Entscheidungen müssen anschließend mit der Spezifikation verglichen werden, um sicher zu gehen, dass Anforderungen nicht verloren gehen. Der Architekt finalisiert dann das Software-Modell und übergibt dieses an die Entwicklung.

7. Das Softwaremodell wird von der Entwicklung implementiert.

8. Letztendlich erfolgt nach der Qualitätssicherung die Auslieferung an den Kunden[3]. Die Software wird nun eingeführt und installiert. Die später im Laufe der Zeit notwendige Wartung der Software und Anpassung an neue Geschäftsprozesse führt zu neuen Anforderungen oder hat Einfluss auf bestehende. Der beschriebene Prozess beginnt von vorne.

3.1.3 Definition Anforderung

Nach IEEE Standard 610.12 [IEE90] ist eine Anforderung eine Bedingung oder Möglichkeit, die von einem System erbracht oder besessen werden muss (oder einer Komponente eines Systems).

```
1  A modal window is a child window that requires the user to
2  interact with it before they can return to operating the parent
3  application, thus preventing any work on the application main
4  window.
```

Listing 3.1: Beispiel einer in dieser Dissertation verwendeten Spezifikation: MSDN - Modal Windows

Nach Sommerville [Som04][4] sind Anforderungen für ein System „Beschreibungen der bereitgestellten Dienste des Systems und dessen operationale Bedingungen." Anforderungen reflektieren den Bedarf des Kunden für ein System und können verschiedenartig strukturiert sein: Text, Bilder, Tabellen, Formeln, verbale Mitteilungen oder Videoaufzeichnungen. Der Fokus dieser Arbeit liegt auf textuellen Anforderungen. Diese sind weit verbreitet [Reg98, MFI04, LL05, LV07, Kof05b, JM09] und werden bei juristischen Auseinandersetzungen oft verwendet. Weitere Beispiele für in dieser Dissertation verwendete Anforderungen finden sich im Anhang E.

---

[3]Definition Kunde siehe Abschnitt 3.1.6
[4]Übersetzt aus der englischen Buchversion, S. 118

3.1.4 Definition Modell

Ein Modell ist eine Beschreibung eines existierenden Gebildes oder eine Vorschrift für ein noch zu erstellendes Gebilde [Sta73, Lud04]. Dieses Gebilde kann ein Objekt oder eine Erscheinung sein. In Bezug auf das Modell wird dieses Objekt das *Original* genannt [BBJW97]. Die in 3.1.3 gezeigte Anforderung hat beispielsweise folgendes Modell (konkrete Ausprägung: Zustandsübergangsdiagramm):

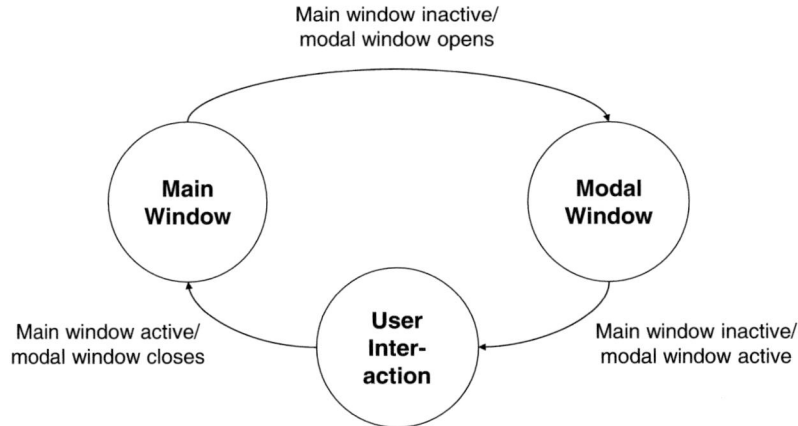

Abbildung 3.2: Modell der Zustandsübergänge im obigen Beispiel

3.1.5 Definition Modellbildung

Die Modellbildung ist der Prozess der Modellierung eines existierenden (deskriptive Modellbildung) oder zu schaffenden (präskriptive Modellbildung) Objekts. Die Modellbildung ist nicht wertfrei bzgl. Pragmatik, Verkürzung oder Wahl der Notation. Hierdurch können bei der Modellbildung Fehler entstehen und Informationen verloren gehen, die im eigentlichen Modell vorhanden sind. Das ist die Schwäche der Modellbildung. Martin Glinz beschreibt den Prozess der Modellbildung in seinem Vortrag „On Model Quality" [Gli11] so, dass der Analyst (*modeler*) und Stakeholder (*knowledge carrier*) Rollen sind, keine Individuen. Er stellt v.a. heraus, dass die Modellierung das Verstehen und die Übereinstimmung in allen Punkten voraussetzt [GHP+09]. Das iterative Vorgehen bei der Modellbildung ist in Abbildung 3.3 dargestellt. Die Anforderungserhebung und die damit verbundene Modellbildung ist von Natur aus iterativ und inkrementell.

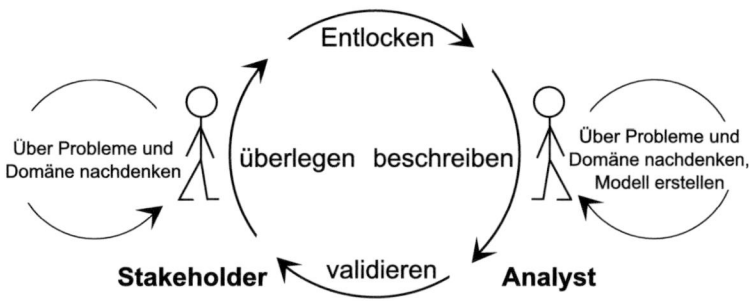

Abbildung 3.3: Schematische Modellerstellung nach Glinz [Gli11]

3.1.6 Definition Kunde

Der Kunde ist eine Person oder eine Institution, die ein offensichtliches Interesse am Vertragsschluss zum Zwecke des Erwerbs eines Produkts oder einer Dienstleistung gegenüber einem Unternehmen oder einer Institution zeigt. Die DIN EN ISO 8402 definiert Kunde als „Empfänger eines vom Lieferanten bereitgestellten Produkts", der im Rahmen einer Vertragssituation auch Auftraggeber genannt wird. Sobald das Geschäft zustande gekommen ist und durch Vertragsschluss, bzw. Bezahlung und Übergang des Besitzes abgeschlossen wird, wird der Kunde zum Käufer.

3.1.7 Definition Stakeholder

Als *Stakeholder* wird eine natürliche Person oder eine juristische Person bezeichnet, die ein Interesse am Verlauf oder Ergebnis eines Prozesses, z. B. eines Projekts oder der wirtschaftlichen Entwicklung eines Unternehmens hat. *Stakeholder* sind alle Personen, Institutionen und Dokumente, die von der Entwicklung und vom Betrieb eines Systems in irgendeiner Weise betroffen sind. *Stakeholder* sind die Informationslieferanten für Ziele, Anforderungen und Randbedingungen an ein zu entwickelndes System oder Produkt. Die Definition des Begriffs *Stakeholder* stimmt im Wesentlichen mit dem Begriff des Projektbeteiligten der DIN 69905 überein.

Die Entwicklung eines Computersystems muss den Bedürfnissen mehrerer Personen, Gruppen, Institutionen oder Dokumenten und Regelwerken (z. B. Gesetzestexte) gerecht werden. Es zeigt sich, dass die Bedürfnisse und Ansprüche dieser verschiedenen *Stakeholder* unterschiedlich und widersprüchlich sein können. *Stakeholder* dienen der Abstraktion, indem ein *Stakeholder* jeweils die Zusammenfassung aller Personen mit gleicher Interessenlage und gleicher Sicht auf das System repräsentiert.

3.1.8 Syntax und Semantik

Mich [Mic96] und Ryan [Rya93] betonen, dass die Anforderungsanalyse nicht eine einfache Übersetzung von natürlichsprachlichen Anwenderanforderungen in Entwicklerjar-
gon ist, sondern dass v.a. die *Semantik* in Betracht gezogen werden muss. Mich verlangt
die Unabhängigkeit der Wissensrepräsentationen eines Textes von der grammatikalischen Form eines Textes und fordert, die Syntax eines Textes zu ignorieren; mit dem
alleinigen Fokus auf der Semantik. Auch Booch [BME+07] hält Syntax für weniger relevant [5] als die eigentliche Semantik eines Satzes und zeigt, wie bei Sätzen gleicher
Aussage Nomen zu Verben umformuliert werden können und umgekehrt.

Als Reaktion auf Schwächen in Chomskys Standardtheorie [Cho65], die Beziehungen
der Objekte einer Proposition zu erklären, entwickelte Fillmore [Fil69] die Theorie des
"Tiefenkasus". Er kam zu dem Schluss, dass die syntaktischen Funktionen keine Bedeutung für die Semantik eines Satzes haben. Er entwickelte eine Liste von so genannten
Thematischen Rollen, die die semantische Beziehung von Satzobjekten zueinander beschreiben und definieren. Diese *Thematischen Rollen* werden auch in dieser Arbeit zur
Darstellung von Semantik genutzt.

3.1.9 Thematische Rollen

Aus Fillmores [Fil69] Theorie entwickelte sich die Theorie der thematischen Rollen, die
als Bindeglied zwischen Syntax und Semantik der natürlichen Sprache gelten [Rau88,
Kri05, MÖ7]. Thematische Rollen sind unabhängig von der eingesetzten Landesspra-
che. Sie werden i.A. durch eine Kombination aus grammatikalischem Fall und einer
Präposition ausgedrückt. Die Zuweisung von thematischen Rollen zu den Objekten eines Satzes ist schwieriger als die Zuweisung von syntaktischen Rollen, da semantische
Zuweisungen nicht immer eindeutig sind. Burg [BR97] und Rolland [RP92] nutzen diese Ansätze bereits zur Extraktion von Softwareartefakten aus natürlicher Sprache. Die
Menge der Rollen war in ihrem Fall beschränkt und lieferten nur grobe Ergebnisse. Für
die Anwendung von Gelhausen [Gel10] wurde der Rollensatz erweitert und verfeinert.
Der Rollensatz umfasst jetzt 69 Rollen [6]. Diese sind in Anhang C aufgeführt.

3.1.10 Sense/Sale

Die Idee hinter SENSE [7] [GT07, Gel10] ist es, die Semantik und nicht die Syntax von natürlicher Sprache abzubilden. Das bedeutet, dass SENSE wie in 3.1.8 gefordert von der
Reihenfolge der Worte, Aktiv- oder Passivsätzen und den Tempora abstrahiert. SENSE ist

---

[5]Zitat: „....any noun can be verbed, and any verb can be nouned."
[6]Stand März 2013
[7]Software Engineers' Natural language Semantics Encoding

Tabelle 3.1: Linguistische Strukturen von SAL$_E$ (Ausschnitt).

Thematische Rolle	Erklärung
AG *agens*	Die agierende Person oder Ding
PAT *patiens*	Von der Aktion betroffene Person oder Ding
ACT (+AG +PAT) *actus*	Eine Aktion, ausgeführt von AG auf PAT
STAT (+AG +PAT) *status*	Ein Verhältnis zwischen AG und PAT
FIN (+FIC) *fingens* und *fictum*	Das FIN spielt die Rolle des/agiert wie/ist ein FIC
TEMP (+ACT) *tempus*	Eine zeitliche Spezifikation TEMP für eine ACT

hierbei der Formalismus, um den Inhalt von natürlicher Sprache zu repräsentieren. SEN-SE übernimmt das Konzept *n*-stelliger Assoziationen von Topic Maps [BBN99] und das der *self-assigning modifier* von kopfgesteuerten Phrasenstrukturgrammatiken [PS94]. Das Prinzip von SENSE spiegelt sich in der Annotationssprache SAL$_E$ [8] wieder. SAL$_E$ expliziert linguistische Strukturen von Sätzen und deren Semantik mit Hilfe von Fillmores *Thematischen Rollen*. Tabelle 3.1 listet beispielhaft ein Reihe Thematischer Rollen und deren Erklärung.

3.1.10.1 SAL$_E$-Beispiel

Ein englischer Beispielsatz lautet:

```
1  Chillies are very hot vegetables. Mike Tyson likes green chillies.
2  Last week, he ate five of them.
```

Listing 3.2: Das Mike Tyson Beispiel.

Die Satzelemente [9] werden mit Thematischen Rollen annotiert. Hierzu wird SAL$_E$-Syntax verwendet. In SAL$_E$ werden zusammengehörige Elemente mit „_" verbunden und überflüssige Elemente mit „#" auskommentiert. Multiplizitäten werden mit „*" und Attribute von Elementen mit „$" ausgezeichnet. SAL$_E$ nutzt 69 Thematische Rollen [KDGL].

---

[8]Semantic Annotation Language for English [GT07].
[9]Elemente sind atomare oder kombinierte Teile eines Satzes, die eine semantische Einheit repräsentieren.

Der SAL$_E$-annotierte Text sieht wie folgt aus:

```
1  [ Chillies|FIN #are $very $hot vegetables|FIC ].
2  [ Mike_Tyson|AG likes|STAT $green chillies|PAT ].
3  [ $Last week|TEMP, he|AG ate|ACT *five #of them|PAT ].
4  [ @he|EQD @Mike_Tyson|EQK ].  [ @them|EQD @Chillies|EQK ].
5  [ @chillies|EQD @Chillies|EQK ].
```

Listing 3.3: Das Mike Tyson Beispiel annotiert.

3.1.10.2 Beispiel-Erklärung

Die Thematische Rolle [10] *fingens* (FIN) wird benutzt, um eine Person oder ein Ding zu kennzeichnen, das eine Rolle spielt; umgekehrt ist *fictum* (FIC) die Rolle, die von jemandem oder etwas gespielt wird. Das Verb are ist in der *fingens/fictum*-Beziehung impliziert. Die Elemente very und hot sind Attribute, wovon ersteres das Adjektiv hot näher beschreibt und letzteres das Gemüse, sprich die vegetables, näher attributiert. Welches Element mit welchem Element entsprechend zusammenhängt und wie die korrekte Annotierung konkret erkannt wird, ist in Kapitel 5.5 beschrieben.

Im zweiten Satz zeigt die Rolle *agens* (AG) den Agenten an. Der *agens* ist Mike_Tyson, eine Element zusammengefügt aus den Worten Mike und Tyson. Die Rolle des *actus* (ACT) wird für Tätigkeiten und Aktionen verwendet, *status* (STAT) hingegen wird für generelle Aussagen und deren Relationen benutzt, wie z.B. *A besitzt B*. Das Wort like ist in diesem Fall also ein *status*. Zuletzt kommen die chillies, die von Mikes *status* betroffen sind; sie sind ein *patiens* (PAT).

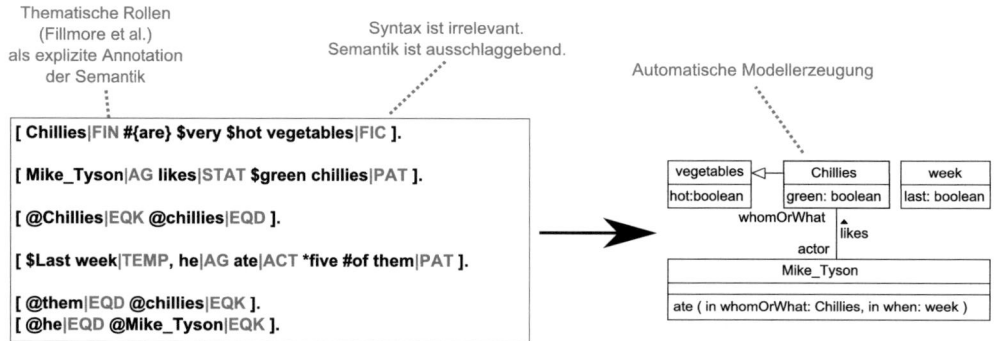

Abbildung 3.4: Automatische Modellerzeugung mit SAL$_E$

---

[10]Auzug aus [Gel10]

`TEMP` ist eine Zeit-, Datums- oder Periodenangabe. Es modifiziert die Rollen, mit denen es in Verbindung genutzt wird. Im Beispiel modifiziert `week` den *actus* und `last` attributiert `week`. `he` ist der *agens*, der die Aktion `ate` (Infinitiv engl.: eat) ausführt. `them` wird von der Aktion des *agens* beeinflusst, und ist somit der *patiens*. `five` ist eine Multiplizität und bestimmt die Anzahl von `them`. Die Präposition `of` ist für die semantische Annotierung unwichtig und wird verworfen.

Bei der Verarbeitung der Spezifikation findet man heraus, dass sich `he` auf `Mike_Tyson` und `them` auf `chillies` beziehen muss. Hierfür gibt es die entsprechende (semantische) Zusicherungen am Ende. SAL_E **MX** ersetzt auf Grund dieser Zusicherung das Element, welches mit `EQD` [11] markiert wurde, mit einer Referenz zu dem mit `EQK` [12] ausgezeichneten Wort. Dies hilft, die Bezeichnungen der Pronomen in Sätzen eindeutig zu bestimmen. Da SAL_E **MX** nicht auf Groß- und Kleinschreibung normalisiert, ersetzt man idealerweise auch `chillies` mit `Chillies`.

3.2 Ontologien

Tom Gruber [Gru92] beschreibt Ontologien als „An ontology is a specification of a conceptualization". Ontologien dienen als Wissensdatenbank für computerbasierte Systeme, deren Wissensobjekte durch so genannte Zusicherungen verknüpft sind. Ontologien basieren auf Konzepten von Domänen und deren Beziehungen. Ontologien werden hauptsächlich für die Informationsanreicherung im *Information Retrieval* und für lexigrafischen Ansätzen verwendet. Laut der Kognitionsforschung [JL93, MRZ+06] liegt es nahe, dass geistige Modelle unseres Denkens einer Ontologie entsprechen. Die Verwendung von Ontologien in der Softwaretechnik ist bisher weniger verbreitet, doch bereits Mitte der Neunziger zeigen Nanduri et al. [NR95], dass v.a. fehlendes Domänen- und Allgemeinwissen das zentrale Problem beim Verarbeiten von Spezifikationen ist. Zudem stellen Finkelstein et al. [FGH+94] bereits 1994 die Notwendigkeit der Verarbeitung von Inkonsistenzen in Spezifikationen als extrem kritischen Faktor dar. Ontologien erlauben hier, ähnlich der realen Welt, entsprechende Inkonsistenzen abzubilden und kontextabhängig zu betrachten [13]. Die in dieser Arbeit vorgestellten Konzepte geben Computern eine Art „Allgemeinwissen", indem Sie Ontologien nutzen. Die Konzepte dieser Arbeit zeigen, dass eine Trennung von Methode und Datenbasis möglich ist.

Ontologien erlauben komplizierte (Wissens-)Anfragen (so genannten *Queries*) und ermöglichen durch ihre Struktur die Durchführung von Schlussfolgerungen inklusive der

---

[11] `EQD` ist ein Akronym für „equal drop". Das Element ist für die Ersetzung vorbereitet.

[12] `EQK` steht für "equal keep". Es ersetzt die `EQD` Elemente.

[13] Vergleiche Welle-Teilchen-Dualismus in der Physik oder die unterschiedliche Bedeutung des Wortes „Bischof" einmal im religiösen Sinne und einmal im Sinne des Schachspiels

dazu benötigten Beweisführung. Technisch gesehen handelt es sich hierbei um eine Datenstruktur, die $n - m$ Verbindungen über alle Objekte zulässt. Die drastische Steigerung der Rechenleistung in den letzten 10 Jahren lässt es zu, dass Ontologien sich immer weiter verbreiten. Dies ermöglicht auch den Einsatz in dieser Arbeit.

Ein bekannter Vertreter der allgemeinen Ontologien ist Cyc [Cyca], bzw. Research-Cyc [Cycc]. Cyc gehört zu der weltweit umfangreichsten Datenbank für Allgemeinwissen. Es wurde über mehr als 20 Jahre manuell mit Weltwissen angereichert und ist ein IEEE Working Group Standard [14]. Diese Dissertation nutzt noch weitere Ontologien wie WordNet, YAGO und ConceptNet, welche detailliert im Anhang D beschrieben werden.

3.3 Spezifikationen

Nach Sommerville ist die Spezifikation ein Dokument mit Beschreibungen von Diensten und Leistungen, die durch ein System erbracht werden sollen [Som04]. Diese Dienste und Leistungen sind Anforderungen, die den Bedarf der Nutzer für ein solches System widerspiegeln. Der in dieser Arbeit verwendete Begriff der Spezifikation bezieht sich auf die Definition von Sommerville und Brügge gleichermaßen.

Definition Anforderungsspezifikation nach Brügge [BD10], S. 778   Um eine Spezifikation zu erstellen, identifizieren Stakeholder und Analysten einen Problembereich und definieren ein System, das diese Probleme adressiert. Die Anforderungsspezifikation ist die Beschreibung der Stakeholder-Sicht und für den Stakeholder verständlich formuliert. Brügge nennt den in dieser Dissertation beschriebenen Stakeholder selbst *user* und definiert die Anforderungsspezifikation wie folgt:

„A complete and precise description of the system from the user's point of view. A requirements specification, unlike the analysis model, is understandable to the user. In object-oriented software engineering, the requirements specification includes use cases and scenarios."

Definition Anforderungsspezifikation nach Sommerville [Som04], S. 76   beschreibt den Prozess der Erstellung der Anforderungsspezifikation. Bei seiner Definition der Anforderungsspezifikation handelt es sich um die Ergebnisse aus der gemeinsamen Analyse von Stakeholder und Analyst. Er unterscheidet zwischen Nutzeranforderungen, die Anforderungen der Kunden beschreiben, und Systemanforderungen, die detailliertere Beschreibungen der gewünschten Funktionen liefern.

„The activity of translating the information gathered during the analysis activity into a document that defines a set of requirements. Two types of requirements may be included

---

[14]IEEE P1600.1, Standard Upper Ontology Working Group, SUO/SUMO

in this document. *User requirements* are abstract statements of the system requirements for the customer and end-user of the system; *system requirements* are a more detailed description of the functionality to be provided."

Arten von Spezifikationen Eine Spezifikation enthält u.a. allgemeine, funktionale, nicht-funktionale, domänenspezifische und technische Anforderungen. Bei der Erstellung von Spezifikationen ist es wichtig, deren unterschiedliche Typen auseinander zu halten. Ursprünglich teilen sich Nutzerspezifikationen in Lasten [15] und Pflichtenhefte [16] [Bal11, Mai08, Som04]. Die in dieser Arbeit verwendeten Spezifikationen sind primär Lastenhefte und weniger konkrete Pflichtenhefte. Das Lastenheft beschreibt nach DIN 69905 „die Gesamtheit der Forderungen an die Lieferungen und Leistungen eines Auftragnehmers". Das Lastenheft wird i.d.R. vom Auftraggeber in Zusammenarbeit mit einem Anforderungsanalysten erstellt.

Der Fokus dieser Arbeit liegt auf textuellen, domänenspezifischen Anforderungen. Domänenspezifische Anforderungen sind eine Kombination von natürlicher Sprache und einfachen Abbildungen, von denen wir in dieser Arbeit nur die sprachlichen Aspekte betrachten. Die Einbeziehung von grafischen Darstellungen werden ähnlich der Dissertation von Gelhausen [Gel10] ausgeschlossen.

3.4 Linguistische Mängel in Spezifikationen

Forschungsarbeiten im Bereich der Anforderungsermittlung fordern, dass textuelle Spezifikationen vollständig, korrekt und unmissverständlich sein sollen [IEE98]. Um dies zu erreichen, liefert die Literatur Problembeschreibungen und teilweise konkrete Handlungsanweisungen, wie sprachliche Defizite erkannt werden können. Je nach Umstand bewähren sich unterschiedliche Methoden. Sprachliche Defekte bei der Kommunikation zwischen Stakeholder und Analyst entstehen unabsichtlich durch zwei Prozesse:

1. Einerseits transformiert der Stakeholder (Auftraggeber) die Realität in ein Bild, seine Vorstellung. Dieses Bild stellt im Bezug auf die Anforderungsermittlung die gewünschte Software dar. Dabei filtert er die für ihn unwichtigen Dinge und legt Schwerpunkte auf die für ihn wichtigen. Ganz unabsichtlich werden so Informationen unterschlagen, verzerrt oder gehen verloren.

2. Bei der Kommunikation der Anforderungen werden die Gedanken und Bilder in natürliche Sprache umgewandelt. Hierbei finden meist unbewusst Umformungen und Filterungen statt.

---

[15]engl. „user requirements"
[16]engl. „system requirements"

Der Analyst geht mit sprachlichen Defiziten entsprechend seiner bisherigen Erfahrung um. Rupp[Rup07] unterteilt sprachliche Defekte nach Bandler [Ban94] in drei Kategorien: Tilgung, Generalisierung und Verzerrung. Berry et al. [BKK03] erwähnen als weiteren Mangel Mehrdeutigkeiten.

3.4.1 Tilgung

„Tilgung (englisch: Deletion) ist ein Prozess, durch den wir unsere Aufmerksamkeit selektiv bestimmten Dimensionen unserer [im Moment möglichen] Erfahrungen zuwenden und andere ausschließen. [...] Tilgung reduziert die Welt auf Ausmaße, mit denen wir umgehen können." [Ban94]
Im Tilgungsprozess verwirft oder ignoriert der Zuhörer gewisse Teile der Information. Er konzentriert sich auf das aus seiner Sicht Wichtige. Dies gilt gleichsam für den Erzähler. Dies bedeutet möglichen Informationsverlust und ist somit eine Fehlerquelle.

3.4.2 Generalisierung

„Generalisierung (englisch: Generalization) ist der Prozess, durch den Elemente oder Teile eines persönlichen Modells von der ursprünglichen Erfahrung abgelöst werden, um dann die gesamte Kategorie, von der diese Erfahrung ein Beispiel darstellt, zu verkörpern." [Ban94]
Bei der Generalisierung werden Ausnahmefälle übersehen. Es entstehen Anforderungen, ohne Berücksichtigung der Ausnahmefälle: die Pauschalisierung des Problems ist eine Fehlerquelle.

3.4.3 Verzerrung

„Verzerrung (englisch: Distortion) ist der Prozess, der es uns ermöglicht, in unserer Erfahrung sensorischer Einzelheiten eine Umgestaltung vorzunehmen." [Ban94]
In Spezifikationen können durch Verzerrung Sachverhalte falsch dargestellt werden. Es ist ratsam in der Anforderungsermittlung Informationen von verschiedenen Stakeholder-Gruppen einzuholen um einen gesamten Überblick zu bekommen. Der Fokus auf einzelne Stakeholder könnte zu Verzerrungen und somit zu einem falschen Verständnis der Anforderungen führen.

3.4.4 Mehrdeutigkeiten

Das *Ambiguity Handbook* von Berry [BKK03] führt mehrere Arten von Mehrdeutigkeiten auf. Diese sind nachfolgend kurz erklärt. Die jeweiligen Beispiele sind direkt aus dem Handbuch (aus dem Englischen) übernommen [17].

3.4.4.1 Polysemie

Polysemie (Lexikalische Mehrdeutigkeit) entsteht, wenn ein Wort mehrere Bedeutungen haben kann. Zum Beispiel kann das Wort "Bank"die finanzielle Institution, deren Gebäude oder einfach nur eine Sitzgelegenheit beschreiben.

3.4.4.2 Syntaktische Mehrdeutigkeit

Syntaktische Mehrdeutigkeiten werden auch strukturelle Mehrdeutigkeiten genannt. Sie treten immer dann auf, wenn Worte in ihrer Reihenfolge unterschiedlich interpretiert, bzw. ihre Zusammengehörigkeit mehrdeutig ausgelegt werden kann. Im Deutschen sind diese Mehrdeutigkeiten selten, da v.a. das Konstrukt der Komposition Fehler dieser Art ausschließt. Betrachtet man den Satz „Eine kleine Fahrzeugfabrik", so kann diese Aussage im Englischen mit „A small car factory" bereits mehrdeutig sein. Im englischen ist nicht mehr sicher, ob es sich um eine Fabrik für kleine Fahrzeuge, also eine „Kleinfahrzeugfabrik" bzw. „(small car) factory" handelt, oder eben um eine „small (car factory)"; demnach eine kleinere Fabrik für Autos. Im Deutschen ist dieser Satz auf Grund der Komposition *Fahrzeugfabrik* eindeutig.

Hingegen ist Interpunktion v.a. im Deutschen eine Quelle von Mehrdeutigkeiten, die zu Fehlern führen können. Beispiele sind das eher kanibalistische „Wir essen jetzt Opa!" im Vergleich zum eigentlich Gemeinten „Wir essen jetzt, Opa!".

3.4.4.3 Semantische Mehrdeutigkeit

Semantische Mehrdeutigkeiten entstehen, wenn ein Satz auf verschiedene Arten gelesen und interpretiert werden kann. Vor allem Quantoren (Bsp.: *alle, jeder, keiner*) führen zu diesen Missverständnissen. Der bei Berry verwendete Beispielsatz „Alle Menschen haben eine Sozialversicherungsnummer" könnte bedeuten, dass

- jeder Mensch seine eigene (eindeutige) Nummer hat

- alle Menschen die eine, selbe Nummer haben.

---

[17]Beispiele für Mehrdeutigkeiten: http://muse.dillfrog.com/ambiguous_words.php

3.4.4.4 Pragmatische Mehrdeutigkeit

Pragmatische Mehrdeutigkeiten treten auf, wenn ein Satz in dem Kontext in dem er ge-
äußert wird, mehrere Bedeutungen hat. Im Beispielsatz „Die Räumfahrzeuge müssen die
Straßen streuen, bevor sie einfrieren" könnten sowohl die Fahrzeuge als auch die Straße
einfrieren. Der zweite Fall ist aus pragmatischer Sicht wesentlich wahrscheinlicher.

3.5 Linguistische Probleme mit Ontologien lösen

Aktuell lassen sich viele linguistische Probleme nur manuell lösen. Diese Arbeit will zeigen, dass computergestützten Systeme diese Aufgaben übernehmen können. Im folgenden Abschnitt skizzieren wir das linguistische Problem, geben ein Beispiel und erklären,
wie es möglich ist, durch Ontologien diese Probleme zu lösen. Nach Rupp [Rup07] sind
folgende Probleme in textuellen Spezifikationen mit hoher Priorität zu beseitigen: Nominalisierung, unvollständig spezifizierte Prozesswörter, Substantive ohne Bezugsindex,
unvollständig spezifizierte Bedingungen und Modaloperatoren der Notwendigkeit.

3.5.1 Nominalisierung

3.5.1.1 Problem

Bei einer Nominalisierung kann ein komplexer Prozess in einem einzelnen Substantiv
zusammengefasst sein. Dadurch gehen Informationen, die für die Beschreibung des Prozesses wichtig sind, verloren. [Rup07]

3.5.1.2 Beispiel

```
1  Nach  der  Anmeldung  wird  der  Benutzer  zu  seiner  persönlichen
2  Seite  weitergeleitet.
```

Anmeldung ist ein komplexer Vorgang, der ausführlicher beschrieben werden muss. Dahinter verbirgt sich ein Prozess, der beschreibt, wie die Anmeldung durchgeführt werden
muss, welche Geräte hierzu benutzt werden und welche Personen am Prozess beteiligt
sind.

3.5.1.3 Lösung

Mit Hilfe von Ontologien wird überprüft, ob Substantive eine Nominalisierung darstel-
len. Die Ontologie schlägt dann vor, welches Vollverb stattdessen verwendet werden

sollte. In Abschnitt 5.4.3.1 wird die Regel *Überprüfe auf Nominalisierungen* beschrieben, mit deren Hilfe unser Werkzeug RESI Nominalisierungen aufspürt. Eine beispielhafte Lösung wäre:

```
1  Nachdem sich der Benutzer durch Eingabe von Nutzername und Passwort
2  angemeldet hat, wird er zur persönlichen Seite weitergeleitet.
```

3.5.2 Unvollständig spezifizierte Prozesswörter

3.5.2.1 Problem

Prozesswörter erfordern oft mehr als ein Argument[18], um vollständig spezifiziert zu sein. Wenn nicht alle Argumente für ein Prozesswort angegeben werden, können wichtige Informationen für die vollständige Prozessbeschreibung fehlen. Ein häufig anzutreffender Spezialfall dieses Problems ist die Verwendung von Passivsätzen, bei denen die ausführende Person oder Einheit fehlt. [Rup07]

3.5.2.2 Beispiel

```
1  Benutzername und Passwort werden eingegeben. (Passiv)
2  Der Nutzer gibt die Palette zurück. (Aktiv)
```

Für das Passivbeispiel stellen sich folgende Fragen: Wo werden diese Daten eingegeben? Wer gibt diese Daten ein? Für das Aktivbeispiel fragt man sich, an wen der Nutzer die Palette zurück gibt und wie?

3.5.2.3 Lösung

Aus einer Ontologie erfährt man, welche Argumente zu einem Prozesswort gehören. Wenn man diese Argumente mit dem tatsächlichen Inhalt des Satzes abgleicht, findet man heraus, welche Argumente noch fehlen und dementsprechend noch spezifiziert werden müssen. RESI führt diese Überprüfung mit Hilfe der Regel *Vervollständige Prozesswörter* durch, die in Abschnitt 5.4.3.2 beschrieben wird. Eine eine beispielhafte Lösung wäre:

```
1  Benutzername und Passwort werden vom Benutzer über die Tastatur
2  eingegeben.
3  Der Nutzer gibt die Palette an das Lager zurück, indem er Sie mit
4  dem Gabelstabler zum Lager fährt.
```

---

[18]Argumente sind Phrasen, die in syntaktischem Zusammenhang mit dem Prozesswort stehen, zum Beispiel Subjekt und Objekt.

3.5.3 Substantive ohne Bezugsindex

3.5.3.1 Problem

Substantive, die unvollständig oder nicht spezifiziert sind, werden von Linguisten als Substantive ohne oder mit zu wenig Bezugsindizes bezeichnet. Wenn sich ein Substantiv auf eine Menge bezieht, ist nicht immer klar, auf welchen Teil dieser Menge (die ganze Menge, einzelne Mitglieder etc.) es sich bezieht. Damit ist dieses Substantiv nicht ausreichend spezifiziert. Beispiele dafür sind die falsche Verwendung von Artikeln statt Quantoren vor Substantiven oder die Verwendung von Universalquantoren ohne auf Ausnahmefälle zu achten. [Rup07, BKK03, KZMB08]

3.5.3.2 Beispiel

```
1  Die persönlichen Daten können auf der persönlichen Seite
2  eingesehen werden.
```

Welche persönlichen Daten? Alle oder nur die Wichtigen? Und welche persönliche Seite? Können Peters persönliche Daten auf Pauls persönlicher Seite eingesehen werden?

3.5.3.3 Lösung

Durch eine Ontologie wird die korrekte Bedeutung eines Artikels oder Quantors ermittelt. Diese wird dann mit der gewünschten Bedeutung verglichen, um herauszufinden, ob Anpassungen nötig sind. RESI benutzt die Regel *Überprüfe Artikel & Quantoren*. In Abschnitt 5.4.3.3 wird sie beschrieben.

3.5.4 Unvollständig spezifizierte Bedingungen

3.5.4.1 Problem

Mit Hilfe von Konditionalsätzen wird das Systemverhalten beschrieben, das unter einer bestimmten Voraussetzung eintritt (*wenn...dann...*). Das etwaige Nutzerverhalten kann hier auch beschrieben sein, sollte aber in der eigentlichen Spezifikation nicht aufgeführt werden. Dabei fehlt häufig die Beschreibung des Verhaltens, das eintritt, wenn die Voraussetzung nicht gegeben ist (*sonst...*). [Rup07]

3.5.4.2 Beispiel

```
1  Im Falle einer erfolgreichen Anmeldung wird der Anwender zu
2  seiner persönlichen Seite weitergeleitet.
```

Was passiert, wenn die Anmeldung nicht erfolgreich war?

3.5.4.3 Lösungsansatz

Eine Möglichkeit ist es, mit Hilfe von Ontologien Signalwörter zu bestimmen, die eine Bedingung einleiten, um dann diese Bedingungen auf Vollständigkeit zu überprüfen.

3.5.5 Modaloperatoren der Notwendigkeit

3.5.5.1 Problem

Modaloperatoren der Notwendigkeit werden dazu verwendet, um ein Verhalten zu beschreiben, das im Normalfall eintritt (etwas *soll* geschehen). Damit muss hierbei (analog zu den unvollständig spezifizierten Bedingungen) angegeben werden, was im Ausnahmefall geschehen soll. [Rup07]

3.5.5.2 Beispiel

```
1  Die Anmeldedaten sollen überprüft werden, indem die Datenbank
2  befragt wird.
```

Was passiert, wenn die Datenbank nicht erreichbar ist? Wird gewartet oder abgebrochen?

3.5.5.3 Lösungsansatz

Es ist möglich, mit Hilfe einer Ontologie alle Modalverben der Notwendigkeit zu ermitteln und anschließend auf vorhandene Ausnahmefälle zu überprüfen.

3.5.6 Mehrdeutige Begriffe (Polysemie)

3.5.6.1 Problem

Begriffe, die unterschiedlich interpretiert werden können, weil sie mehrere Bedeutungen haben, können dazu führen, dass der Leser nicht weiß, welche Bedeutung gemeint ist. Im schlimmsten Fall geht der Leser ohne darüber nachzudenken davon aus, dass seine Interpretation des Begriffs richtig ist, obwohl sie nicht der gemeinten Bedeutung entspricht [RR06, Ebe08].

3.5.6.2 Beispiel

```
1  Läufer
```

Sportler, Teppich oder Schachfigur?

3.5.6.3 Lösung

In einer Ontologie wird nachgeschlagen, welche möglichen Interpretationen für ein einzelnes Wort existieren (wie es auch Kiyavitskaya et al. tun [KZMB08]). Dadurch wird überprüft, ob noch Bedeutungen existieren, die nicht bedacht wurden und die ein Leser in den Satz hinein interpretieren könnte. Die in Abschnitt 5.4.3.4 vorgestellte Regel *Überprüfe auf mehrdeutige Wörter* übernimmt diese Funktion in RESI. Dem Nutzer werden Vorschläge gemacht, welche Bedeutung die wahrscheinlichste ist und weitere Möglichkeiten angeboten. Jede Bedeutung wird mit einer detaillierten Erklärung angezeigt, um die Auswahl zu erleichtern.

3.5.7 Mehrere Begriffe für das gleiche Objekt

3.5.7.1 Problem

Mehrere Begriffe, die sich auf das gleiche Objekt beziehen, sorgen für Verwirrung.

3.5.7.2 Beispiel

```
1  Jeder  Anwender  hat  eine  persönliche  Seite,  auf  der  die
2  persönlichen  Daten  des  Benutzers  dargestellt  werden.
```

Ist der `Anwender` und der `Benutzer` äquivalent? Oder haben die Beiden unterschiedliche Eigenschaften?

3.5.7.3 Lösung

Durch eine Ontologie werden ähnliche (und synonyme) Wortpaare im Text ermittelt. Durch Ersetzen des einen Begriffs durch sein Synonym wird die Anzahl der Begriffe für ein Objekt gesenkt. RESI nutzt dafür die Regel *Überprüfe auf Wörter gleicher Bedeutung*, die in Abschnitt 5.4.3.5 präsentiert wird. Auch ist es möglich, einen neuen Begriff einzuführen, der die beiden ähnlichen Begriffe unter sich vereint oder einen der Begriffe als Oberbegriff für den anderen zu definieren (beides nach dem Prinzip der Oberklasse aus der objektorientierten Programmierung).

Kapitel 4

Diskussion und Verwandte Arbeiten

Dieses Kapitel gibt einen Überblick über die verwandten Arbeiten. Die im Kapitel 4.1 aufgeführten Konzepte zeigen der Stand der Forschung. Bis vor wenigen Jahren konnten die in diesen Konzepten umgesetzten Lösungen nicht maschinell verarbeitet werden, sondern waren eine manuelle Aufgabe für den Anforderungsanalysten. Sie galten somit mehr als Verhaltenskodex für die manuellen Prozesse im Anforderungsprozess. Doch die Steigerung der Leistungsfähigkeit von Rechensystemen ermöglicht inzwischen die Unterstützung dieser Prozesse mit Software.

4.1 Stand der Forschung

Lamsweerde [LDL98] beschreibt die Anforderungserhebung (Requirements Enginee-ring, kurz: *RE*) als die Festlegung von Zielen, die von zu erstellenden Systemen erbracht werden müssen. Er beschreibt, wie Ziele auf hohem Abstraktionsniveau formuliert, im Rahmen der Anforderungserhebung aber verfeinert und in Spezifikationen dokumentiert werden. Im Jahr 2000 entwarfen Nuseibeh und Easterbrook [NE00] einen Fahrplan, wie die bestehenden Probleme im *RE* gelöst werden können. Sie fordern die Entwicklung neuer Techniken und Werkzeuge.

Cheng und Atlee [CA07] greifen diesen Fahrplan 2007 für den Stand der Forschung auf. Sie kategorisieren die im RE behandelten Themengebiete und skizzieren mögliche zukünftige Entwicklungen. Sie zeigen, dass RE einen messbaren Anteil am Aufwand des Softwareentwicklungsprozesses hat. Sie betonen die Auswirkungen von Verbesse-rungen und neuen Techniken in diesem Bereich auf den gesamten Entwicklungszyklus von Software. Cheng und Atlee [AFG+07] schließen auch, dass es wichtig ist zu ver-stehen, dass Anforderungen die Probleme und Ideen einer Softwarelösung definieren, nicht jedoch die Umsetzung und reale Instanz der Software selbst. Sie zeigen den ite-rativen Charakter der Aktivitäten, die im RE auftreten. Gerade bei diesen Aktivitäten werden Mitwirkende (siehe *Stakeholder*) mit stark unterschiedlichen Werdegängen und Expertise eingebunden. Um bei der Arbeit mit den *Stakeholdern* Fehler zu vermeiden,

werden aufwändige Analysen und komplizierte Prüfschritte in den Komponenten und
Prozessschritten benötigt. Cheng und Atlee weisen darauf hin, dass diese komplexen
und zeitaufwändigen Arbeiten kaum durch Werkzeuge unterstützt werden. Beispielhaft
für die komplexen Aufgaben sei hier die Findung von sprachlichen Mängeln in der Spezifikation und das Übertragen dieser Spezifikation in UML-Modelle erwähnt. Cheng und
Atlee bemerken, dass die teilweise Automatisierung dieser Arbeitsschritte die Erstellung
von guten Spezifikationen beschleunigen und die Fehlerraten im Entwicklungsprozess
senken könnte.

4.1.1 Natürliche Sprache als Hauptmedium für Spezifikationen

Cheng und Atlee stellen fest, dass die natürliche Sprache nicht nur in der Vergangen-
heit, sondern auch für die (absehbare) Zukunft die verbreitetste Quelle von Anforderungen sein wird [CA07]. Da 95% der Anforderungen in natürlicher Sprache festgehalten
sind [MFI04, RP92], wäre die maschinelle Verarbeitung von natürlicher Sprache wünschenswert.

Hasegawa et al. zeigen, wie Analysten während der Anforderungsanalyse große Mengen an Texten lesen und verarbeiten müssen [HKKS09]. Währen dieser Phase erstellen
Analysten ein (geistiges) Modell der Domäne und der Anforderungen. Anschließend
versuchen die Analysten diese Anforderungen in Spezifikationen zu dokumentieren. Eine Systematik für erneut auftretende Anforderungen ist meist nur manuelle möglich und
somit wiederholt sich der gerade beschriebene Prozess bei jedem Projekt, unabhängig
davon, ob bereits ähnlichen Anforderungen bearbeitet wurden. Hier wirft Ryan [Rya93]
bereits 1993 ein, dass die Prozesse im RE deshalb sehr teuer und fehleranfällig sind.
Er orakelt, dass die automatische Verarbeitung von natürlicher Sprache es ermöglichen
könnte, eine systematische Transformation von Texten durchzuführen, dies aber in „ab-
sehbarer Zukunft" nicht möglich sein werde. Hier greift der Ansatz dieser Arbeit.

Natürliche Sprache bringt die in Kapitel 3.4 beschriebenen Probleme mit sich. Das
MaTREx-Projekt [MaT] von Nuseibeh et al. untersucht Techniken, mit denen sich natürliche Sprache entsprechend analysieren lässt. Das Projekt zielt darauf ab, die negativen
Effekte von (fehlendem) implizitem Wissen zu erkennen, zu verwalten und zu minimieren. Implizites Wissen ist Wissen, welches wir nicht direkt artikulieren und entsprechende Fachkenntnis erfordert. Bei Erstellung von Anforderungen nutzen Menschen implizites Wissen oft. Es ermöglicht uns, nicht jede Aussage und Annahme explizit ausdrücken
zu müssen. Dieses fehlende implizite Wissen führt bei der Verarbeitung von natürlicher Sprache zu Problemen und Missverständnissen. Verma et al. nutzen bei Accenture
spezielle Wissensbasen (Ontologien), um sprachliche Probleme in Spezifikationen zu lösen [VK08]. Hierbei sind die Ontologien an die entsprechende Domäne des Kunden angepasst und liefern somit Hinweise auf mögliche Widersprüche und unvollständige Spe-

zifikationen. Andere Forschungsergebnisse zeigen, dass sprachliche Mängel, wie z.B. Mehrdeutigkeiten und Synonyme oder Widersprüche in Modellen von Software erkannt werden können [DBK03, KBP01, KZMB08]. Bis auf wenige Ausnahmen fokussieren alle diese Arbeiten, wie auch diese Dissertation, auf die Verarbeitung von englischen Texten. Die in Kapitel 5 vorgestellten Konzepte sind teilweise sprachunabhängig, allerdings sind die verwendeten Zusatzwerkzeuge wie Parser, Wortstammermittler und Ontologien am besten in englischer Sprache verfügbar. In den entsprechenden Abschnitten wird deshalb explizit darauf hingewiesen, ob das Konzept sprachunabhängig funktioniert.

4.1.2 Verarbeitung natürlicher Sprache

Fortschritte in der natürlichen Sprachverarbeitung machen es möglich, die Analysten und die Stakeholder in den frühen Phasen der Softwareentwicklung zu unterstützen. Hierzu haben Mich et al. [MFI04] eine Studie durchgeführt, die prüft, in wie weit Werkzeuge für Anforderungen den Entwicklungsprozess von Software unterstützen können und was die potentiellen Vorteile aus Sicht der Industrie sind. Das Fazit der Studie zeigt, dass viele Firmen eine Werkzeugunterstützung im Bereich RE wünschen, ein wirkliches Produkt aber nicht verfügbar ist. Mich sieht bereits 1996 [Mic96] die maschinelle Sprachverarbeitung (NLP[1]) als Unterstützung für die Anforderungsverarbeitung. Die Forderung nach Software, die den Analyseprozess in den frühen Phasen der Softwareentwicklung unterstützt, blieb also auf Jahre hinaus bestehen. Diese Dissertation soll zeigen, dass es möglich ist, denn Softwareentwicklungsprozess dementsprechend zu unterstützen.

Eine mögliche finale Ausprägung der maschineller Sprachverarbeitung ist das so genannte *Automatische Programmieren*[2] nach Parnas [Par85]. Es beschreibt wie Software von einer Maschine erstellt werden kann. Das Ziel der automatischen Erstellung von Software direkt aus textuellen Spezifikationen ist nach wie vor schwierig. Die Gebiete, die diesen Prozess unterstützen, sind nur wenig erforscht. Parnas argumentiert, dass automatisches Programmieren immer eine Umschreibung für die Programmierung in einer höheren Programmiersprache bedeutet.

4.1.3 Modellierung von natürlicher Sprache

Eine Anzahl von Forschungsarbeiten zeigt, dass UML Modelle aus natürlichsprachlichem Text extrahiert werden können [GT07, SSV+09, DS09]. Die Ansätze unterscheiden sich im Vorgehen und der Erstellung der Modelle. Die Ergebnisse dieser Arbei-

---

[1]Natural Language Processing
[2]Automatic Programming

ten liefern für diese Dissertation die Grundlage um Satzteile (Worten, Teilsätzen) der Spezifikation und deren Modellrepräsentationen über den Softwareentwicklungszyklus aufrecht zu erhalten.

Gelhausen [GT07, Gel10] reichert textuelle Spezifikationen zuerst manuell mit semantischen Informationen an (siehe Kapitel 3.1.9). Anschließend werden aus diesen Informationen UML Modelle vollautomatisch extrahiert. Bereits 2002 zeigten Gildea und Jurafsky [GJ02], dass die Bedeutung eines Satzes maschinell mit einer Genauigkeit von 65% und einer Ausbeute von 61% korrekt erkannt werden kann. Das dabei verwendete System beruht auf 50000 manuell mit semantischen Rollen annotierten Sätzen des *Framenet Semantic Labeling Project*. Was im Bereich der Anforderungserhebung fehlt, ist ein Ansatz, der die Bedeutung aus Spezifikationen automatisch extrahiert. Hier greift das in dieser Arbeit umgesetzte Konzept AUTOANNOTATOR an.

Deeptimahanti [DS08, DS09, DB09] und Sharma et al. [SSV+09, VKV+10] stellen Werkzeuge (Editoren) bereit, die Modellelemente direkt an Teile des Spezifikationstextes binden lassen. Die Vorgehensweise ist hier größtenteils manuell. Der Anwender nutzt den Texteditor und erzeugt durch passende Auswahl Modellelemente. Hierdurch entsteht dann Schritt für Schritt eine Modellrepräsentation der textuellen Spezifikation. Harmain [HG00] entwickelte im Jahr 2000 den CM-Builder, womit ein objektorientiertes Modell von Textspezifikationen erstellt werden kann. Auch Montes et al. [MPEP08] erstellten Modelle aus natürlicher Sprache. Im Jahr 2004 erklärt Kof [Kof04] zudem, dass NLP für RE *bereit* sei.

Heute erlaubt die Verarbeitung von natürlicher Sprache (NLP), dass Modelle aus Spezifikationen extrahiert werden [JM09]. Moreno [MR97] legte hierfür 1997 den konzeptionellen Grundstein und Juzgado et al. [JML00] fordern hierzu ein systematisches Vorgehen, welches helfen soll, dass die Qualität der Anforderungen nicht allein auf den persönlichen Fähigkeiten des Analysten beruht.

4.2 Lebenszyklus von Software und Auswirkungen auf die Anforderungserhebung

Software hat einen Lebenszyklus und verändert sich im Laufe dessen. Diese Veränderungen beeinflussen die Funktion der Software und sollten in der Spezifikation nachträglich dokumentiert werden. Dies ist in der Realität meist nicht der Fall. Wir glauben, dass Spezifikationen, die von Anfang an qualitativ höherwertig sind, weniger Änderungen nach sich ziehen und die Software-Wartung vereinfachen. Masak [Mas06] unterteilt den Lebenszyklus einer Software in fünf Phasen.

1. Auslieferung der initialen Software

2. Evolution der Software

3. Servicing (Wartung der Software)

4. Ausphasung der Software

5. Abschaltung der Software

Kurz nachdem die Software initial in Betrieb genommen wird, beginnt die Software-*Evolution* – eine Phase, in der Software weiterentwickelt und an veränderte oder miss-verstandene Anforderungen angepasst wird. Hier könnten zuvor optimierte Spezifikatio-nen dazu führen, dass Änderungen im Bereich der Evolution geringer ausfallen. In der Wartung (*Servicing*) wird die Software instand gehalten. Die Softwarewartung ist ein fester Bestandteil eines Softwareprojektes: 60 bis 75% der Kosten eines Softwaresys-tems entstehen durch Wartung [Sne91, Boe87]. Auch im Wartungs-Prozess nutzt man die Anforderungserhebung um Anpassung der Software an Kundenwünsche zu erken-nen und zu dokumentieren. Nach Swanson [Swa76] kann man drei verschiedene Arten von Wartung unterscheiden: adaptive, korrigierende und perfektionierende Wartung. So-wohl die perfektionierende Wartung als auch die adaptive Wartung werden auf Grund von geänderten Anforderungen durchgeführt [Pad07]. Nach Lientz und Swanson [LS80] entfällt 65% des Wartungsaufwandes auf die perfektionierende und 18% auf die adaptive Wartung.

Die Korrektur von Fehlern (korrigierende Wartung) kann ebenfalls die Spezifikation betreffen. So beobachten Basili und Weiss [BW81] die Änderungen, die an der Anfor-derungsspezifikation eines Softwaresystems über eine Periode von 14 Monaten durch-geführt werden. 49% der Fehler klassifizierten sie als falsch in der Spezifikation und 31% als Auslassung von Fakten in der Spezifikation. Insgesamt sind in diesem Fall also $71,8\%$ der Korrekturen auf die Spezifikation zurück zu führen.

4.3 Werkzeuge

Dieser Abschnitt wirft einen Blick auf die sowohl von der Industrie als auch von der Forschung bereitgestellten Werkzeuge. Heutzutage werden Werkzeuge industriell haupt-sächlich zur Anforderungsverwaltung eingesetzt. Die automatische Verarbeitung von textuellen Anforderungen wird kaum verwendet. Es sind keine Erhebungen über den Einsatz von Werkzeugen aus der Forschung in der Industrie bekannt. Die Werkzeu-ge werden in Tabellen 4.1 und 4.2 direkt miteinander verglichen. Hierbei wird gegen-übergestellt wie die Werkzeuge bei der Verwaltung, grafischen Modellierung und dem Tracking von daraus resultierenden Fehlern abschneiden. Des Weiteren wird geprüft, in

Name	Hersteller	Verwaltung von Anforderungstexten	Grafische Modellierung von Anforderungen	Fehler-Tracking	Keine manuelle Textvorbereitung notwendig	Text-Korrektur	NLP	T2M	M2T	Roundtrip
Accept 360°	Accept Software, Inc.	+	o	+	n.v.	n.v.	n.v.	n.v.	n.v.	n.v.
IBM Rational Requirements Composer	IBM	+	+	o	n.v.	n.v.	n.v.	n.v.	n.v.	n.v.
IBM Rational RequisitePro	IBM	o	o	o	n.v.	n.v.	n.v.	n.v.	n.v.	n.v.
CaliberRM 2005	Borland	+	o	-	n.v.	n.v.	n.v.	n.v.	n.v.	n.v.
IBM Rational DOORS	IBM	+	+	o	n.v.	n.v.	n.v.	n.v.	n.v.	n.v.
Leap SE	Leap Systems	n.v.	+	n.v.	o	n.v.	o	+	n.v.	n.v.
HP Quality Center 9.2	Hewlett Packard	+	-	+	n.v.	n.v.	n.v.	n.v.	n.v.	n.v.
Foresight	Foresight Systems Inc.	n.v.	+	o	n.v.	n.v.	n.v.	o	n.v.	n.v.
iRise	iRise	o	-	-	n.v.	n.v.	n.v.	n.v.	n.v.	n.v.
Polarion REQUIREMENTS	Polarion Software	+	o	n.v.	n.v.	n.v.	n.v.	n.v.	n.v.	o
Poseidon for UML	Gentleware	n.v.	+	n.v.	n.v.	n.v.	n.v.	n.v.	n.v.	n.v.
RMTrak	RBC Product Development	+	n.v.	n.v.	n.v.	n.v.	n.v.	n.v.	n.v.	n.v.
GATE	OpenSource	n.v.	n.v.	n.v.	o	-	+	+	o	-
OpenNLP	OpenSource	n.v.	n.v.	n.v.	o	-	+	-	-	-
NL-OOPS	Universität Trento, IT	n.v.	n.v.	n.v.	n.v.	+	o	n.v.	n.v.	n.v.
TESSI	TU Chemnitz	o	+	n.v.	+	-	+	+	-	+
LIDA	CoGenTex, Inc.	o	+	n.v.	o	n.v.	o	+	o	o
SUGAR / UMGAR	Univ. of Limerick, IR	-	+	n.v.	-	-	+	o	n.v.	-
QuARS	SSEC - FMT Lab	o	n.v.	n.v.	n.v.	+	+	n.v.	n.v.	n.v.
RAT	Accenture	+	n.v.	-	-	o	o	n.v.	n.v.	-

Abbildung 4.1: Übersicht über die verschiedenen Werkzeuge - Teil 1

Name	Texterzeugung	Impact Analyse	Projektplanung/ Kolaboration	GUI	Auftraggeber- tauglich	Verfügbar	Metrik/ Statistik	Office- Integration
Accept 360°	n.v.	n.v.	o	+	+	Kauf	n.v.	o
IBM Rational Requirements Composer	n.v.	+	-	+	+	Kauf	o	o
IBM Rational RequisitePro	n.v.	o	-	+	o	Kauf	o	o
CaliberRM 2005	n.v.	+	o	+	+	Kauf	-	o
IBM Rational DOORS	n.v.	-	+	+	+	Kauf	o	o
Leap SE 9.2	n.v.	n.v.	n.v.	o	o	Kauf	n.v.	+
Foresight	n.v.	+	o	+	o	Kauf	o	+
iRise	n.v.	o	n.v.	+	o	Kauf	o	o
Polarion REQUIREMENTS	n.v.	n.v.	+	+	+	Kauf	n.v.	o
Poseidon for UML	n.v.	o	n.v.	+	o	Kauf	+	+
RMTrak	n.v.	-	n.v.	n.v.	+	Kauf	n.v.	n.v.
GATE	o	n.v.	n.v.	n.v.	-	OpenSource	n.v.	+
OpenNLP	-	n.v.	n.v.	-	-	OpenSource	n.v.	n.v.
NL-OOPS	n.v.	n.v.	n.v.	-	-	n.v.	n.v.	n.v.
TESSI	+	o	n.v.	o	-	auf Anfrage	o	n.v.
LIDA	-	o	n.v.	+	o	auf Anfrage	n.v.	n.v.
SUGAR / UMGAR	n.v.	n.v.	n.v.	-	-	auf Anfrage	n.v.	n.v.
QuARS	n.v.	n.v.	n.v.	o	n.v.	auf Anfrage	+	n.v.
RAT	n.v.	n.v.	o	+	+	n.v.	-	+

Abbildung 4.2: Übersicht über die verschiedenen Werkzeuge - Teil 2

wie weit Spezifikationstexte manuell vorbereitet werden können und ob mögliche Sprachoptimierungen zum Einsatz kommen. Die letzten Spalten zeigen die Möglichkeiten der einzelnen Werkzeuge im Bereich Natural Language Processing (*NLP*), der Text-zu-Modell-Transformation (*T2M*), der umgekehrten Modell-zu-Text-Transformationen (*M2T*) und letztendlich die Kombination von T2M und M2T (*Roundtrip*). Eine durchschnittliche Leistung ist mit o gekennzeichnet, schlechte Leistungen mit - und gute Ergebnisse mit +. Erfüllt das Werkzeug eine Anforderung nicht, so ist dies mit nicht verfügbar (*n.v.*) gekennzeichnet.

Es zeigt sich, dass die industriell eingesetzten Werkzeuge historisch bedingt ihre Stärken im Verwalten von Anforderungen haben. Dazu gehört auch die grafische Modellierung und die Rückverfolgbarkeit von Anforderungen auf etwaige Fehler; das so genannte *Fehlertracking*. Es zeigt sich auch, dass die industriellen Softwarelösungen die Transformationen von Text zum Modell und zurück nicht unterstützen. Hingegen fokussieren die Werkzeuge aus der Forschung mehr auf NLP und T2M. Der Rückweg vom Modell zum Text (M2T) findet in der Forschung noch wenig Beachtung. Für die Bewertung kann die *T2M* bzw. *M2T* Transformation teilweise manuell sein, muss aber durch die Software unterstützt werden.

4.3.1 Werkzeuge aus der Industrie

Ein industriell viel genutzter Ansatz ist die Anforderungsverwaltung (*Requirements Management*). Dieser Ansatz nimmt Anforderungen für ein Softwareprodukt auf und strukturiert und organisiert sie. An den Anforderungen sind im Regelfall eine Vielzahl von Personen und Abteilungen beteiligt. Hier gilt es mit Hilfe von passenden Verwaltungswerkzeugen, den Überblick zu bewahren. Die maschinelle Verwaltung von Anforderungen soll die Akzeptanz und das Verständnis von Änderungen sicherstellen [LW00, S. 16]. Mangelhafte Kommunikation zwischen den betroffenen Personen und Abteilungen ist ein Hauptgrund für das Scheitern von Softwareprojekten [Hau08].

Eine Liste der weltweit führenden Anforderungssysteme findet sich auf der Volere Website [Vol09]. Die dort erwähnten Werkzeuge unterstützen die manuelle Anforderungsverwaltung als auch die anschließende Softwareentwicklung mit sogenannten CASE[3] Werkzeugen (siehe auch Abbildung 4.3). Bekannte Vertreter wären z.B. Rational Requirements Composer[4], CaliberRM[5], DOORS[6] oder RequisitePro[7]. Die Werkzeuge liefern Funktionen zur Verwaltung von Anforderung, deren Priorisierung und Einpla-

---

[3]Computer Aided Software Engineering
[4]http://www-142.ibm.com/software/products/us/en/rrc
[5]http://www.borland.com/products/caliber/
[6]http://www-142.ibm.com/software/products/us/en/ratidoor/
[7]http://www-01.ibm.com/software/awdtools/reqpro/

nung in den Prozess. Es zeigt sich, dass ein Großteil der aufgeführten Systeme inzwischen von IBM stammt. IBM hat hier den größten Marktanteil und hat sich über die letzten Jahre ein großes Portfolio im Bereich der Anforderungsverwaltung v.a. durch die Akquirierung von Rational dazu gekauft.

Bei der manuellen Pflege von Anforderungen in den Werkzeugen können Abhängigkeiten definiert werden, die bei der Planung unterstützen. Die Anforderungen können manuell mit der entsprechenden Dokumentation verknüpft werden, um eine Verbindung zwischen der ursprünglichen Spezifikation und der daraus extrahierten Anforderung zu bekommen. Die in diesen Werkzeugen geführten Anforderungen werden nun für die Entwicklung der Software benutzt. Auch die Verbindung des Quellcodes und der Softwaremodelle zu den ursprünglichen Anforderungen kann durch manuelle Zuordnung erstellt werden (*Rückverfolgbarkeit/Traceability*). Auf Grund der Komplexität der Abhängigkeiten zwischen Anforderungen, Modellen und dem dazugehörigen Quellcode wird diese Funktionalität im Normalfall nicht angewendet. Die in den Systemen gepflegten Anforderungen unterstützen die Erstellung und Definition von Testfälle zu den passenden Anforderungen. Bei Änderungen der Softwaremodelle oder einer anderen Implementierung auf Quellcodeebene auf Grund technischer Limitierungen müssten diese Änderungen in die Anforderungen manuell zurückgeführt werden. Hier entstehen im Einsatz oft Diskrepanzen durch mangelnde Synchronisierung. Soweit erkennbar wird von den bestehenden Werkzeugen keine natürliche Sprachverarbeitung unterstützt. Besuche zum Erfahrungsaustausch bei Firmen [8], die Anforderungssoftware einsetzen, bestätigten diese Annahme.

4.3.2 Werkzeuge aus der Forschung

Die vorhandenen Werkzeuge aus der Forschung fokussieren meist auf Teilgebiete der Anforderungs- oder Sprachverarbeitung (NLP). Ein ganzheitliches System zur Verbesserung von textuellen Spezifikationen und der automatischen Modellierung von textuellen Anforderungen gibt es nicht. Es gibt zudem keine Hinweise, dass Forschungswerkzeuge neben kleinen Fallstudien industriell eingesetzt werden. Eine Ausnahme bildet RAT (siehe 4.3.2.9), welches als Forschungsprojekt von Accenture direkt in Industrieprojekten von Accenture einsetzt. Ein möglicher Grund für die fehlende Verbreitung von Forschungswerkzeugen in der Industrie sind die „fremden" Ansätze beim Verarbeiten von Anforderungen. Es zeigt sich, dass die bestehenden Anforderungsprozesse historisch gewachsen sind und neue, moderne Ansätze wie die automatische Verarbeitung von Anforderungen noch skeptisch betrachtet werden. Ob die in den Forschungswerkzeugen angestrebten Lösungsansätze nicht nur im Labor funktionieren, lässt sich aber erst nach

---

[8]Die Namen der Firmen können auf Antrag genannt werden

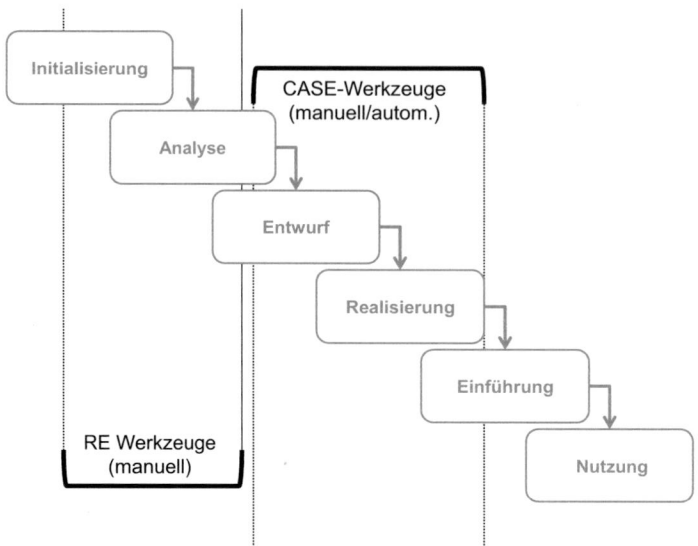

Abbildung 4.3: Vorhandene   Werkzeuge   und   ihre   Einordnung   in   den
                     Softwareentwicklungsprozess

größeren Studien mit Echtwelt-Projekten sagen. Dieser Schritt scheint der Industrie zu
teuer, bzw. zu risikoreich.

4.3.2.1 GATE

Die quelloffene Software *General Architecture for Text Engineering* (GATE) [CMB⁺11]
ist eine Baukasten aus diversen Forschungsprojekten der natürlichen Sprachverarbeitung. GATE beinhaltet Werkzeuge für NLP [CMBT02], Ontologien [BTMC04], Information Retrieval [CHR10] und maschinelles Lernen [LBC09]. GATE (Abb. 4.4) adressiert viele Bereiche, die die menschliche Sprache in Kombination mit rechnerbasierten
Aufgaben verbindet und eignet sich v.a. für die Textanalyse. Es ist optimiert für die
Schulung von Anforderungsanalysten im Umgang mit NLP. Auf Grund des umfangreichen, jedoch komplexen Baukastens eignet sich GATE für Einzellösungen im Bereich
der natürlichsprachlichen Verarbeitung. GATE ist auf Grund der vielen Werkzeuge im
GATE-Verbund unübersichtlich. Zusätzlich überlappende Funktionalitäten der einzelnen Lösungen machen es aufwändig, das richtige Werkzeug für den entsprechenden
Zweck zu finden.

   Für die in dieser Arbeit vorgesehene Abdeckung aller Bereiche von NLP (*Natural
Language Processing*), T2M (*Text-to-Model Transformation*) und M2T (*Model-to-Text
Transformation*) als Werkzeugkette und die Nutzung des Werkzeugs durch den Auftrag-
geber (und somit den möglichen Endanwender) gibt es in GATE keine Lösungsansätze.

GATE verwendet aber u.a. den auch von uns benutzten Stanford Parser [The09c] und Tagger [The09a].

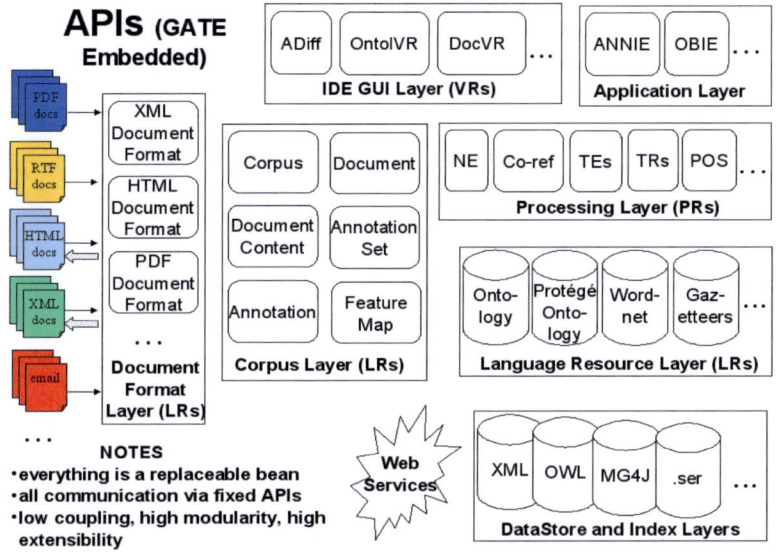

Abbildung 4.4: GATE und seine Komponenten (Quelle: http://gate.ac.uk)

4.3.2.2 OpenNLP

OpenNLP [BB11] ist ähnlich wie GATE eine Werkzeugsammlung für die maschinelle Verarbeitung natürlicher Sprache. OpenNLP unterstützt Prozesse wie Satzsegmentierung, Portionierung, Etikettierung, Zerteilung und die Koreferenzanalyse. Diese Einzelanwendungen stellen im Verbund des OpenNLP-Baukastens Textverarbeitungsdienste bereit. Es ist das ausgewiesene Ziel von OpenNLP, eine Werkzeugsammlung für NLP-Entwickler bereit zu stellen.

Die Werkzeuge aus OpenNLP sind zu rudimentär, um wie in dieser Arbeit geplanten Werkzeugverbund genutzt zu werden. Im Vergleich zu den von uns verwendeten Teilen der Stanford Parser erreichen die einzelnen Werkzeuge von OpenNLP schlechte Werte bei Präzision und Ausbeute. Die Nutzung der Werkzeuge in einer Werkzeugkette ist auf Grund der zu erwartenden schlechten Ergebnisse nicht zielführend. Zusätzlich ist eine Nutzung durch Endanwender nicht möglich, da OpenNLP kein GUI zur Verfügung stellt.

4.3.2.3 Natural Language Toolkit - NLTK

Das Natural Language Toolkit (NLTK) ist eine Bibliothekensammlung [Pro12] von Programmen, die in Python geschrieben sind. Das NLTK wird von Stephen Bird und der Universität Melbourne betreut. Es baut auf den einzelnen Ansätzen der verschiedenen Disziplinen in der Sprachverarbeitung auf. Es beinhaltet Etikettierer, Textzerteiler, Wortklassen-Erkenner (engl. Part-of-Speech, siehe Abb. 4.5) und Syntaxbaumerzeuger. NLTK ist quelloffen und wurde hauptsächlich zu Lehrzwecken entwickelt. Die Dokumentation des Projektes ist in einem Buch der Autoren [BKL09] zusammengefasst.

NLTK besitzt eine GUI (siehe Abbildung 4.5) und Weboberfläche, beschränkt sich aber auf die einzelnen Funktionen ohne diese in einer Werkzeugkombination zu nutzen. Im Vergleich zu der in dieser Arbeit angestrebten Lösung, ist der Zusammenhang zwischen textueller Spezifikation und dem Modell und die Transformation (T2M/M2T) in beide Richtungen mit dem NLTK nicht möglich.

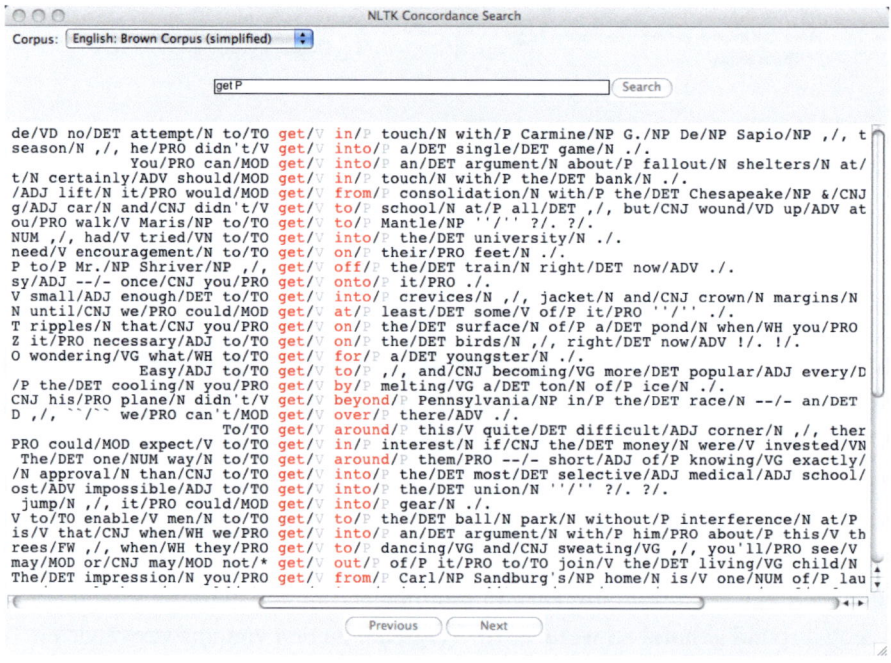

Abbildung 4.5: Verarbeitung von Wortklassen (POS) mit NLTK [cod12]

4.3.2.4 NL-OOPS

Mich [Mic96] führt 1996 auf Basis des Vorgängers LOLITA [9] [MM04, SGM94, Cal98]
und SemNet-Graphen [FPF88] ein neues Werkzeug zur Bearbeitung natürlicher Sprache ein. Erste Ergebnisse zeigten, dass es möglich ist mit NL-OOPS objektorientierte
Modelle interaktiv aus Texten zu erzeugen. Der Name des Werkzeugs kommt von *Natural Language – Object-Oriented Production System*, kurz NL-OOPS. Mich stellt fest,
dass große Softwareprojekte Leitfäden benötigen, um erfolgreich verwaltet zu werden.
Bereits 1996 sieht er NLP als probates Mittel zur Verarbeitung natürlichsprachlicher
Anforderungen. Er fordert, dass der Fokus bei der Sprachverarbeitung nicht auf kontrollierten Sprachen liegen darf, da diese im Alltag der Softwareentwicklung nicht verwendet werden (siehe 4.6.3). NL-OOPS ist darauf ausgerichtet, natürliche Sprache auf
Mehrdeutigkeiten, Widersprüche, Redundanzen und Auslassungen hin zu bearbeiten.

   Das NL-OOPS-Projekt wurde 2000 eingestellt. Es ist keine lauffähige Variante verfügbar. Diese Dissertation übernimmt Teile der Herangehensweisen von NL-OOPS und
überprüft in welchen Bereichen, die Erkenntnisse von NL-OOPS übernommen werden
können. Im Gegensatz zu NL-OOPS erstellt diese Dissertation jedoch Modelle nicht
interaktiv mit dem Nutzer, sondern nutzt die Modellerzeugung von Gelhausen [Gel10].
Zusätzlich ist in NL-OOPS kein Ansatz vorhanden, der den Spezifikationstext mit den
Modellobjekten synchron hält.

4.3.2.5 TESSI

Kroha stellt mit dem *TExtual aSSIstent* (TESSI) eine Methode und ein Werkzeug zur
Unterstützung des Domänenexperten vor [Kro00, KGR06]. TESSI unterstützt die Erfassung, das Verfeinern und Modellieren von Anforderungen, sowie die automatische
Texterzeugung zur Beschreibung des erzeugten Modells. TESSI verlangt eine initiale
Anforderungsspezifikation vom Analysten als Eingabedokument. In einem ersten Pro-
zessschritt unterstützt TESSI den Analysten bei der halbautomatischen Modellgenerie-
rung. TESSI fordert den Analysten durch komplementäre Fragen zum gerade analysier-
ten Textteil auf, das System genauer zu beschreiben um so ein statisches UML-Modell
erzeugen zu können. Dieses Modell wird anschließend in eine Ontologie transformiert
und über Schlussfolgerungen (*reasoning*) auf Konsistenz überprüft. Hierbei bilden die
Modellelemente die einzelnen Objekte der Ontologie. Das erstellte Modell ist somit
gleichzeitig die Ontologie, die TESSI für die Schlussfolgerungen nutzt.

   Nachdem das Modell erzeugt wurde, können mit einer automatisch erzeugten Textbe-
schreibung des fertigen Modells die Anforderungen auf Korrektheit überprüft werden.
Für die Erzeugung des Textes nutzt TESSI ein hybrides System aus zwei Alternativen

---

[9]Large-scale, Object-based, Linguistic Interactor, Translator and Analyser.

nach dem Fließbandprinzip [RD00]: Zum einen werden Schablonen für einzelne Textpassagen zur Texterzeugung genutzt und zum anderen werden miteinander in Beziehung
stehende Textpassagen in Hierarchieordnungen ausgegeben. Danach wird der Inhalt ein-
zelner Sätze an Hand der durch die in der halbautomatischen Modellerzeugung ermittelten Semantik benutzerfreundlich ausgegeben. Hierbei werden die Wörter in die richtige
Reihenfolge gebracht. Anschließend werden die passenden Wortendungen durch Flexion angehängt. Die Flexion nutzt hierbei die semantischen Erkenntnisse der Objekte aus
den Sätzen als auch deren resultierende syntaktische Struktur. Die so vollständig neu
erzeugte Spezifikation kann nun mit dem Kunden (Stakeholder) abgeglichen werden.
Die Texte sind gut verständlich, vollständig und auf Grund der benutzten Schablonen
einfach strukturiert.

Anders als der in dieser Arbeit behandelte Ansatz wird die ursprüngliche Spezifikation nicht mit dem Modell verknüpft. Änderungen an Spezifikationen oder dem Modell
der Spezifikation werden nicht abgeglichen. TESSI nutzt die ursprüngliche Spezifikation als Vorlage um vom Anforderungsanalysten interaktiv ein Modell der Anforderung
erzeugen zu lassen. Hierbei ist eine Rückkopplung der Entscheidungen an den Kunden
erst nach Fertigstellung des Modells und der daraus resultierenden neuen Spezifikation
möglich. Ein iteratives Vorgehen wird nicht unterstützt und die Tauglichkeit der neu und
automatisch erstellten Spezifikationen wurde nicht untersucht. TESSI ist ein Werkzeug
für die interaktive Modellerstellung, unterscheidet sich aber grundlegend von der in dieser Arbeit angewandten Vorgehensweise. Diese Arbeit untersteht der Prämisse, dass das
iterative Vorgehen bei der Anforderungsermittlung nur durch die konsistente Verknüpfung von textueller Spezifikation und deren Modellen möglich ist.

4.3.2.6 LIDA

Mit dem *Linguistic assistant for Domain Analysis* (LIDA) [OLR01] stellt Overmyer ein
Werkzeug zur Unterstützung des Anforderungsanalysten vor. LIDA bereitet eine domä-
nenunabhängige linguistische Textanalyse vor. Eine Wortartenklassifizierung bestimmt
die in der Spezifikation vorkommenden Substantive. Der Analyst modelliert die ausgewählten Substantive manuell als Klassen oder deren Klassenattribute. Im nächsten Pro-
zessschritt werden Adjektive auf Zugehörigkeit zu Klassen untersucht. Danach wird der
Text auf Zugehörigkeit von Operationen, Assoziation und Generalisierungsbeziehungen
geprüft. Somit entsteht ein Klassendiagramm. Bei zeitlichen Abhängigkeiten werden die
Abläufe vom Modellierer/Analysten durch ein Aktivitätsdiagramm grafisch erstellt.

Das so erzeugte Modell wird anschließend mit einem Texterzeuger in eine neue Spe-
zifikation gewandelt. Der benutzte Texterzeugung heißt *Model Explainer* (MODEX)
[LRR97]. Die von MODEX benutzen Schablonen sind in einfacher Subjekt, Prädikat,
Objekt-Struktur gehalten. Die Texte sind einfach aufgebaut und gut leserlich. Die simple

Texterzeugung kann aber komplexe Vorgänge nicht textuell beschreiben. Eine Verknüpfung zwischen der eigentlichen Spezifikation, dem Modell und der neu erzeugten Spezifikation gibt es nicht. Analysten und Stakeholder müssen die generierte Spezifikation mit der Originalspezifikation manuell vergleichen. Overmyer beschreibt in seinen Artikeln zahlreiche technische Probleme bei der Umsetzung. Die im Rahmen dieser Arbeit durchgeführten Studien zeigen, dass mit neuen Techniken, der gesteigerten Rechenleistungen und mit Ontologien einige dieser Probleme beseitigt werden können.

Genau wie (TESSI) wird bei LIDA das Modell nicht mit der eigentlichen Spezifikation verknüpft, sondern eine neue Spezifikation erzeugt. Diese basiert auf dem durch den Analysten manuell erzeugten Modell. Der Analyst wird hierbei von LIDAs Funktionen wie das Erkennen von Substantiven und Verben unterstützt. Die dieser Arbeit unterstehende Prämisse, dass die Anforderungsermittlung und -Verarbeitung iterativ ist, unterstützt LIDA nicht.

4.3.2.7 SUGAR/UMGAR

Bei SUGAR/UMGAR handelt es sich um zwei Generationen eines Systems zur automatischen Modellierung textueller Anforderungen. Der Ansatz basiert auf dem *Rational Unified Process* [Kru03] und folgt somit einer anerkannten Technik zur Modellextraktion aus Texten. *Static UML Model Generator from Analysis of Requirements* (SUGAR) extrahiert Modelle aus natürlichsprachlichen Spezifikationstexten [DS08]. SUGAR benötigt die Spezifikationen in einer einfachen grammatikalischen Subjekt-Prädikat-Objekt Struktur. Liegen alle Sätze in der korrekten grammatikalischen Form vor, extrahiert SUGAR das Modell automatisch. Hierfür müssen die Sätze der Spezifikation manuell strukturiert und optimiert werden. Eine Abweichung der Satz- und Wortstruktur von den einfachen Schablonen von SUGAR führt zur fehlerhaften Ergebnissen und Programmabbrüchen.

UML Model Generator from Analysis of Requirements (UMGAR) [DS09] ist eine Weiterentwicklung von SUGAR. Die Entwickler von SUGAR hatten erkannt, dass Modelle und Spezifikationen auch über ihre initiale Erstellung hinaus synchron gehalten werden müssen. UMGAR liefert Funktionen wie *Keyword in Context*: durch die Auswahl eines Modellelements wird der dazugehörige textuelle Kontext in der Spezifikation angezeigt. Somit sind Ansätze zur Rückverfolgbarkeit der modellierten Anforderungen vorhanden. Sowohl SUGAR als auch UMGAR unterstützen kein iteratives Vorgehen, bei dem Spezifikationen und Modelle mehrfach überarbeitet und synchronisiert werden. Im Gegensatz zu TESSI oder LIDA können aus Modellen keinerlei Texte erzeugt werden. Änderungen an den Modellen bleiben unreflektiert und müssten manuell in der Spezifikation nachgezogen werden.

4.3.2.8 QuARS

QuARS (*Quality Analyzer of Requirement Specification*) von Fabbrini et al. [FFGL01]
prüft natürlichsprachliche Spezifikationen auf bestimmte Wörter, welche zuvor als In-
dikatoren für Probleme definiert wurden. Entsprechend der Häufigkeit des Auftretens
werden entsprechende Sätze als problematisch markiert, um den Nutzer auf potentielle
Mängel in der Spezifikation hinzuweisen. Mängel müssen anschließend manuell aus der
Spezifikation entfernt werden. QuARS liefert Messwerte, um die Qualität von Texten
besser einschätzen zu können und gibt Hinweise, in wie weit die benutzten Texte überarbeitet werden sollten. Berry et al. [BBGT08] stellen eine Erweiterung für QuARS in
New Quality Model bereit. Des Weiteren nutzen Fantechi et al. [FGLM02] QuARS als
konzeptionelle Grundlage für ihre eigenen Metriken für natürlichsprachliche Texte.

QuARS ist im Vergleich zu der in dieser Dissertation geplanten Vorgehensweise ein
Werkzeug, dass die iterative Verarbeitung von Spezifikationen nicht unterstützt. Es dient
lediglich als Werkzeug zur Beurteilung der Qualität von Texten.

4.3.2.9 RAT

Neben rein wissenschaftlichen Ansätzen gibt es einen akademisch-industriellen Ansätz,
der NLP und Ontologien einsetzt: das *Requirements Analysis Tool* (RAT) von Verma et
al. [VK08]. RAT ist ein Programm, das den Analysten in der sprachlichen Verarbeitung
von Anforderungen unterstützt. RAT ist als Plug-In für Microsoft Word konzipiert und
integriert sich in den üblichen Arbeitsablauf der Analysten. Ähnlich wie die gewohn-
te Rechtschreibkorrektur werden die Analyseergebnisse angezeigt oder als Kommentare
im Dokument hinterlegt. Durch die Anzeige von Auswahllisten und Tipps auf dem Bild-
schirm kann der Analyst unmittelbar auf etwaige Defekte reagieren und das Glossar an-
passen. Gerade diese enge Rückkopplung mit Verbesserungsvorschlägen führten in einer
Pilotphase zu hoher Nutzerakzeptanz. Die Einsatzgebiete sind aktuell noch beschränkt,
haben sich für die Spezifikation von gewissen Softwaresystemen aber bewährt. Die Be-
dienung erfordert speziell ausgebildete Analysten. Die erzielten Ergebnisse zeigen einerseits eine Verringerung des Zeitaufwandes für die Erfassung der Anforderungen nach
ihrer Ermittlung in Interviews (Zeitersparnis $10-30\%$). Andererseits berichten Team-
leiter während der Pilotphase von einer Zeitersparnis von $30-50\%$ für die Durchsicht
der erstellten Dokumente. Neben der Textanalyse enthält RAT eine Komponente, die
aus den Glossaren und Anforderungen einen Abhängigkeitsgraphen erstellt. Mit dem
Graphen können auch Konflikte erkannt werden.

RAT analysiert textuelle Spezifikationen auf Basis von Projekt-Erfahrungswerten bei
Accenture. RAT nutzt hierzu einen benutzerdefinierten Glossar kombiniert mit verklei-
nertem Vokabular und eingeschränkter Sprache. Für das Zerteilen von Sätzen wird ein

Verfahren eingesetzt, das auf deterministischen endlichen Automaten basiert, welche die Sätze entsprechend vordefinierter Muster akzeptieren [JVKV09, VKV$^+$10].

```
1  Standard Requirement:
2          <agent> <modal word> <action> <rest>
3          <rest>: [<anyword> | <agent> | <action>]*
4
5  Conditional Requirements:
6          <"if"> <condition> <"then"> <StandardRequirement>
7
8  Business Rules:
9          <"all">, <"only">, <"exactly">
```

Listing 4.1: Die Erkennungsmuster von RAT

In obiger Auflistung sind `<agent>`, `<action>`, `<modal word>` Phrasen aus den jeweiligen Glossaren. `<rest>` ist der Abschluss des Satzes, der wiederum aus `agents`, `actions` und anderen Wörtern bestehen kann. Bedingungen (`Conditional Requirements`) bestehen aus einfach `if-then` Konstruktionen. Der Teil nach `then` wird wie ein `Standard Requirement` behandelt. Als Geschäftsregeln (`Business Rules`) werden Quantoren in Formulierungen erkannt. Diese sind: `all`, `only` und `exactly`.

Im Gegensatz zu dieser Dissertation, basiert RAT auf einer eingeschränkten Sprache und nutzt Textschablonen. Auf freien Formulierungen und Texten ist RAT nicht einsetzbar. RAT interagiert aber mit dem Nutzer direkt in der grafischen Nutzeroberfläche. RAT fokussiert auf die Verbesserung der Texte an sich und versucht hierbei mögliche Spezifikationsmängel zu vermeiden. Es ist am ehesten mit dem in dieser Arbeit eingeführten Werkzeug RESI (siehe 5.4) vergleichbar; der Funktionsumfang ist aber deutlich geringer und es werden keine semantischen Zusatzinformationen aus Ontologien genutzt. Die Qualität der Textverbesserungen obliegt einzig dem Nutzer von RAT, dem potentiell „gefährliche" Formulierungen angezeigt werden.

4.4 Natürlichsprachliche Spezifikationen im Vergleich zu formalen Ansätzen

Für die Automatisierung der Anforderungserhebung ist es unerlässlich, dass Anforderungsspezifikationen von Maschinen verarbeitbar sind. Formale Ansätze boten hier bisher Vorteile. Auf Grund Ihrer Struktur und Eigenschaften wie Eindeutigkeit, Beweisbarkeit und Widerspruchsfreiheit sind sie von Maschinen verarbeitbar [10]. Erst seit den Verbesserungen im Bereich der Sprachverarbeitung (NLP) ist es nun möglich, natürlichsprachliche Anforderungen maschinell zu verarbeiten. Zuvor waren das Auflösen

---

[10]z.B. in Form von while-Programmen oder Prädikatenlogik

von Satzstrukturen, Mehrdeutigkeiten und anderen Elementen der natürlichsprachlichen Texte nicht maschinell durchführbar. Der große Vorteil von natürlichsprachlichen Spezifikationstexten ist, dass Stakeholder die Spezifikation verstehen und entsprechend prüfen können. Das folgende Kapitel vergleicht die Vor- und Nachteile von formalen Ansätzen zu natürlichsprachlichen Spezifikationen.

4.4.1 Einfaches Verständnis von Spezifikationen

Das Verständnis von Spezifikation ist notwendig, um Kunden im iterativen Prozess der Anforderungserhebung teilhaben zu lassen. Die initiale Erstellung der Spezifikation liefert als Endprodukt das sogenannte Lastenheft [Bal11]. Dieses spiegelt die konsolidierten Aussagen des Auftraggebers wider. Der Auftraggeber selbst kann seine Anforderungen meist nur in natürlicher Sprache formulieren. Modellansätze und mathematische Verfahren sind für ihn meist unverständlich. Eine Teilnahme am Änderungs- und Entwicklungsprozess der Software ist nur möglich, wenn wir verständliche textuelle Spezifikationen bereitstellen, die keine Spezialisten erfordern.

Trotz der Verwendung von natürlicher Sprache ist es sowohl im Sinne des Auftraggebers als auch der Analysten, den Interpretationsspielraum der Spezifikation zu minimieren. Spezifikationen, die vom Auftraggeber und -nehmer unterschrieben werden, sind rechtlich bindend und ein wichtiger Teil des Vertragswerks. Bei Unstimmigkeiten zu Lieferung und Produkt sind die dabei erstellten Dokumente deshalb von immenser juristischer Bedeutung. Betrachtet man die durchschnittlichen Fehler- und Abbruchquoten (siehe 1.1) von Softwareprojekten, zeigt sich, dass ein gutes Verständnis der Anforderungen – und somit eine vollständige, verständliche und mit wenig Mängeln behaftete Spezifikation – für alle Beteiligten wichtig ist.

4.4.2 Informelle Sprache und Automatisierung

Ryan [Rya93] zeigt, dass Anforderungen vom Kunden nur dann geprüft werden können, wenn sie natürlichsprachlich, also informell sind. Seine Einschätzung 1993 war, dass die Automatisierung der Anforderungserhebung wünschenswert ist, dies allerdings (noch) nicht möglich sei. Er gründet seine Argumentation auf der Tatsache, dass Analysten die Anforderung der Kunden nicht nur in technisches Jargon übersetzen, sondern v.a. gesunden Menschenverstand einsetzen, um eine Aussage zu begreifen. Eine Automatisierung dieser Prozesse ist nur durch den Einsatz von NLP Werkzeugen möglich. Mich [Mic96] schlägt aber bereits 1996 vor, dass Analysten mit Hilfe von Werkzeugen durch den Prozess der Anforderungsermittlung geführt werden müssen. Unsere Arbeit zeigt Möglichkeiten auf, wie informelle Spezifikationstexte maschinell verarbeitet werden können.

4.4.3 Formale Repräsentation

Als mögliche Lösung der inheränten Probleme von natürlicher Sprache stehen formale Repräsentationen von Spezifikationen. Die Erstellung von formalen Spezifikationen ist nur durch Spezialisten durchführbar [AP03]. Formale Spezifikationen werden von Kunden häufig als schwer verständlich wahrgenommen [KC05]. Ein weiterer Nachteil ist, dass Auftraggeber nach der Formalisierung von Anforderungen nicht mehr an weiterführenden Diskussionen teilnehmen können, da sie in formalen Methoden wie z.B. Prädikatenlogik nicht ausgebildet sind [HJL96]. Es ist ihnen nicht möglich, Anforderungen zu überprüfen, da sie die formalisierte Repräsentation der Spezifikation nicht verstehen. Der Anforderungsanalyst muss dabei bei der Arbeit mit den Kudnen zwischen formalen Repräsentationen und natürlicher Sprache *übersetzen*.

Für manche Softwareprojekte birgt die formale Spezifikation aber klare Vorteile, wie z.B. die automatische Verifikation. Diese ist mathematisch beweisbar, vollständig und sicher. Somit haben sich formale Ansätze als funktionierende, jedoch unpraktische – weil sehr aufwändige – Lösung etabliert. Sie werden hauptsächlich in sicherheitsrelevanten Spezialbereichen wie der Raumfahrt oder bei Kraftwerken benutzt. In diesem Zusammenhang lässt sich der finanzielle und zeitliche Aufwand für die Synchronisierung von natürlicher Sprache, der formalen Repräsentation und der Verifikation rechtfertigen.

4.5 Semantik und natürliche Sprache

Sprachverarbeitung basiert bisher hauptsächlich auf statistischen Methoden. Prominente Beispiele wären Übersetzer wie Google Translate, dict.leo.org und sogar audioverarbeitende Hilfsprogramme in Mobilgeräten wie Apples Siri. Die Präzision und Ausbeute dieser Methoden ist hoch und funktioniert zu großen Teilen ausreichend gut. Im speziellen Fall der Bearbeitung von Anforderungstexten funktionieren statistische Methoden nicht. Diese Domäne ist deshalb nach wie vor dem menschlichen Anforderungsanalysten vorbehalten. Wenn Texte von Computern aber so verabeitet werden sollen, wie dies Menschen tun, so ist die Semantik der Schlüssel zur maschinengestützten Verarbeitung. Um Semantik und semantische Zusammenhänge von Texten abzubilden und Methoden wie Deduktion und Schlussfolgerungen nutzen zu können, bietet sich der Einsatz von Ontologien an. Einige Forschungsprojekte betrachten domänenspezifische Ontologien um Probleme im Bereich der Anforderungsermittlung zu bearbeiten [KS05, KS06, Sae04].

Hierbei nutzen sie beispielsweise ontologiebasierte Systeme um textuelle Informationen der Kunden korrekt zu klassifizieren. Dies funktioniert, indem Terme aus Texten extrahiert werden und mit Hilfe von Ontologien die Zuordnung der textuellen Beschreibung zu Themenkreisen über Schlussfolgerungen möglich wird. So kann bei Spezifikationen erkannt werden, welche Teile der Spezifikation für die Nutzerinteraktion wichtig sind, welche sich z.B. mit der grafischen Nutzeroberfläche beschäftigen und welche Teile der Spezifikation rein für die Systemverarbeitung interessant sind. Andere Forschungsprojekte stellen sicher, dass domänenspezifische Formulierungen genutzt werden, wenn Spezifikationstexte von verschiedenen Interessengruppen erstellt werden [ZWRH06, MRZ+06]. Dies führt zu einer Vereinheitlichung der Wortwahl und der damit verbundenen Formulierungen. Andere Ontologie-Projekte wie ConceptNet [LS04b, HSA07] sind auf spezielle Einsatzfelder und Anwendungsfälle ausgelegt. Bis heute haben industrielle Anwendungen wie RationalRose, CaliberRM, CaseComplete, HP QualityCenter, DOORS oder RequisitePro (eine komplette Liste findet sich unter [Vol09]) keine Lösungsansätze zur Verarbeitung natürlicher Sprache aus der Forschung übernommen. Unser Ansatz nutzt Ontologien, um die Funktionalitäten dieser Werkzeuge durch die Verarbeitung von semantischen Informationen zu erweitern.

4.6 Lösungen für Spezifikationsprobleme

Probleme in Spezifikationen entstehen durch unterschiedliches Verständnis der textuellen Spezifikation auf Kunden- und Analystenseite. Die bisher manuellen Ansätze, diese Probleme zu entdecken und zu lösen werden im folgenden Abschnitt erläutert. Unsere Arbeit verwendet die unten erläuterten Ansätze und bildet die notwendigen Funktionen mit Werkzeugen ab.

4.6.1 Verhaltensempfehlungen

Berry et al. stellen ein Handbuch [BKK03] bereit, um Autoren von Spezifikationen zu helfen, Mehrdeutigkeiten zu vermeiden. Sie decken ein beträchtliches „Areal" an möglichen Mehrdeutigkeiten ab und erklären die entsprechenden Probleme mit Beispielen. Zusätzlich zeigen sie auf, wie diese Probleme vermieden werden können. Sie erwähnen Mehrdeutigkeiten, die für den Analysten gar nicht als solche erscheinen. Die mögliche Fehlerquelle ist hier, dass die Texte für unterschiedliche Leser je nach Kontext verschiedene Bedeutungen haben können. Chantree et al. [CNRW06] beschäftigen sich auch mit Mehrdeutigkeiten in Spezifikationen. Bestehende Mehrdeutigkeiten sollen automatisch gefunden werden und anschließend manuell aus der Spezifikation entfernt werden. Sie unterscheiden zwischen potentiell gefährlichen und nicht-gefährlichen Mehrdeutigkeiten. Potentiell gefährliche Mehrdeutigkeiten, sind solche, die beim Lesen unterschiedlich interpretiert werden, ohne dass der einzelne Leser feststellt, dass es mehrere Möglichkeiten der Interpretation gibt.

4.6.2 Inspektionen

Rupp und die SOPHISTEN widmen den *linguistischen Defekten* ein komplettes Kapitel [Rup06]. Diese Defekte entstehen bei der Anforderungsformulierung und führen zu mangelhaften Spezifikationen (siehe auch 3.4). Rupp et al. liefern eine Liste von Regeln, um diese Probleme in der manuellen Verarbeitung von Anforderungen zu vermeiden. Ein weiterer Ansatz zur Lösung der oben erwähnten Probleme sind Inspektionen basierend auf der Idee von Fagan [Fag76]. Diese Technik stellt seit Jahrzehnten einen bewährten Ansatz zur Fehlerfindung dar [ABL89]. Spezielle Ausprägungen der Inspektionen sind zudem für Anforderungen optimiert. Inspektionen sind aber manuelle Prozesse [Pow01] und daher zeitintensiv. Entsprechend werden Inspektionen in Softwareprojekten nach „gefühlter" Notwendigkeit punktuell eingesetzt. Auf Grund ihrer manuellen Natur sind Inspektionen auf textuellen Spezifikationen nicht für alle Probleme geeignet [KZMB08], die den menschlichen Inspektor schnell ermüden. Deshalb entwickelten Kamsties et al. einen verbesserten Typ der von Fagan eingeführten Inspektionen [KKPS01].

4.6.3 Kontrollierte Sprachen

Ein anderer Ansatz um Fehler in Spezifikationen zu vermeiden, ist die natürliche Sprache einzuschränken. Das bedeutet, dass der Autor der Spezifikation bestimmten Mustern für Satzstrukturen folgen muss und lediglich ein Teilmenge des natürlichen Vokabulars zur Verfügung hat. *Kontrollierte Sprachen* sind eine Zwischenstufe zu den bereits erwähnten formalen Ansätzen. Ziel kontrollierter Sprachen ist es, die Grammatik und den Wortschatz einer Sprache so einzuschränken, dass die mit natürlicher Sprache latent vorhandenen Probleme minimiert werden. Zu den Problemen zählen: Widersprüche, Mehrdeutigkeiten, unvollständige Prozesswörter, usw. Eine detaillierte Beschreibung findet sich im Abschnitt 4.6. Einer der bekanntesten Ansätze ist ACE [FSS99] *Attempto Controlled English*.

Formulierungen von Sätzen auf Basis von Mustern aufzubauen, ermöglicht wie bereits erwähnt die Kontrolle der Satzstruktur bei kontrollierten Sprachen. Denger [DBK03] et al. zeigen, wie ihr musterbasierter Ansatz Mehrdeutigkeiten vermeidet. Sie zeigen auch, dass es schwierig ist, bereits bestehende Spezifikationen in eine musterbasierte Form zu bringen. Eine weitere Einschränkung ist, dass ihr Fokus auf eingebetteten Systemen liegt. In wie weit sich die Erkenntnisse aus diesem Bereich auf die allgemeine Anforderungserhebung transportieren lässt, ist unbekannt. Propel [SACO02] ist ein weiterer Ansatz, der eingeschränkte Sprachen nutzt. Das Propel System verlangt die parallele Entwicklung eines endlichen Zustandsautomaten in Kombination mit der natürlichsprachlichen Spezifikation. Die natürlichsprachliche Spezifikation ist dann im Sinne der Muster des Automaten beschränkt (*Disciplined Natural Language*). Da sowohl der Automat als auch die Spezifikation konsistent gehalten werden müssen, hat man immer den Vorteil einer formalen wie auch nicht-formalen Spezifikationsrepräsentation. Es liegt aber großer Aufwand in der Synchronisierung beider Repräsentationen. Natürliche Sprachen einzuschränken ist ein erfolgreicher Ansatz, um Fehlerquellen in Anforderungsspezifikationen zu eliminieren, da die Spezifikationen weniger Interpretationsspielraum bieten.

Die Akzeptanz von kontrollierten Sprachen ist höher als bei formalen Ansätzen, jedoch führen kontrollierte Sprachen letztendlich zu ähnlichen Nachteilen: die Methoden müssen erlernt werden und bestimmte Sachverhalte müssen – für den Auftraggeber umständlich – über mehrere Sätze oder Abschnitte umschrieben werden. Dies ist aus Sicht der Anforderungsverarbeitung kein Problem, macht es für den Auftraggeber aber schwer, hier entsprechend am Prozess teil zu nehmen. Die Diskrepanz liegt darin, dass es unmöglich ist, Spezifikationen zu definieren, die sowohl für den Auftraggeber, als auch für den Anforderungsanalysten als *optimal* gelten. In der Praxis wird dieser Ansatz deshalb nur eingeschränkt genutzt.

4.6.4 Kriterien und Metriken

Eine weitere Möglichkeit, Spezifikation zu optimieren, sind Metriken, die deren Qualität messen. Es ist dadurch möglich, kritische Textstellen zu erkennen und zu verbessern. Davis et al. [DOJ$^+$93] präsentierten 24 Kriterien, die die Qualität von Spezifikationen mit Hilfe von Metriken messen. Sie verdeutlichen, dass die perfekte Spezifikation nicht existieren kann, da sich die einzelnen Qualitätskriterien gegenseitig beeinflussen und teilweise widersprechen (z.B. Lesbarkeit im vgl. zu Redundanz). Wilson et al. [WRH97] versuchen sich an empirischen Metriken. Sie untersuchen das Auftreten bestimmter Formulierungen in Spezifikationen. Anschließend werden diese Ausdrücke kategorisiert und Metriken generiert, welche als Qualitätsindikatoren für Vollständigkeit, Konsistenz, usw. genutzt werden können. Pisan [Pis00] adressiert das Problem anders, indem er Metriken aus Spezifikationen erstellt, die bereits als qualitativ hochwertig evaluiert wurden. Er nutzt anschließend über Stichwortsuche Teile dieser Spezifikationen um eine neue Spezifikation zu erstellen. Der Grundgedanke ist es, per Analogie von alten (und guten) Spezifikationen auf neue Spezifikationen zu schließen.

4.7 Zusammenfassung Diskussion und Verwandte Arbeiten

Die verwandten Arbeiten zeigen, dass es bereits seit den frühen Neunzigern Ansätze und Ideen zur teilweisen Automatisierung der Anforderungsprozesse gibt. Diese sind vor allem das Finden von Mängeln in Spezifikationen als auch die Wandlung von Texten in Softwaremodelle. Der Hintergrund ist damals wie heute der selbe: die Prozesse bei der Anforderungserhebung und Verarbeitung sind umfangreich und zum größten Teil manuell. Dies führt zu extrem langen Verarbeitungszeiten und ist teuer. In der alltäglichen Verarbeitung von Anforderungen wird deshalb – basierend auf der Erfahrung der Analysten – meist punktuell Fokus auf bestimmte Teilbereiche der Anforderungen gelegt.

Als theoretische Grundlage gibt es inzwischen ausreichend Literatur mit Verhaltensregeln für die manuelle Verarbeitung von Spezifikationen, darunter auch das quasi-Standardwerk von Rupp [Rup02]. Ziel dieser Dissertation ist es, die in der Literatur und in den Artikeln beschriebenen Prozesse maschinell umzusetzen. Da die Anforderungsverarbeitung ein iterativer Prozess ist, ist es wichtig die Spezifikation und ihr Softwaremodell gleichzeitig zu betrachten. Die Synchronisierung bzw. Aufrechterhaltung der Verbindung der Satzobjekte und Modellelemente ist ein wichtiger Baustein dieser Arbeit.

Als problematisch zeigte sich bei bisherigen Forschungsarbeiten die technische Umsetzung der entsprechenden Ansätze. Zudem war die Leistungsfähigkeit durch den Speicher und die Rechenkapazität der jeweiligen Systeme eingeschränkt. Es zeigt sich, dass das *Allgemeinwissen* der menschlichen Analysten den Hauptteil an der Verarbeitung von Texten hat. Maschinen konnten dies bisher nicht leisten: Ontologien ermöglichen es aber inzwischen, Rechnern „gesunden Menschenverstand" beizubringen. Deshalb versucht diese Dissertation heraus zu finden, wie der Erkenntnisgewinn bei menschlichen Analysten vonstatten geht und in wie weit diese Prozesse maschinell abgebildet werden können. Bereits bestehende Werkzeuge beschäftigen sich nur punktuell mit den Problemen der Anforderungsverarbeitung und sind kein ganzheitlicher Ansatz. Um eine breite Akzeptanz und Nutzung von maschineller Anforderungsverarbeitung zu bekommen, ist es aber wichtig, Werkzeuge zu entwickeln, die sowohl den Auftraggeber beim Erstellen der initialen Anforderungen unterstützt, als auch den Analysten beim späteren Optimieren.

Diese Dissertation liefert neue Ansätze und Werkzeuge bei der Verarbeitung von Spezifikationstexten und verkettet bereits bestehende Werkzeuge zu einem gesamten Prozess. Die gewonnenen Informationen aus Satzgrammatik, Wortsemantik und Weltwissen werden genutzt, um bei der maschinellen Verarbeitung bessere Ergebnisse zu erzielen. Dies soll zu besseren Spezifikationen und weniger Fehlern führen und frühzeitiger Probleme erkennen. Ausgehend von diesen Zwischenergebnissen kann dann die maschinelle Modellerzeugung (nach Gelhausen) vorbereitet werden.

Kapitel 5

Konzepte und Lösungsansätze

Dieses Kapitel beschreibt die Konzepte und Lösungsansätze, die im Rahmen der Arbeit entwickelt wurden. Es wurde geprüft, wie menschliche Analysten vorgehen und wie diese Prozesse mit Computersystemen unterstützt oder automatisiert werden können. Die Betrachtung und Überführung menschlicher Vorgehensweisen in Software-Lösungen ist essentieller Beitrag dieser Arbeit.

Rolland und Proix [RP92] beschreiben 1992 das Vorgehen der Anforderungsanalysten bei der Arbeit mit natürlicher Sprache. Der Analyst versucht den Wörtern eine Bedeutung zuzuordnen. Kennt Analyst die Domänensprache des Stakeholders, ordnet er idealerweise dem jeweiligen Wort auch die vom Stakeholder gemeinte Bedeutung zu. Rolland und Proix definieren unser Allgemeinwissen vereinfacht als den Tupel (Wort, Objekt). Hierbei ist es unerheblich, ob das Objekt substanzieller (*Auto, Computer, Buch*) oder konzeptioneller Natur (*Denken, Handeln, Wünschen*) ist. Dieser Tupel ermöglicht dem Menschen die Zuordnung zwischen Wort und Bedeutung bei der Texterfassung.

5.1 Empirisches und heuristisches Vorgehen

Analysten nutzen bei der Arbeit mit natürlicher Sprache ihr Wissen implizit und unbewusst. Hierbei ist sowohl der Zusammenhang zwischen Satzobjekten wichtig, als auch die Möglichkeit der Interpretation des Satzes. Zum Beispiel bezieht sich das Verb fly bei I saw the plane flying und bei I saw the mountains flying trotz identischer Satzstruktur auf andere Objekte. Im ersten Beispiel kann sich fly sowohl auf die Person I, als auch das plane beziehen. Im zweiten Beispiel kann der Bezug auf mountains auf Grund des impliziten Wissens über Berge und deren Eigenschaften ausgeschlossen werden. Ist dem Analysten ein Objekt im Satz nicht bekannt, so kann er diesen Rückschluss nicht ziehen. Ohne Domänenwissen kann der Analyst sein Wissen nicht einsetzen, da er kein Tupel (Wort, Objekt) zu einem gegebenen Wort zur Verfügung hat. Der Analyst muss dann heuristisch vorgehen. Er verbindet nun die Wörter mit ihm bekannten Objekten, die in den Kontext zu passen scheinen. Zuvor erlernte Interpretationen werden genutzt, um Ähnlichkeiten zu erkennen und entsprechend abzuleiten. Um ein Verständnis für die Wörter herzuleiten, trifft der Analyst implizite Annahmen. Dieses Vorgehen ist nicht fehlerfrei, da das Verständnis lediglich auf der Interpretation des Analysten beruht. Dies kann von der eigentlichen Bedeutung [1] des Begriffs in der Domäne abweichen.

Um Fehler in Spezifikationen zu minimieren, werden wir implizites Wissen explizit am Text dokumentieren. Dies verlängert zwar den Spezifikationstext, ermöglicht es aber allen Teilnehmern und der maschinellen Verarbeitung, die Bedeutung besser nachzuvollziehen. Fillmores [Fil69] Fallsystem liefert die theoretische Grundlage, um implizites Wissen in Text zu kennzeichnen.

5.2 Manuelle Prozesse

Als Grundlage dieser Arbeit wurden die von den Analysten durchgeführten manuellen Schritte im Softwareentwicklungsprozess betrachtet. Dies reicht von der Anforderungsermittlung bis hin zur Modellerstellung für den Entwicklungsbereich. Im Rahmen dieser Dissertation führten wir Fallstudien mit studentischen Mitarbeitern durch, um zu erkennen, welche Arbeitsschritte und Entscheidungen Menschen bei der manuellen Verarbeitung von Spezifikationen in Domänenmodelle nutzen. Die studentischen Mitarbeiter waren keine ausgebildeten Anforderungsanalysten. Sie können UML-Modelle aus dem Spezifikationstext erstellen, haben aber kein spezielles Hintergrundwissen. Wir verwendeten Texte aus der UML 2.1.2 [OMG07] Spezifikation und ließen diese manuell in UML-Diagramme transformieren. Da die UML Freiheitsgrade bei der Modellerstellung erlaubt, entscheidet der Modellierer, welche Ausprägung im Modell sinnvoll erscheint. Die Teilnehmer der Arbeitsgruppe modellierten die selbe Spezifikation zuerst unabhängig voneinander. In Gruppenarbeit wurden die Ergebnisse anschließend verglichen. Die Gruppe diskutierte, warum diverse Ausprägungen der Modelle vom jeweiligen Probanden erstellt wurden, was mögliche Alternativen wären und ob es eine ideale Lösung gäbe. Es stellte sich heraus, dass Modellunterschiede oft von einem unterschiedlichen Verständnis der Spezifikation stammen. Die Gruppe konnte sich in der Diskussion aber auf einen Goldstandard einigen. Es wurde diskutiert, auf welcher Basis welche Entscheidung warum getroffen wurde. Hierbei erkannten wir, auf welcher Basis der menschliche Modellierer implizit Sprachwissen und somit Semantik nutzt, um die passenden Modelle aus Spezifikationen zu erstellen. Das Vorgehen der Probanden wurden festgehalten und ist bei der Entwicklung der in dieser Arbeit entwickelten Werkzeuge mit eingeflossen. Die nachfolgenden Konzepte zeigen die Übertragung dieser Vorgehensweisen auf maschinelle Prozesse.

---

[1]Implizite Annahmen sind eine entsprechend große Fehlerquelle bei der Anforderungsspezifikation

5.3 Die Werkzeugkette RECAA

Betrachtet man den Erstellungsprozess aus Abbildung 3.1, so bekommen wir einen Überblick über den Einsatzzweck der für RECAA [2] entwickelten Werkzeuge. Die Werkzeuge sind in Abbildung 5.1 aufgeführt. Auf den folgenden Seiten wird auf die Funktionen und Aufgaben der einzelnen Werkzeuge *RESI*, *AutoAnnotator* und *REFS* eingegangen. Wie in den Teilkonzepten erläutert, ist es wichtig, die manuelle Vorgehensweise bei der Anforderungsermittlung zu verstehen und durch Werkzeuge zu unterstützen. Ziel ist die in der Anforderungsbestimmung notwendigen Iterationen durch den Einsatz von (halb-)automatischen Werkzeugen zu beschleunigen und deterministischer zu gestalten. Damit hängt die Qualität eines Modells nur noch teilweise von der Qualität des einzelnen Analysten ab.

Die Unterstützung des Analysten beginnt bei der Erstermittlung der Anforderungen im Kundengespräch. RESI (1) findet hierbei Fehler und Mängel in natürlicher Sprache und schlägt entsprechend Verbesserungen für die textuelle Spezifikation vor. Diese Verbesserungen müssen anschließend im Text manuell vorgenommen werden. Im nächsten Schritt reichert AUTOANNOTATOR (2) die verbesserte Spezifikation mit Gelhausens Rollen [Gel10] basierend auf Fillmores Rollenkonzept an. Zusammenhänge nicht syntaktisch-grammatikalischer Natur können so im Text dokumentiert und für die spätere Modellerzeugung genutzt werden. Zusätzlich führt AUTOANNOTATOR eine Vorverarbeitung durch, die die Erzeugung von UML Modellen durch SAL$_E$ᴍx verbessert, indem es erkennt, welche UML-Klassentypen verwendet werden sollen. Dies hilft bei der Transformation von thematischen Rollen in UML-Modelle mehrdeutige Abbildungen zu vermeiden. REFS (3) leitet Änderungen am Modell automatisiert in die textuelle Spezifikation zurück. Es ermöglicht den Vergleich zur Ursprungsspezifikation, wenn während der Softwareentwicklung Änderungen am Software- und Domänenmodell vorgenommen werden. Dies soll Software-Erosion bei der Wartung und Änderungen von Software minimieren, da es dem Stakeholder die Möglichkeit gibt, seine textuellen Anforderungen auch später im Prozess mit der Entwicklungsarbeit vergleichen zu können. Dies ist heute nur durch hohe manuelle Aufwände möglich.

Die Verkettung der drei Werkzeuge RESI, AUTOANNOTATOR und REFS ermöglicht das in der Abbildung dargestellte *Round-Trip Engineering*, d.h. das iterative Vorgehen bei der Arbeit mit Anforderungen und dem daraus resultierenden Softwaremodell.

---

[2]Requirements Engineering Complete Automation Approach

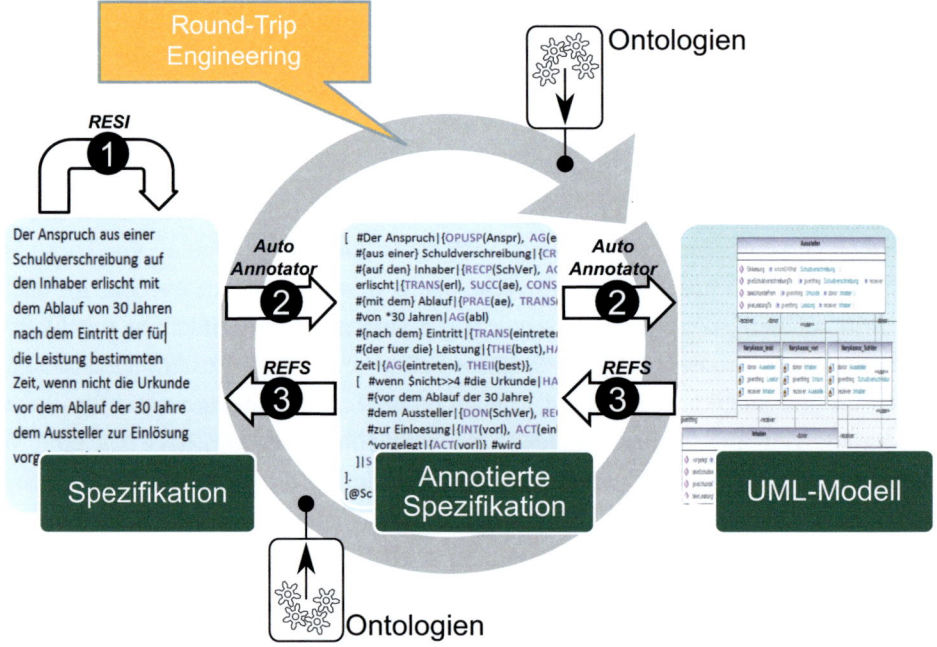

Abbildung 5.1: Das Konzept RECAA unterstützt das in Softwareprojekten vorherrschende iterative Vorgehen (Round-Trip Engineering)

5.4 RESI

RESI steht für *Requirements Engineering Specification Improver*. RESI unterstützt den Analysten mit einer Vorverarbeitung der Spezifikation und kann auf Mängel und Fehler in dieser hinweisen, bzw. Unklarheiten hervorheben. RESI kann auch für die Optimierung von textuellen Spezifikationen bei ungeschulten Anwendern genutzt werden. Kapitel 7.4.6 behandelt eine Fallstudie zu diesem Thema.

2008 zeigten wir, dass während der automatischen Modellerzeugung Entscheidungen getroffen werden, die von einem System mit semantischem Wissen durchgeführt werden könnten [KG08]. Dabei stellten wir fest, dass viele Probleme der Anforderungserhebung bereits in den frühen Stadien der Spezifikationserstellung und -Validierung erkannt und umgangen werden können. Viele Probleme stammen von sprachlichen Mängeln der Anforderungsspezifikation (siehe Kapitel 3.4).

Unsere Arbeit an RESI untersuchte, ob es möglich ist, diese bisher manuellen Verbesserungen an Spezifikationen maschinell durchzuführen. RESI nutzt diverse Ontologien, u.a. Cyc, WordNet und ConceptNet [MFT$^+$, Cycc, HSA07, SKW07] um Weltwissen anzuwenden. RESI funktioniert, indem es Satzelemente (Text) auf Begriffe der Ontologien abbildet. Hierdurch lassen sich semantische Zusammenhänge, die in den Ontologien abgelegt sind, auffinden. Durch diese Informationen ist es RESI möglich, einige Probleme automatisch zu finden und in Interaktion mit dem Analysten zu lösen. Die Leistung von RESI ist entscheidend von der benutzten Wissensbasis/Ontologie abhängig. Für spezielle Domänen angefertigte Ontologien ermöglichen bessere Ergebnisse. Ziel ist es, eine möglichst optimale Ausgangslage für die automatische Modellerzeugung aus Spezifikationstexten zu schaffen. Ob für das Verständnis und die Eindeutigkeit optimierte Spezifikationen auch die automatische Modellerzeugung verbessern, wird anschließend im Rahmen der Evaluierung geprüft (siehe Abbildung 7.12).

5.4.1 Spezifikation RESI

RESI verarbeitet textuelle Anforderungsspezifikationen und verbessert diese in Interaktionen mit dem Nutzer. Es prüft Texte auf sprachliche Mängel, indem es sowohl die Syntax von Sätzen als auch die implizite Semantik von Aussagen prüft. Auf Basis von manuellen Anleitungen zur Optimierung von Anforderungen wurde ein Regelkatalog in RESI umgesetzt, der sprachliche Mängel (siehe Kapitel 3.4) automatisch findet und anzeigt. Hierbei ist der Einsatz von Ontologien wichtig, um das vom menschlichen Anforderungsanalysten verwendete Weltwissen für Computer verfügbar zu machen. Dem Nutzer von RESI soll es dann möglich sein, Verbesserungsvorschläge auszuwählen und bei Bedarf in den Spezifikationstext zu übernehmen. Mängel in der Spezifikation sollen so schneller gefunden werden. Hierbei gibt es durchaus falsche Positive, welche je nach Qualität der Ontologie [3] zwischen null und 5% liegen. Dennoch ermöglicht RESI eine schnelle Schritt-für-Schritt Verbesserung von textuellen Spezifikationen. Vor allem das Auffinden von Fehlern soll beschleunigt werden. Die Lösung muss je nach Fehler in Diskussion mit dem Stakeholder gesucht werden. Letztendlich entscheidet der Analyst bei der Nutzung von RESI, welche Mängel korrigiert werden müssen und ob hierzu Rücksprache mit dem Auftraggeber notwendig ist.

5.4.2 Vorgehensweise bei RESI

RESI funktioniert in vier Schritten, wie in Abbildung 5.2 gezeigt. Zuerst liest RESI die Spezifikation 1) als Textdateien (.txt) ein. Aufzählungen, Glossare und Überschriften in der Spezifikation werden als normaler Text verarbeitet. Grafiken, Gliederungen und andere nicht-textuelle Elemente werden nicht berücksichtigt.

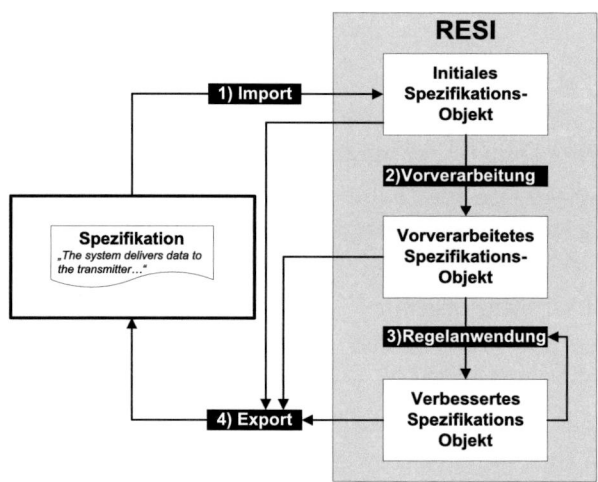

Abbildung 5.2: RESI importiert Spezifikationen und exportiert die verbesserte Version

Die Vorverarbeitung 2) ermittelt Wort-Stammformen und Satzelemente mit Markierern (*Tagger*). Durch die damit durchgeführte Normalisierung der erkannten Wörter erhöht sich die Qualität der Anfragen an die Ontologien, da Beugungen und Sonderfälle für die Anfragen wegfallen. Für das Erkennen der semantischen Zusammenhänge hat dies keine Auswirkungen, da lediglich die Bedeutung eines Wortes für den semantischen Zusammenhang relevant ist. Zuvor wird beim Erkennen der grammatikalischen

---

[3]Beispielhaft werden über die Ontologie Synonyme erkannt, die im Kontext der Spezifikation keine Synonyme sind

Struktur der Zusammenhang hergestellt, welcher dann semantisch überprüft wird. RE-SI nutzt somit syntaktische, grammatikalische und semantische Informationen um die Elemente in Sätzen zu prüfen. Die semantischen Zusammenhänge bestätigen diese Verknüpfung dann, oder zeigen, dass dies in speziellen FÄllen Anschließend wendet RESI die aus dem menschlichen Verhalten abgeleiteten *Regeln* an. Diese Regeln werten grammatikalische, semantische und teilweise syntaktische Zusammenhänge aus. Jede Regel 3) implementiert einen der in Abschnitt 4.6 genannten Lösungsansätze, wie z.B. Synonyme, unvollständige Prozesswörter, Nominalisierungen oder falsch benutzte Quantoren. Regeln können unabhängig voneinander angewendet werden, je nachdem was der Fokus des Optimierungsschritts sein soll. Abbildung 5.3 zeigt die Auswahlmaske der möglichen Regeln und Ontologien. Dem Analysten werden im Verlauf der Optimierung entsprechende Mängel in der Spezifikation angezeigt und Vorschläge zur Verbesserung gemacht. Während der Regelanwendung kann der RESI-Benutzer Markierungen mit Kommentaren in der Spezifikation setzen. Dies hilft, problematische Sätze leichter zu finden und sie in Absprache mit dem Kunden anzupassen. Die Verbesserungen und Analystenentscheidungen werden in die Spezifikation zurückgeführt und nach der Bearbeitung durch RESI exportiert 4). Dabei werden alle Informationen, die durch RESI hinzugefügt wurden, gespeichert.

5.4.3 RESI Beispiel

In diesem Abschnitt werden die implementierten Regeln im Detail beschrieben. Als Beispielsatz dient zur Veranschaulichung folgender Satz:

```
Every pallet is returned after transport.
```

Dieser Satz wird nun vor der eigentlichen Bearbeitung entsprechend seiner Satzbausteine vollautomatisch annotiert. Die Wortart-Markierung wird in rot und die Stammform in blau dargestellt. Markierungen von Verben beginnen mit *VB*, die von Substantiven mit *NN*. Artikel und Quantoren werden durch *DT* (für *determiner*) dargestellt, *IN* steht für Präpositionen oder unterordnende Konjunktionen (Liste aller Markierer siehe Anhang A).

```
Every[DT] pallet[NNP|pallet] is[VBZ|be] returned[VBN|return]
after[IN] transport[NN|transport].
```

Dieser einfache Satz enthält drei Mängel, die sich durch eine Umformulierung des Satzes beheben lassen. Diese Mängel sind unvollständige Parameter der Prozesswörter und fehlerhaft benutzte Quantoren. Der korrigierte Satz in seiner verbesserten Version sieht folgendermaßen aus:

```
All pallets without exception are returned to GIVEE after
GIVER transports them from A to B (via C).
```

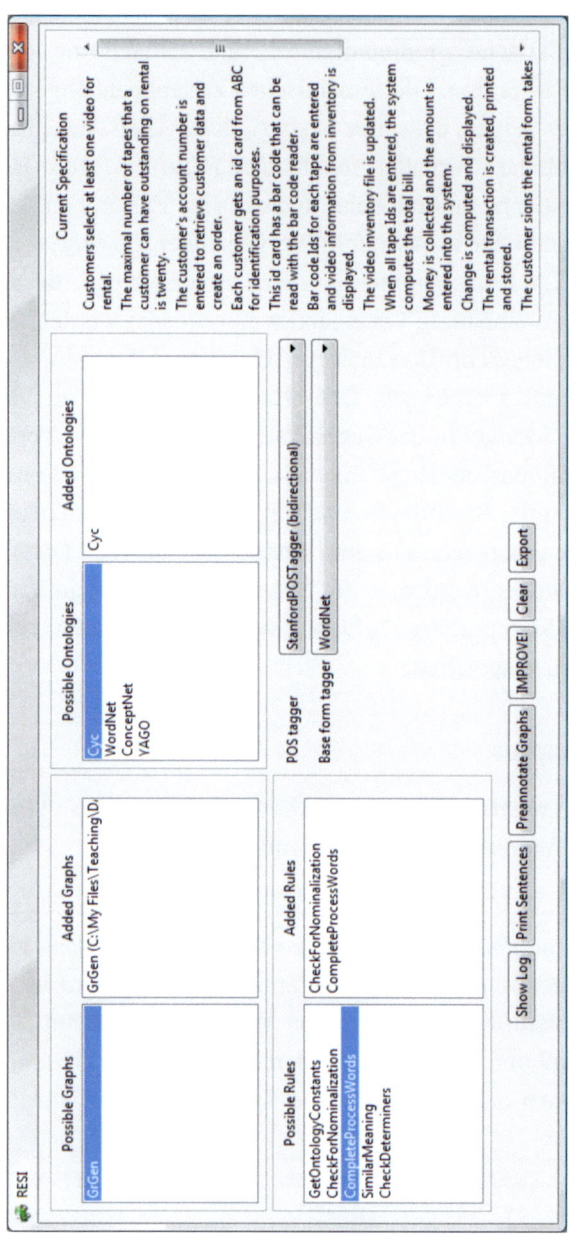

Abbildung 5.3: RESI Benutzeroberfläche mit der geladenen Spezifikation rechts und den verfügbaren Ontologien und Regeln im mittleren und linken Bildbereich. Ein Klick auf den IMPROVE! Knopf startet die Verarbeitung der entsprechenden Regel mit den jeweils ausgewählten Ontologien.

Hierbei macht RESI Vorschläge den Text zu erweitern. Details zu den Anfragen in der Ontologie und deren Anworten folgen in Abschnitt 5.4.3.2. Es schlägt folgende Änderungen im Text vor: GIVEE (derjenige, der das zurückgegebene Objekt bekommt), GIVER (derjenige, der das Objekt gibt/transportiert) und die Parameter für das Verb transport (nämlich: A, B und optional C). Die fehlenden Informationen müssen beim Stakeholder erfragt werden. Der Stakeholder muss dann definieren, wer GIVEE und GIVER sind.

5.4.3.1 Überprüfe auf Nominalisierungen

Die Regel *Überprüfe auf Nominalisierungen* spürt Nominalisierungen auf und liefert Vollverben, die statt der Nominalisierung verwendet werden sollten. Die Problematik mit Nominalisierungen wird in Abschnitt 3.5.1 erklärt.

Die Regel prüft die Liste der Substantive aus der Spezifikation und ermittelt aus den Ontologien, ob es sich hierbei um eine Nominalisierung handelt: wenn zu Nomen Verben mit derselben Schreibweise bestehen und ähnliche oder gleiche Bedeutungen (in der Ontologie: dieselbe Generalisierungen) haben, handelt es sich um eine Nominalisierung. In unserem Beispiel ist transport eine Nominalisierung, da to transport den selben Bedeutungsstamm hat. Nominalisierungen sind nicht für jedes Nomen möglich. Wenn RESI eine Nominalisierung erkennt, markiert es die Stelle in der Spezifikation und schlägt die Nutzung des entsprechenden Verbs vor. Jetzt kann der Nutzer zusammen mit den Stakeholdern den Satz umformulieren und das Verb mit seiner korrekten Argumentliste benutzen (siehe auch 5.4.3.2). Die dazu gehörige Benutzerinteraktion ist auf Abbildung 5.4 zu sehen. Die dort vorhandene Nominalisierung transport sollte durch das Verb *transport* ersetzt werden, das dann detaillierter spezifiziert werden muss.

Abbildung 5.4: Screenshot zur Regel „Überprüfe auf Nominalisierungen"

RESI fügt anschließend in den Text entsprechende Kommentare ein, um die Mängel als Nominalisierung hervorzuheben. Der Benutzer kann nach der Verwendung von

RESI diese Kommentare im Text wiederfinden, um die Sätze mit Hilfe der vorgeschlagenen Verben neu zu formulieren. ResearchCyc ist die einzige Ontologie, die diese Regel
unterstützt. Die detaillierten Anfragen, die zur Ermittlung der Verben an ResearchCyc
gestellt werden, sind in Anhang D zu finden.

5.4.3.2 Vervollständige Prozesswörter

Die Regel *Vervollständige Prozesswörter* überprüft für jedes Prozesswort dessen mögliche Argumentliste. Verben, Verbphrasen, aber auch Vorgangsbeschreibungen können
Prozesswörter sein, bzw. enthalten. RESI zeigt fehlende Parameter/Argumente dem Benutzer an. RESI schlägt dem Nutzer vor, welche Argumentliste nach dem grammatikalischen Muster des Textes am sinnvollsten erscheint und zeigt an, ob alle Argumente für
das Prozesswort im Satz verfügbar sind, oder ob Angaben fehlen. Prozesswörter können genau wie Methoden in der Softwaretechnik verschiedene Argumentlisten haben.
In diesem Fall ist es dem Nutzer möglich, zwischen verschiedenen „Überladungen" der
Argumentlisten von Prozesswörtern zu wechseln.

Der oben gezeigte Beispielsatz ist im Passiv geschrieben; ihm fehlt für die exakte
Spezifikation des Prozesswortes u.a. das Subjekt. RESI findet als Prozesswort `return`
und liefert dem Nutzer entsprechende Informationen zur Auswahl (siehe Abbildung 5.5).

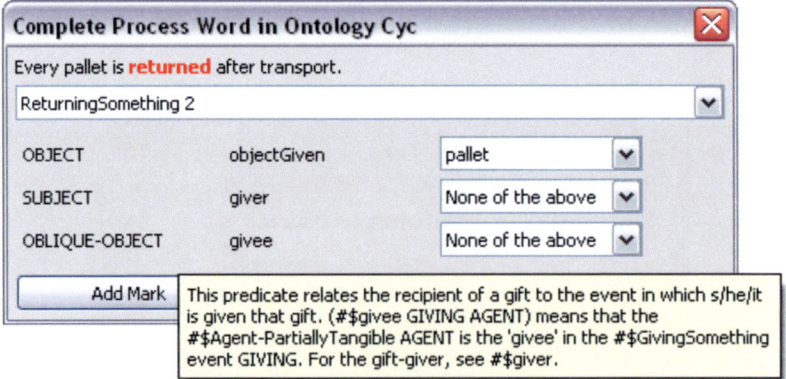

Abbildung 5.5: RESI-Abfrage zur Vervollständigung des Prozesswortes `return`. Durch
                  Mausgesten können Erklärungen zum Sachverhalt direkt aus der
                  Ontologie angezeigt werden. Hier sind es Informationen von Cyc zum
                  Prozesswort return mit einem Geber (`giver`), einem Entgegennehmer
                  (`givee`) und einem gegebenen Objekt (`objectGiven`).

ReturningSomething hat zwei mögliche Argumentlisten mit syntaktischen [4] Rollen (in Großbuchstaben) und semantischen [5] Rollen (kursiv):

ReturningSomething

- SUBJECT: *performedBy*
- OBJECT: *objectOfPossessionTransfer*

ReturningSomething 2

- OBJECT: *objectGiven*
- SUBJECT: *giver*
- OBLIQUE-OBJECT: *givee*

Der Benutzer entscheidet sich für die Argumentliste *ReturningSomething 2* . Wie im Bild ersichtlich, wurde das zurückzugebende Objekt, das *objectGiven*, von RESI korrekt als `pallet` identifiziert. Die anderen beiden Argumente (der *giver* und der *givee*, für den man die genaue Erklärung im Tooltip sehen kann) fehlen und sollten in der Spezifikation ergänzt werden. In der Spezifikation wird vermerkt, dass `pallet` das *objectGiven* ist und dass der *giver* und der *givee* fehlen. Optional kann der Benutzer zu dieser Markierung noch einen Kommentar hinzufügen. Kommentare bieten sich vor allem als Notiz für Rückfragen an, wenn auf Grund der Vorschläge von RESI eine manuelle Umformulierung des Satzes notwendig ist.

5.4.3.3 Überprüfe Artikel & Quantoren

Die Regel *Überprüfe Artikel & Quantoren* untersucht Artikel und Quantoren auf Korrektheit. Hierbei wird die Liste der Quantoren und Artikel aus der Spezifikation extrahiert und die möglichen Bedeutungen mit der Ontologie überprüft.

Wie in Abbildung 5.6 ersichtlich ist, erkennt RESI, dass mit `Every pallet` jede Palette (ohne Ausnahme) gemeint ist. Wenn diese Annahme falsch ist, oder wenn der Benutzer dies einschränken möchte, kann er dies entsprechend tun. Es zeigt sich bei dieser Regel, dass der Hinweis auf mehrere Bedeutungen des Quantors fast immer zur Hinterfragung der Formulierung führen. Die Abbildung zeigt die möglichen Einstellungen, die vorgenommen werden können. Bestimmte und unbestimmte Artikel werden ebenfalls erkannt. Bei bestimmten Artikeln [6] muss der RESI-Anwender überprüfen, ob eindeutig klar ist, worauf sich der Artikel bezieht. Bei unbestimmten Artikel ist zu überprüfen, ob ein echter Quantor nicht sinnvoller als der Artikel wäre: z.B. wird das englische *a* oft falsch in Form von *one* verwendet. Die Bedeutung des Quantors wird im Text zusätzlich vermerkt. Bei Fragen und Unklarheiten kann der Nutzer zusätzlich einen Kommentar zum entsprechenden Quantor hinterlassen.

---

[4]Grammatikalische Stellung im Satz

[5]Bedeutung im Kontext

[6]Gilt v.a. im Englischen, da ungeschlechtlich

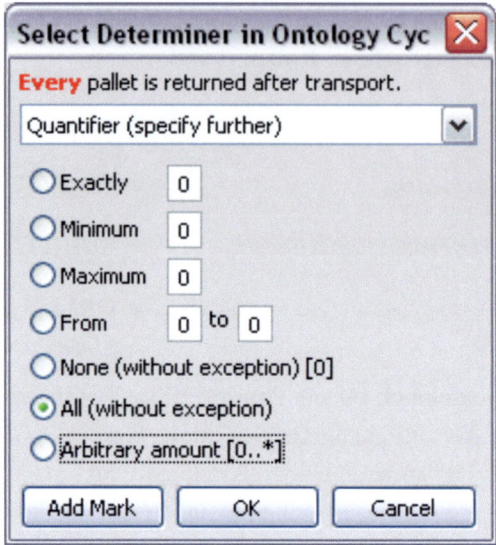

Abbildung 5.6: Screenshot zur Regel „Überprüfe Artikel & Quantoren"

Diese Ergebnisse können im weiteren Softwareentwicklungsprozess verwendet werden um Kardinalitäten für UML-Diagramme zu ermitteln.

5.4.3.4 Überprüfe auf mehrdeutige Wörter

Die Regel *Überprüfe auf mehrdeutige Wörter* ermittelt die Wortbedeutungen der Nomen in der Spezifikation und vergleicht diese miteinander, um Mehrdeutigkeiten vorzubeugen (siehe Abschnitt 3.5.6). Die möglichen Bedeutungen werden dem Nutzer angezeigt. Wenn RESI eine genauere Bedeutung vermutet, macht es dem Nutzer einen Vorschlag. Der Nutzer kann den Vorschlag zur genaueren Bedeutung akzeptieren, ändern, oder in einem speziellen Kommentar für die spätere Klärung festhalten. Des Weiteren können Leser der Spezifikation über die Bedeutung und den Kommentar die jeweilige Wortbedeutung herausfinden. Im Beispiel ergibt die Überprüfung des Wortes transport, dass es vier mögliche Bedeutungen gibt:

1. Conveyance

2. TransmittingSomething

3. TransportationDevice

4. TransportationEvent

Die Auswahl der korrekten Bedeutung *TransportationEvent* und die dazugehörige Erklärung ist in Abbildung 5.7 zu sehen. Die vom Nutzer ausgewählte Bedeutung des Wortes wird von RESI gespeichert. Diese Regel wird von ResearchCyc und WordNet unterstützt. Die genauen Ontologie-Anfragen finden sich in Anhang D.1.4 und in Anhang D.2.1.

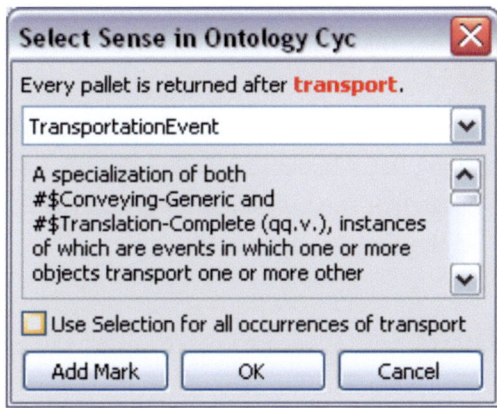

Abbildung 5.7: Screenshot zur Regel „Überprüfe auf Mehrdeutigkeiten"

5.4.3.5 Überprüfe auf Wörter gleicher Bedeutung

Die Regel *Überprüfe auf Wörter gleicher Bedeutung* findet Begriffe gleicher Bedeutung, für die in der Spezifikation verschiedene Wörter verwendet werden (siehe Abschnitt 3.5.7). Die Regel liest alle Substantive aus der Spezifikation und prüft, ob ein Zusammenhang mit anderen Substantiven in der Spezifikation besteht. Hierbei werden Klassifizierungen und Ähnlichkeiten mit Hilfe der Ontologien geprüft.

In unserem Beispielsatz gibt es keine zwei Wörter mit ähnlicher Bedeutung. Als kleines Beispiel dient aber ein Text, der im Rahmen der Evaluierung in Kapitel 7 benutzt wird (siehe Anhang F.5.1). Im Text verwendet werden die Begriffe tape und video. Diese werden dabei synonym als Begriff für die Videokassette verwendet. Die Überprüfung durch RESI ergibt, dass tape ein Oberbegriff für video ist. Der Bestätigungsdialog für die Ersetzung ist in Abbildung 5.8 zu sehen. Je nach Auswahl des Benutzers können alle oder keine Vorkommen von video mit tape ersetzt werden. Die Nutzung der Auswahl für alle Vorkommen ist nur sinnvoll, wenn sichergestellt werden kann, dass das entsprechende Wort nicht anderweitig synonym verwendet wurde. Hierzu sollte der Analyst den Spezifikationstext bereits gut kennen.

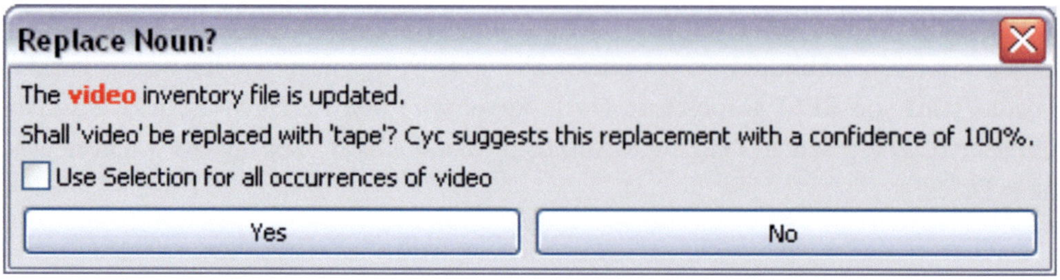

Replace Noun?   ☒

The **video** inventory file is updated.

Shall 'video' be replaced with 'tape'? Cyc suggests this replacement with a confidence of 100%.

☐ Use Selection for all occurrences of video

| Yes | No |

Abbildung 5.8: Screenshot zur Regel „Überprüfe auf Wörter gleicher Bedeutung"

Diese Regel wird von allen angebundenen Ontologien unterstützt. Die Anfragen an die Ontologie zur Ermittlung der Ähnlichkeit finden sich in Anhang D. WordNet, Cyc und ConceptNet geben zusätzlich einen Konfidenzwert für die Ersetzung in Prozent an. Dies kann dem Nutzer bei der Entscheidung helfen.

5.5 AutoAnnotator

Anforderungsdokumente beinhalten die Syntax, aber nicht die Semantik von natürlicher Sprache. Die Semantik wird vom menschlichen Nutzer interpretiert. SAL$_E$ MX von Gelhausen [Gel10] stellt eine Methode bereit, mit der aus natürlichsprachlichen Texten UML-Modelle erstellt werden können. Dazu wird der Spezifikationstext mit thematischen Rollen annotiert (1), in ein internes Datenmodell transformiert (2) und dann als ein XMI-Dokument ausgegeben (3) (siehe Abbildung 5.9). Die Idee dahinter ist, dieses in XMI beschriebene UML-Modell anschließend durch die modellgetriebene Entwicklung (4) (MDA[7]) in ausführbaren Code zu wandeln (5). Hierzu ist es aber notwendig, dass die *implizite Bedeutung* (Semantik) des Textes zuvor explizit annotiert wird. Die semantische Annotierung erfolgt bei Gelhausen manuell und ist zeitaufwändig. Es ist unklar, ob sich die Kosten der Annotierung amortisieren. AUTOANNOTATOR soll diese Annotation automatisieren, indem es thematische Rollen erkennt und automatisch annotiert. Für AUTOANNOTATOR wurden die 18 am häufigsten vorkommenden thematischen Rollen betrachtet[8], die für 80% aller Annotierungen benutzt werden.

Um die Erzeugung von UML-Modellen weiter zu optimieren, wurden die Annotierungen für AUTOANNOTATOR erweitert: Für UML-Modellen gibt es verschiedene Subtypen: Klassendiagramme, Zustandsautomaten, Sequenzdiagramme, etc. Je nachdem, welcher Umstand im Text ausgedrückt wird, ist entsprechend einer der Modellelementtypen sinnvoller. Für Verben in Klassendiagrammen kommen z.B. Methoden, Assoziationen und Attribute in Frage. Bei der Prüfung der Wortarten und deren semantischen

---

[7]Model Driven Architecture
[8]siehe Abschnitt 3.1.9

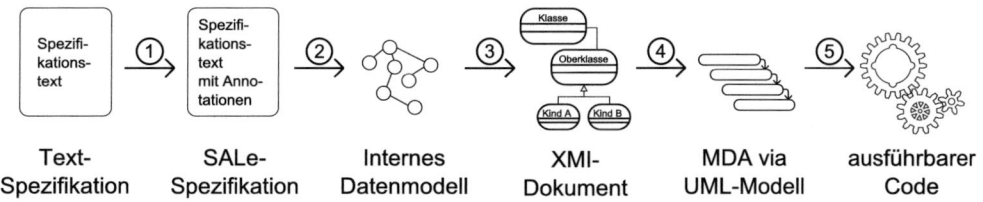

Abbildung 5.9: Der Prozess von der Spezifikation bis zur ausführbaren Software

Kontext wird klar, welche Art von UML-Element die zu annotierende thematische Rolle einnehmen sollte. Zum Beispiel gibt es für die thematische Rolle ACT (steht für eine Handlung) drei Möglichkeiten der Repräsentation im UML-Diagramm. Abbildung 5.10 zeigt die mögliche Abbildung von ACT als Zustandsübergang im Zustandsautomaten, als Assozation/Relation zwischen Klassen im Klassendiagramm oder als Methode. Über die Ontologieanfragen wird erkannt, ob die thematische Rolle ACT einen instantanen Übergang, einen dauerhaften Zustand oder eine zeitweise durchgeführte Aktion beschreibt. Ersteres wird im Zustandsautomaten als Übergang modelliert, Zweiteres passt am besten als Assoziation und Letzteres wird als Methode im Modell angelegt.

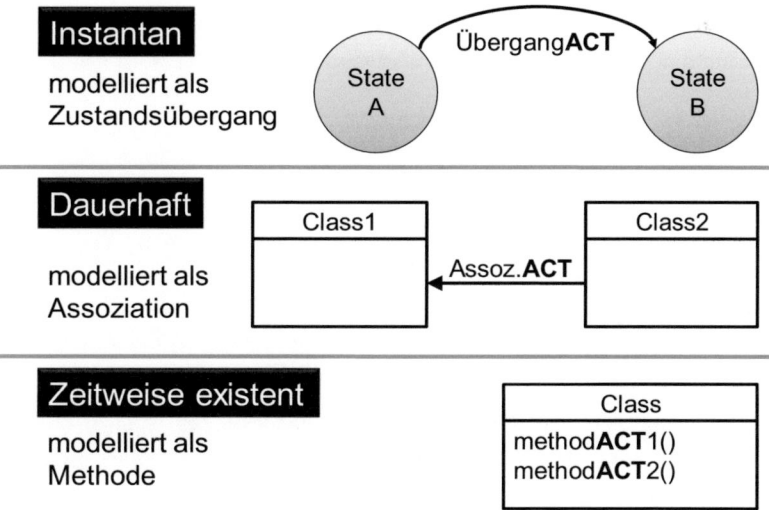

Abbildung 5.10: Verschiedene UML-Modellierung der thematischen Rolle ACT

5.5.1 Spezifikation AUTOANNOTATOR

AutoAnnotator annotiert textuelle Spezifikationen. Die von Gelhausens $SAL_E \, \textbf{MX}$ benötigte Annotation soll hierbei automatisch in Textdateien erzeugt werden. Hierbei werden semantische Zusammenhänge zwischen Satzobjekten nicht nur durch grammatikalische Strukturen, sondern v.a. durch semantische Zusatzinformationen aus Ontologien erkannt. Ein reines grammatikalisches Modell ist nicht ausreichend um die Semantik eines Satzes zu erfassen. Eine grammatikalische Analyse liefert zwar den Startpunkt für eine weitergehende Analyse, benötigt aber letztendlich Zusatzinformationen aus Ontologien. Dies wird unterstützt durch eine Prozesskette von weiteren Sprachverarbeitungswerkzeuge wie Markierern (*Tagger*) und Wortartenerkennern (*POS-Tagger*) und erlaubt, Beziehungen der einzelnen Entitäten eines natürlichsprachlichen Satzes zu ermitteln. Jeder potentielle Mangel wird von der grafische Nutzeroberfläche dem Nutzer angezeigt. Bei Unklarheiten muss der Nutzer zusätzlich über eine Auswahl in der Oberfläche entscheiden, oder die Stelle für die spätere Betrachtung markieren. Der Anforderungsanalyst kann hierbei entscheiden, ob er die Vorschläge von AUTOANNOTATOR übernimmt, oder zuerst Rücksprache mit dem Stakeholder hält. Die anschließend annotierte Spezifikation kann von Gelhausens $SAL_E \, \textbf{MX}$ automatisch in UML-Modelle verarbeitet werden.

5.5.2 AUTOANNOTATOR Beispiel

Das Beispiel zu $SAL_E \, \textbf{MX}$ in Kapitel 3.1.10 zeigt die Annotierung von Text und die daraus resultierende automatische Modellerstellung mit $SAL_E \, \textbf{MX}$. Um die Annotierung zu automatisieren, ist eine Verkettung von NLP-Verarbeitungsschritten notwendig, die in Abbildung 5.11 gezeigt werden.

Der Beispieltext lautet:

```
1  Chillies are very hot vegetables. Mike Tyson likes green chillies.
2  Last week, he ate five of them.
```

5.5.2.1 Die Verarbeitungskette

Abbildung 5.11 zeigt die Verarbeitungskette. Zuerst wird der Text in eine interne Datenstruktur überführt (0). Hierbei bleibt der Ursprungstext erhalten und alle aus diesen Prozessschritten stammenden Informationen werden zusätzlich übernommen. Anschließend wird der Text in einzeln zu verarbeitende Elemente zerlegt (0, 1, 2) und die Wortarten (3) (*Part-of-Speech-Tagger*) [San90] ermittelt. Ein statistischer Parser (4) und Named-Entitiy-Recognizer (5) reichern den Text mit weiteren Informationen an [MJ]. Die in den kommenden Abschnitten verwendeten Abkürzungen für die Wortarten finden sich in Anhang A und die Abkürzungen für die Typenabhängigkeiten in Anhang B.

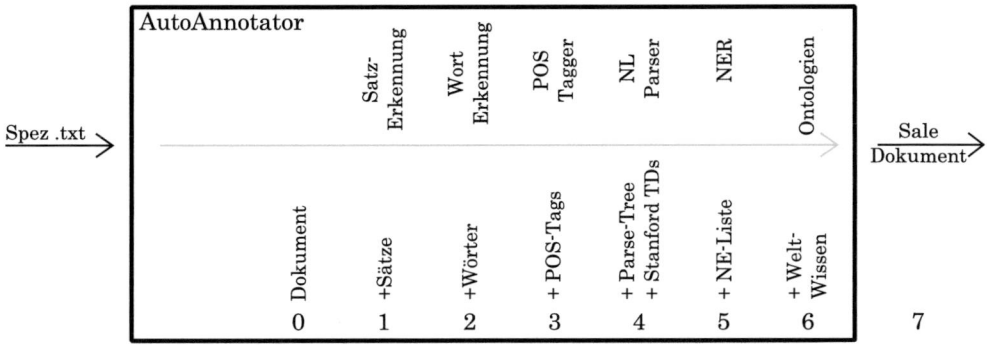

Abbildung 5.11: Die Prozesskette der automatischen semantischen Annotierung.

Typenabhängigkeiten sind eine von Stanford [The09b] bereitgestellte Darstellung von grammatikalischen Beziehungen zwischen Wörtern in Sätzen. Stanfords Typenabhängigkeiten sind 3fach-Tupel mit dem Namen der Relation, dem Elternknoten und dem Kindobjekt. In der normalen Darstellung ist bis auf den Wurzelknoten jedes Wort im Satz von einem oder mehreren anderen Wörtern abhängig. Die Repräsentation als Typenabhängigkeit lässt sich maschinell auswerten. Die Ergebnisse und Ausgaben der einzelnen Werkzeuge sind wie folgt:

Wortarten - POS Tags   Folgende Wortarten werden erkannt:
```
Chillies/NNS are/VBP very/RB hot/JJ vegetables/NNS ./.
Mike/NNP Tyson/NNP likes/VBZ green/JJ chillies/NNS ./.
Last/JJ week/NN ,/, he/PRP ate/VBD five/CD of/IN them/PRP ./.
```

Typenabhängigkeiten - (Stanford) Typed Dependencies (SD)   , siehe [MM08]:
```
nsubj(vegetables-5, Chillies-1), cop(vegetables-5, are-2),
advmod(hot-4, very-3), amod(vegetables-5, hot-4), nn(Tyson-2, Mike-1),
nsubj(likes-3, Tyson-2), amod(chillies-5, green-4),
dobj(likes-3, chillies-5), amod(week-2, Last-1), tmod(ate-5, week-2),
nsubj(ate-5, he-4), num(chillies-8, five-6), amod(chillies-8, green-7),
dobj(ate-5, chillies-8)
```

Benennungen - Named Entities   Named-Entity-Recognizer markieren Wortsequenzen, die als zusammengehöriger Name einer Person oder eines Gegenstands erkannt werden Durch die Ausgabe des Named-Entity-Recognizer (NER) sehen wir, dass Mike Tyson die Benennung einer einzelnen PERSON ist.
```
Mike/PERSON Tyson/PERSON likes/O green/O chillies/O ./O
```

Nutzt man die neue gewonnene Information der Wortarten, Typenabhängigkeiten und Benennungen, so kann man folgendes ableiten:

- Auf Grund der Benennung von `Mike Tyson` als `PERSON` müssen `Mike` und `Tyson` zusammengeführt werden. Die Wortarten zeigen auch, dass sich `Mike` und `Tyson` in der selben Nomenphrase (`NNP`) befinden, die nur aus diesen beiden Wörtern besteht.

- die Wortarten zeigen auch, dass `likes` ein Verb (`VBZ`) und `Mike Tyson` (`NNP`) das Subjekt im Satz ist. Diese Information steckt auch in den Typenabhängigkeiten in `nsubj(likes-3, Tyson-2)`. Hier ist jedoch auch das direkte Objekt `chillies` durch `dobj(likes-3, chillies-5)` beschrieben. Wir markieren das Verb `likes` zum direkten Objekt mit `METHODROLE`. `METHODROLE` ist ein Platzhalter, der es erlaubt Verben für die spätere Verwendung in UML-Diagrammen nachgelagert zu verarbeiten. Hierbei wird dann definiert, ob es sich um Methoden, Zustandsübergänge oder Assoziationen handelt. `Mike Tyson` ist das handelnde Subjekt und wird mit *agens* markiert. Die Handlung `likes` wird von `Mike Tyson` auf den `chillies` *ausgeführt*. Deshalb bekommen die `chillies` die thematische Rolle *patiens*.

- `green` beschreibt `chillies` näher. `Green` ist keine Zahl und wird damit als Attribut gekennzeichnet.

Weitere Deduktionen verlaufen analog und führen zu folgender Ausgabe von AutoAnnotator:

```
1  Chillies|FIN #are $very $hot vegetables|FIC.
2  Mike_Tyson|AG likes|METHODROLE $green chillies|PAT.
3  $Last week|TEMPROLE, he|AG ate|METHODROLE *five #of them|PAT.
```

Vergleichen wir dieses Ergebnis mit dem Beispiel aus Kapitel 3.1.10, so stellen wir fest, dass wir weitere Informationen benötigen, um die semantische Annotierung vollständig durchzuführen (siehe (6) in Abbildung 5.11). Aktuell sind nicht alle thematischen Rollen bereits definiert. Manche Rollen sind noch mit dem Platzhalter `METHODROLE` gekennzeichnet. In den folgenden Abschnitten wird erklärt, wie aus den Platzhaltern `METHODROLE` und `OBJECTROLE` innerhalb der Informationsanreicherung durch die Ontologien konkrete thematische Rollen abgeleitet werden. Im konkreten Beispiel wird `likes` später als `STAT` gekennzeichnet und `ate` als `ACT`. Tabelle 6.1 fasst die verwendeten Werkzeuge, wie Markierer und Wortartenerkenner und Benenner zusammen.

5.5.3 Informationsanreicherung durch Ontologien

Für die zusätzliche Informationsanreicherung nutzt AutoAnnotator die Ontologien Word-Net [Mil95] und ResearchCyc [Cycc]. Detaillierte Beschreibungen und Informationen zu den jeweiligen Ontologien finden sich in Kapitel 3.

5.5.3.1 WordNet

Mit Hilfe von WordNet wird die Stammform der Wörter in den Sätzen bestimmt. Word-Net besitzt vier einfache POS-Tags. Die POS-Tags, die wir bereits in Schritt (3) der Verarbeitungskette entdeckt haben, beschränken den Suchraum bei Anfragen. Die hierbei u.a. benutzten *PENN-Tags* [San90] (siehe Anhang 5.5.2.1) sind eine spezielle Ausprägung von Wortarten, die es erlauben die Ontologieanfrage zu parametrisieren. Die POS-Tags von WordNet und PENN-Tags lassen sich aufeinander abbilden. Dies hilft im aktuellen Beispiel um festzustellen, dass es sich bei ate um die Vergangenheitsform des Verbs to eat handelt. Eine Ontologieanfrage liefert für das Ursprungswort ate auch Informationen über die griechische Göttin Ate. Mit Hilfe der passenden Tags kann hier richtig gefolgert und ausgeschlossen werden.

5.5.3.2 ResearchCyc

Cyc liefert semantische Zusatzinformationen zu den in der Spezifikation verwendeten Sätzen. Im Beispiel haben wir erkannt, dass das Verb like eine Aktion (und somit Methode oder eine Beziehung) zwischen zwei Entitäten im UML-Modell sein muss. Die Entscheidung, ob es sich um die Thematische Rolle [9] *actus* (ACT, die Handlung) oder um *status* (STAT, der Zustand) handelt, kann hier vorerst nicht automatische bestimmt werden. Eine Anfrage an die Ontologien ermöglicht nun diese Entscheidung zu treffen.

Eine Anfrage zu like liefert bei Cyc folgende Ausgabe:

```
Predicate:  likesRoleInEventType
isa:        FirstOrderCollectionPredicate, TernaryPredicate
Collection: TernaryPredicate
genls:      Predicate, TernaryRelation
```

Cyc zeigt, dass like durch likesRoleInEventType einen Prädikattyp (Predicate) hat. Es ist ein dreistelliges Prädikat (TernaryPredicate), d.h. es besteht aus drei Teilen (inkl. sich selbst) und nimmt somit zwei weitere Argumente entgegen. Prädikattypen werden nach den durch unsere Studien [KG08] gewonnenen Ergebnisse als Relationen in UML modelliert. Folglich erhält das Verb wie im Beispiel erklärt die thematische Rolle *status* (STAT).

---

[9]Eine Liste der Thematischen Rollen ist in Anhang C aufgeführt.

5.5.4 Grammatikalische und semantische Erkennung

Dieser Abschnitt erklärt, wie die grammatikalische und semantische Erkennung von Zusammenhängen funktioniert. Nach Abarbeitung der Stufen (0) bis (5) in der Prozesskette (siehe Abbildung 5.11 sind die entsprechenden Elemente im Satz gekennzeichnet. Basierend auf diesem Vorwissen stellt AUTOANNOTATOR Anfragen an die Ontologie.

5.5.4.1 Sichere Kommentare

Sichere Kommentare sind Wörter aus der Spezifikation, die für die Zuordnung von thematischen Rollen und somit der Modellbildung unwichtig sind. Sie heißen sicher, weil sie vom verarbeitenden Programm ignoriert werden können, ohne Information zu verlieren. Hierzu gehören zum Beispiel existentielle Ausdrücke wie das there im Beispiel „There is a box in the room." Diese Wörter werden von AutoAnnotator auskommentiert und in der Verarbeitung nicht berücksichtigt. Der hierdurch entstehende Satz „A box is in the room." hat die selbe Bedeutung. Sichere Kommentare sind ein Nebenprodukt der anderen Erkennungsprozesse. Die hierbei zu beachtende typisierte Abhängigkeit [MM11] ist das *expletive*, also Füllwort: expl(a,b) (siehe auch Anhang B).

Verwendete typisierte Abhängigkeiten: expl(a,b)

5.5.4.2 Erkennen der thematischen Rolle ACT

Eine METHODROLE wird durch ACT ersetzt, wenn das zugehörige Element ein *TemporallyExtendedThing* ist (vergleiche [KG08]).

5.5.4.3 Erkennen der thematischen Rolle INST

Ein INSTMOD wird durch INST ersetzt, wenn es sich bei dem zugehörigen Element um eine Spezialisierung eines *InanimateObject*s handelt.

5.5.4.4 Erkennen der thematischen Rolle MOD

MOD ersetzt INSTMOD, wenn es sich bei dem zugehörigen Element um eine Spezialisierung eines *FeelingAttribute*s handelt.

5.5.4.5 Erkennen der thematischen Rolle OPUSP und OPUSM

Für die Bestimmung, ob ein Konzept eine erschaffende Handlung ist, genügt die Abfrage, ob das Konzept eine Spezialisierung eines *CreationEvent*s ist. Eine derart einfache Abfrage ist für die Rolle des OPUSM nicht möglich, da OPUSM eine zerstörende Handlung

ausdrückt. Zwar gibt es das Konzept *DestructionEvent* in Cyc, jedoch ist *essen* ebenfalls eine Spezialisierung davon. Auf den ersten Blick mag dies unsinnig erscheinen, für
das Lebensmittel jedoch, ist *essen* durchaus ein zerstörerischer Vorgang. Um die Rolle
OPUSM eindeutig identifizieren zu können, sind daher Rückfragen an den Nutzer mit Vorschlägen aus der Ontologie notwendig. AUTOANNOTATOR kann hier nicht entscheiden,
welche der möglichen Antworten aus der Ontologie im Kontext richtig ist.

5.5.4.6 Erkennen der thematischen Rolle STAT

Eine METHODROLE wird durch STAT ersetzt, wenn das Konzept in der Ontologie ein *Predicate* ist (vergleiche [KG08]).

5.5.4.7 Erkennen der thematischen Rolle TRANS

Eine METHODROLE wird durch TRANS ersetzt, wenn das zugehörige Element ein *Atempo-
ralThing* ist (vergleiche [KG08]).

5.5.4.8 Erkennen der thematischen Rolle FIN und FIC

Die Erkennung und Zuweisung der thematischen Rolle FIN (*fingens*) und dem Gegen-
stück FIC (*fictum*) erfolgt folgendermaßen: AUTOANNOTATOR nutzt die typisierten Abhängigkeiten cop(a,b) und nsubj(a,c). Handelt es sich bei a nicht um ein Adjektiv
(Prüfung über POS-Tag <> JJ*), so erhält a die Rolle FIC und c die Rolle FIN. b ist ein
sicherer Kommentar. Beim Beispiel „Bill is governor" sind die typisierten Abhängigkeiten cop(governor, is) und nsubj(governor, Bill). Ergo nimmt Bill die Rolle des
Gouverneurs ein und wird mit Bill|FIN is governor|FIC. annotiert.

5.5.4.9 Erkennen der thematischen Rolle INST und MOD

Die thematischen Rollen INST (*instrumentum*) und MOD (*modus*) werden über folgende typisierte Abhängigkeit erkannt: prep(a,'with'), pobj('with',b). Die Reihenfolge
der Elemente im Satz spielt hierbei bei der Erkennung eine Rolle. Die Reihenfolge der
Rollenzuweisungen wird sukzessive wie nun beschrieben durchgeführt. Es wird zuerst
geprüft, welche Annotierung für a vorhanden ist. Besitzt a bereits eine METHODROLE,
so wird b mit der Platzhalterrolle INSTMODP [10] gekennzeichnet. Ansonsten wird zuerst
der Platzhalter OBJECTROLE vergeben. Beim Beispiel „I saw a cat with a telescope" erkennt AUTOANNOTATOR prep(saw, with) und pobj(with, telescope). saw besitzt
hier schon eine Platzhalterrolle METHODROLE und somit wird das telescope mit dem
Platzhalter für das *Instrumentum* INSTMODP gekennzeichnet.

---

[10]Steht für *instrumentum modus plus* und beschreibt, dass etwas *mit* dem Objekt getan wird

Anschließend stellt AUTOANNOTATOR auf allen Wörtern mit der Rolle INSTMODP Anfragen an die Ontologie: Wenn b ein Instrument ist, wird es mit INSTP gekennzeichnet. Wenn b eine Handlungsweise ist, wird es mit MOD (beschreibt die Art, wie jemand etwas tut) gekennzeichnet. Zusätzlich verwendete Abhängigkeiten sind prep(a,'without') und pobj('without',b). Besitzt a bereits eine METHODROLE, so wird b mit der Platzhalterrolle INSTMODM [11] gekennzeichnet. Anschließend werden dieselben Abfragen durchgeführt, wie im obigen Fall des INSTMODP. Vergeben wird dann jedoch die negative Rolle INSTM anstatt INSTP. Bei MOD wird without als Attribut gekennzeichnet, das sich auf b bezieht.

5.5.4.10   Erkennen der thematischen Rolle LDEST

Die thematische Rolle LDEST (*locus destinatio*) wird über prep(a,'to') und pobj('to',b) erkannt. Zuerst werden die bereits annotierten Rollen von a geprüft. Wenn a die Rolle METHODROLE trägt, wird die Verarbeitung für b fortgeführt. Wurde a in der Verarbeitungskette bereits als Kommentar markiert, so wird der Kommentar zuerst durch ein Wort mit der Rolle METHODROLE ersetzt. Beim Beispiel „He went to New York" sind die typisierten Abhängigkeiten prep(went, to) und pobj(to, New York). Der Infinitv von went ist go (erkannt über WordNet) und erhielt somit bereits die die METHODROLE bei der Verarbeitung in der Prozesskette. Die Zuordnung der möglichen thematischen Rolle wird anhand folgender drei Schritte durchgeführt.

1. Wenn b ein Ort ist, erhält es die Rolle LDEST.

2. Wenn b eine Organisation ist, erhält es die Rolle RECP (*recipient*).

3. Wenn b eine Person ist, erhält es die Rolle RECP.

Hierbei wird b auch mit dem Eigennamenerkenner (NER) geprüft. Die dabei benötigten Zusatzinformationen kommen aus den Ontologien. Im Beispiel würde New York die Rolle LDEST erhalten, da es ein Ort ist.

5.5.4.11   Erkennen der thematischen Rolle METHODROLE, ACT, STAT und TRANS

Für das Identifizieren einer METHODROLE wird nach Subjekt-Prädikat-Objekt-Konstruktionen gesucht, die weder eine (cop(a,b)) enthalten, noch ein Füllwort sind (expl(a,b)).

Mit den typisierten Abhängigkeiten nsubj(p,s), dobj(p,o), tmod(p,t) erhält das Subjekt die Rolle AG und das Prädikat wird mit der Platzhalterrolle METHODROLE versehen. Eventuell verfügbare Objekte erhalten die Rolle PAT und temporale Modifikatoren

---

[11] Steht für *instrumentum modus minus* und beschreibt, dass etwas *ohne* das Objekt getan wird

werden mit `TEMP` gekennzeichnet. Auf allen Wörtern mit der Rolle `METHODROLE` werden Anfragen an die Ontologien durchgeführt. Je nach zurückgeliefertem Ergebnis erhalten Prädikat und Objekt bestimmte Rollen:

- Erzeugende Handlung: Das Prädikat erhält die Rolle `ACT`; das Objekt die Rolle `OPUSP`.

- Zerstörende Handlung: Das Prädikat erhält die Rolle `ACT`; das Objekt die Rolle `OPUSM`.

- Verb kennzeichnet Teil-Ganzes-Beziehung: Das Prädikat wird auskommentiert und das Wort aus der Verarbeitung ausgeschlossen. Ganzes erhält die Rolle `OMN`, der Teil die Rolle `PARS`.

- Übergebende Handlung: Das Prädikat erhält die Rolle `ACT`. Da die möglichen *Parameter* des Prädikats durch die Ontologie bekannt sind, können nun Subjekt und Objekte abhängig von den *Parametern* mit *donor*, *recipiens* und *habitum* gekennzeichnet werden.

- Handlung: Das Prädikat erhält die Rolle `ACT`.

- Beziehung: Prädikat erhält die Rolle `STAT`.

- Zustandsübergang: Prädikat erhält die Rolle `TRANS`.

- Rückgriff auf die Rolle `ACT` (auch: wenn kein Konzept in Cyc gefunden werden kann).

Für Konstruktionen im Passiv gibt es vergleichbare typisierte Abhängigkeiten, die analog aufgelöst werden können. In den folgenden Abschnitten werden Anfragen auf die Cyc-Ontologie und die daraus resultierenden Rückschlüsse beschrieben. Wenn Cyc zu den Anfragen keine Werte liefert, d.h. die Worte nicht kennt, so kann AUTOANNOTATOR keine Entscheidung zur Notation treffen.

ACT als Zustands(-Übergang) Wenn wir Wörter wie `win` (gewinnen) oder `checkmate` (schachmatt) betrachten, so ist es für den menschlichen Analysten offensichtlich, dass diese Art der thematischen Rolle ein Zustandsübergang ist (siehe `ÜbergangsACT` im Abb. 5.10). Das liegt daran, dass das Gewinnen eines Spiels eintritt, sobald die Vorbedingung für einen Sieg erfüllt sind. Nehmen wir an, dass `StateA` in der Abbildung der Status ist, der den Ausgang des Wettkampfes als unbekannt beschreibt. Sobald der Wettkampf gewonnen ist, gilt `StateB`, der den Sieg anzeigt. Das bedeutet, dass der Status von `StateA` nach `StateB` springt, sobald der Sieg stattgefunden hat. Selbst ein Fußballspiel, bei dem eine Mannschaft hoch führt, ist nicht gewonnen, bis der Schiedsrichter abpfeift. Es ist (zumindest theoretisch) möglich, dass die andere Mannschaft noch in letzter Sekunde gewinnt.

Diese Art von ACT wird in UML als Status(-Übergang) dargestellt. Prüft man die Ausgabe der Cyc-Ontologie auf Werte dieser Wortklasse, so erhält man für `win` folgende Ausgabe:

```
Collection:  Winning
isa:         ConflictEventStatus
             AtemporalNecessarilyEssential
                 CollectionType
             AtemporalThing
genls:   AtemporalThing
```

In Cyc ist `win` die *Collection*[12] `Winning`. Ein Auszug aus Cyc zeigt, dass `Winning` *zeitlos* (`AtemporalThing`) ist. Das bedeutet, dass `win` ein Spezialfall der Collection aller Dinge ist, die zeitlos sind. Zeitlos ist hier im Sinne von „keine Platz im Zeitkontinuum einnehmend" gemeint. Bei zeitlosen Dingen kann man nicht fragen, wann sie begonnen oder existiert haben. Weitere Beispiele für zeitlose Dinge sind Mengen, Ansammlungen, Zahlen, Vektoren und partielle Sortierungen. Ontologien erkennen, welche der thematischen Rollen ACT, STAT und TRANS passend ist. Für ACT ist dies in diesem Kontext ein Zustandsübergang.

ACT als Assoziation Was aber, wenn ACT ein statisches Verb ist? Dann sollte es kein Zustandsübergang, sondern eine Assoziation zwischen zwei Klassen sein (siehe `AssozACT` in Abb. 5.10). Ein Beispiel ist das Verb use, welches beschreibt, wie jemand etwas nutzt. Die Anfrage zu use an Cyc liefert das Prädikat `usesIn`, welches näher beschreibt, wie etwas von einer Person (`Agent`) genutzt wird. Wörter, die mehrfache Bedeutungen haben, werden in Cyc genauer definiert. Hierzu schlägt Cyc von der Bedeutung passende Prädikate (`Predicate`) oder Überbegriffe (`Collections`) vor, die dann für die weitere Suche benutzt werden. Weitere Bedeutung des Wortes use, wie z.B. Nomen, etc. werden auf Grund der grammatikalische Struktur des Satzes ignoriert und somit nicht angezeigt. Die Ergebnisse unserer manuellen Modellierungsstudien zeigen, dass mehrstellige Prädikate als UML-Assoziationen modelliert werden können. Die Ausgabe der Cyc-Ontologie lautet in diesem Fall:

```
Predicate: usesIn
isa:        TernaryPredicate
arg1Isa: Agent - PartiallyTangible
arg2Isa: PartiallyTangible
arg3Isa: Action
(argIsa usesIn 1 Agent - PartiallyTangible)
```

---

[12]Collections sind Cyc-interne Konstrukte, die im Kapitel D beschrieben sind

```
7  (argIsa usesIn 2 PartiallyTangible)
8  (argIsa usesIn 3 Action)
```

Das Wort usesIn ist ein TernaryPredicate, hat also drei Parameter. Jeder dieser Parameter hat einen andern Typ, nämlich Agent-PartiallyTangible, PartiallyTangible und Action. Diese drei Parameter sind im Fall des usesIn so zu kombinieren, dass sich die Ausgabe wie folgt liest: Jemand (Agent-PartiallyTangible) benutzt (Action) etwas (PartiallyTangible). Hier erkennt man das Zusammenspiel der Satzteile und Ihrer Bedeutung zueinander. Hinweis: die Zuordnung der Wörter im Satz auf die jeweiligen Parameter nutzt u.a. auch RESI, um die Vollständigkeit von Prozesswörtern zu prüfen.

ACT als Methode   Besitzt ein Wort die thematische Rolle ACT beschreibt dabei eine Aktion, die eine Dauer hat, so kann sie als Methode der passenden Klasse in UML modelliert werden. Beispiele sind move, run, cook, usw. So ergibt die Ontologieausgabe für move, dass move konkreter unter CausingAnotherObjectsTranslationalMotion und Movement-TranslationEvent geführt wird. Die anderen unwahrscheinlichen Bedeutungen von move (z.B. *der Umzug*) werden dem Nutzer von AUTOANNOTATOR in der grafischen Benutzeroberfläche als Optionen angezeigt; auf Grund des Kontextes würde der Nutzer hier aber diese Bedeutungen nicht auswählen. AUTOANNOTATOR ignoriert die weiteren Bedeutungen dann. Die Ausgabe beider Anfragen lautet wie folgt:

```
1   Collection: CausingAnotherObjectsTranslationalMotion
2   isa:        EventOrRoleConcept
3               FirstOrderCollection
4   genls:      ActionOnObject
5               Movement-TranslationEvent
6               TemporalThing
7               TemporallyExistingThing
8               TemporallyExtendedThing
9
10  Collection: Movement-TranslationEvent
11  isa:        EventOrRoleConcept
12              FirstOrderCollection
13  genls:      TemporalThing
14              TemporallyExistingThing
15              TemporallyExtendedThing
```

Cyc folgert für solche ACT, dass sie eine zeitliche Ausdehnung haben. Sie sind in Cyc als TemporallyExtendedThing abgebildet. Beide *Collections* sind Generalisierungen (genls) von zeitlich ausgedehnten Dingen (TemporallyExtendedThing). Das Wort mit der thematischen Rolle ACT würde jetzt als Methode modelliert.

5.5.4.12 Erkennen der thematischen Rolle OBJECTROLE

Um die Objektrolle von Satzelementen zu bestimmen, wird die typisierte Abhängigkeit `pobj(a,b)` genutzt. `pobj` (*object of a preposition*) ist das Objekt einer Präposition. Ein Beispiel ist „I sat on a chair.", wobei `pobj(on, chair)` näher beschreibt, wie auf dem Stuhl (`chair`) gesessen wird. Wurde die Präposition bis zur Prüfung hier nicht an einer anderen Stelle aufgelöst, wird hier die Platzhalterrolle OBJECTROLE vergeben. Zugleich wird die Präposition als sicherer Kommentar markiert.

5.5.4.13 Erkennen der thematischen Rolle POSS und HAB

Die in der Verarbeitungskette erkannte typisierte Abhängigkeit `poss(a,b)` bezeichnet die thematischen Rollen POSS (*possesor*) und HAB (*habitum*). Das Wort a erhält die Rolle HAB und b die Rolle POSS. Eine zusätzlich verwendete Abhängigkeit ist `prep(a,'of')` und `pobj('of',b)`. Wird diese Konstellation erkannt, so erhält a die Rolle HAB, b die Rolle POSS.

5.5.4.14 Erkennen von Subphrasen

Sätze und deren Bedeutung hängen teilweise voneinander ab. Hierbei gibt es Sätze, die zu anderen Sätzen zugeordnet werden, ähnlich dem Klassen und Unterklassenkonstrukt in der Programmierung. Subphrasen werden von der Klasse *reasoner.SubphraseExtractor* verarbeitet, welche Parser (Satzteilerkenner) und POS-Tagger benutzt. Hierbei wird ein Syntaxbaum aufgebaut und die entsprechenden Subphrasen und die Zusammenhänge zwischen den Phrasen werden erkannt. Da Subphrasen thematische Rollen (und somit eine Bedeutungen) einnehmen, ist die Erkennung von Subphrasen für die Zuordnung der thematischen Rollen wichtig. Zusätzlich ergibt sich aus der Erkennung der Subphrasen eine Verarbeitungsreihenfolge der voneinander abhängigen Elemente.

5.5.4.15 Rollen von Subphrasen

Den nun erkannten Subphrasen müssen thematische Rollen zugeordnet werden. Um Rollen von Subphrasen zu ermitteln, verwenden wir Signalwörter, die in der zentralen Konfiguration vorgegeben werden können. Diese Signalwörter werden dann entsprechenden thematischen Rollen zugeordnet. Tabelle 5.1 zeigt die aktuelle Zuordnung. Synonyme der Begriffe in der Tabelle werden aktuell nicht betrachtet. Kann keine Rolle ermittelt werden, wird der Nutzer über die GUI gefragt, ob er eine Rolle manuell zuordnen kann. Je nachdem wie gut die jeweilige Ontologie auf die Spezifikation zugeschnitten ist, treten keine Rückfragen oder viele Rückfragen auf. Gibt der Benutzer keine Rolle an, so wird ein Platzhalter für unbekannte Rollen verwendet.

Tabelle 5.1: Erkennen der thematischen Rollen von Subphrasen durch Signalwörter

Signalwort	Thematische Rolle
because	CAU
if	SUM
while, whenever	INT
to	TEMP

5.5.4.16 Verbinden mehrwortiger Elemente

Mehrwortige Elemente werden von POS-Erkennern und über ihre typisierten Abhängigkeiten erkannt und zugeordnet. Die erste verwendete Abhängigkeit ist nn (noun compound modifier). Hierbei handelt es sich um ein Nomen, das ein anderes Nomen modifiziert bzw. näher beschreibt. Ein Beispiel ist „Oil price". Weiter wird die Abhängigkeit auxpass (*passive auxiliary*) verwendet, welches das Hilfsverb mit dem Vollverb eines Satzes verbindet. Ein Beispiel ist „Kennedy was killed", in dem was und killed über auxpass(killed, was) verbunden werden.

Zusätzlich werden mehrwortige Elemente über die typisierte Abhängigkeit num (*numeric modifier*) gefunden. Ein numerischer Modifizierer eines Nomens ist eine Phrase, welche die Bedeutung eines Nomens näher bestimmt. Ein Beispiel ist „Greece's crisis costs the EU $ 72 billion.", wobei num(billion, 72) die Zusammengehörigkeit der Zahl und des Nomens bezeichnet. Hierbei wird der Betrag genauer beziffert. Dasselbe trifft im Falle „I stay in room 101." zu, wo num(room, 101) den Raum näher beschreibt, bzw. eindeutig identifiziert.

Die letzte von AUTOANNOTATOR geprüfte typisierte Abhängigkeit ist prt (*phrasal verb particle*). Hierbei werden Phrasen gefunden, die über die Verbphrase modifiziert sind. Ein Beispiel ist „They shut down the computer.", in dem prt(shut, down) den Zusammenhang des Verbes shut und der entsprechenden Modifikation down beschreibt.

Verwendete typisierte Abhängigkeiten: nn(a,b), auxpass(a,b), num(a,b), prt(a,b).

5.5.4.17 Attribute erkennen

Attribute beschreiben Wörter, Sätze und Elemente näher. Diese müssen bei der Annotation durch AUTOANNOTATOR erkannt werden, um entsprechend der richtigen Rolle zugeordnet werden zu können.

Die erste geprüfte typisierte Abhängigkeit ist amod (*adjectival modifier*). Der Adjektivmodifizierer ist eine Phrase, welches die Bedeutung einer Nominalphrase näher beschreibt. Ein Beispiel ist „I have a red car.", wobei `amod(car, red)` entsprechend die Farbe des Fahrzeuge näher beschreibt. Die typisierte Abhängigkeit `advmod` (*adverbial modifier*) bezeichnet analog hierzu eine Phrase, die über ein Adverb die Bedeutung einer Nominalphrase näher beschreibt. Ein Beispiel ist „Taylor swiftly fetched the ball.", wobei `advmod(fetched, swiftly)` beschreibt, auf welche Art und Weise der Ball gefangen wurde. Die typisierte Abhängigkeit `neg` (*negation modifier*) beschreibt, wie eine Phrase durch die Negation modifiziert wird. Ein Beispiel ist „Bill is not a scientist.", wobei `neg(scientist, not)` die Nominalphrase `scientist` und ihre Bedeutung im Satz näher beschreibt. Die letzte zu prüfende typisierte Abhängigkeit ist `appos` (*appositinal modifier*), welche eine Apposition direkt neben der eigentlichen Nominalphrase auszeichnet. Die Apposition beschreibt die eigentliche Nominalphrase näher. Ein Beispiel ist „Sascha, my brother.", welche über `appos(Sascha, brother)` entsprechend genauere Informationen zum eigentlichen Nomen `Sascha` gibt. Ein Sonderfall sind Appositionen, die numerische Angaben beinhalten. Hierbei wird dann ein Attribut erzeugt, das der Nominalphrase zugeordnet wird (siehe `Property` und `Attribute` in Abbildung 6.6). So wird dann bei „Tom, 30, passed his test.", das Attribut `30` erzeugt.

Weitere typisierte Abhängigkeiten, die geprüft werden, sind `cop` (*copula*) und `nsubj` (*nominal subject*). `Cop` beschreibt die Beziehung zwischen einem Verb und dessen Zusatz. Ein Beispiel ist „Bill is big.", wobei `cop(big, is)` entsprechend `is` mit dem Zusatz `big` verknüpft wird. Handelt es sich beim a von `cop(a,b)` um ein Adjektiv (Prüfung über POS-Tag `JJ*`) oder einen numerischen Determinativ (in *Tom is 30*), so wird ein Attribut erzeugt und verknüpft. `b` ist dann ein sicherer Kommentar. Das `is` aus „Tom #is 30" wird mit # auskommentiert. Die semantische Bedeutung des Satzes ist folglich `Tom` mit dem Attribut `30`, das ihn näher beschreibt. Beim `nsubj` handelt es sich um eine Nominalphrase, die gleichzeitig das syntaktische Subjekt des Satzes ist. Ein Beispiel ist „Germany defeated France.", wobei `nsubj(defeated, Germany)` entsprechend das nominale Subjekt auszeichnet. Hierbei muss die Relation nicht immer über ein Verb (`defeated`) erfolgen, wie im Beispiel „The baby is cute." ersichtlich wird. Hier wird das Subjekt über `nsubj(cute, baby)` ausgezeichnet.

Verwendete typisierte Abhängigkeiten: `amod(a,b)`, `advmod(a,b)`, `neg(a,b)`, `appos(a,b)`, `cop(a,b)`, `nsubj(a,c)`.

5.5.4.18 Multiplizitäten

AUTOANNOTATOR muss auch Multiplizitäten erkennen.

Eine hierfür benutzte typisierte Abhängigkeit ist `det` (*determiner*). Sie beschreibt die Beziehung zwischen dem Kopf eine Nominalphrase und ihrem Bestimmungswort (Determinator). Ein Beispiel ist „Which book do you prefer?", wobei `det(book, which)` entsprechend das Bestimmungswort beschreibt. Handelt es sich beim Bestimmungswort um ein Zahlwort, so erzeugt AUTOANNOTATOR eine Multiplizität, andernfalls ist es ein sicherer Kommentar. Beispielhaft würden `three` oder `5` zu `*three` bzw. `*5` und somit in SAL$_E$ als Multiplizität gekennzeichnet.

Ähnlich verhält sich `dep` (*dependent*), welche immer dann verwendet wird, wenn die Beziehung zwischen zwei Wörtern nicht genauer bestimmt werden kann. Sie fungiert als Rückfalloption, wenn keine genaueren Ergebnisse gefunden werden. Ein Beispiel ist „Then, as if to show that he could, ...", wobei `dep(show, if)` entsprechend die Abhängigkeiten von `show` zur Bedingung `if` anzeigt. Wenn es sich bei `dep` um ein Zahlwort handelt, so wird eine Multiplizität erzeugt. Die letzte typisierte Abhängigkeit ist `num` (*numeric modifier*). Als `num` wird jeder numerische Wert markiert, welcher die Bedeutung eines Nomens modifiziert. Ein Beispiel ist „Sam eats 3 bratwursts.", wobei `num(bratwursts, 3)` entsprechend das Nomen `bratwursts` genauer bezeichnet. Wenn die Zahl im Satz vor dem Nomen (also links davon) steht, so wird eine Multiplizität erzeugt.

Verwendete typisierte Abhängigkeiten: `det(a,b)`, `dep(a,b)`, `num(a,b)`.

5.5.5 Auflösen von Referenzen

Zum Auflösen von Referenzen in Sätzen wird eine Kombination von Werkzeugen benutzt. Hierfür wurden Klassen für Anaphora (reasoner.JavaRapReferencer), Benennungen (reasoner.NamedEntityReferencer) und Wortreferenzen (reasoner.WordReferencer) implementiert.

Landhäußer erkennt in seiner Diplomarbeit [Lan10], dass die Kombination von Java-Rap, Benennungen und Wordreferenzierer die beste Auflösung von Referenzen liefert. JavaRap ist eine Java Implementierung des *Resolution of Anaphora Program* [BM02] und ermöglicht das Auflösen von (satzübergreifenden) Anaphern. JavaRAP erzeugt eine Liste von Anapher-Antezendens-Paaren. Die sich daraus ergebenden Zusicherungen werden im SAL$_E$-Dokument gespeichert. Zusicherungen sind kurze Sätze, in denen die beiden identischen Elemente verbunden werden. Hierbei wird das Element mit `EQK` (Kurzform für *equals keep*) gekennzeichnet, welches im Folgenden noch gebraucht wird. Das zweite (korrespondierende) Element wird mit `EQD` (Kurzform für *equals drop*) gekennzeichnet; es wird entfernt und das mit `EQK` markierte Element an seiner Stelle verwendet. Die folgende Ausgabe von JavaRAP bezieht sich auf den Beispieltext in 6.3.

```
(1,0) Mike Tyson <-- (2,3) he
(1,3) green chillies <-- (2,7) them
```

Der Ausgabe lässt sich entnehmen, dass sich *he* (2. Satz, 3. Wort) auf *Mike Tyson* (1. Satz, 0. Wort) bezieht und *them* (2. Satz, 7. Wort) auf *green chillies* (1. Satz, 3. Wort).

Die ersten Referenzen, die aufgelöst werden, sind die, die mithilfe von JavaRAP ermittelt wurden. Wie oben zu sehen ist, kennt man nun Anapher und Antezedens samt Satz und Position im Satz, sodass das jeweilige Element im SAL_E-Dokument ermittelt werden kann. Nach dem Satz, in dem die Anapher auftritt, wird nun eine Zusicherung eingefügt, die das Paar miteinander verbindet. Hierbei wird immer das Antezedens mit EQK gekennzeichnet. Die Anapher wird mit EQD gekennzeichnet, und später entfernt.

Referenzen können über die grafische Benutzeroberfläche genutzt werden, um das zu erstellende UML Diagramm kompakter zu gestalten. Hierbei werden alle Wörter, die eine Rolle einnehmen und dieselbe Grundform haben, auf ihr jeweils erstes Vorkommen referenziert. Abbildung 5.12 verdeutlicht den Unterschied im Domänenmodell anhand des Anapher-Antezedens-Paares *Mike Tyson* und *he* aus den Sätzen zwei und drei des Beispiels. Wenn der Text viele Personalpronomina enthält, die nicht von JavaRAP aufgelöst werden können, ist die Wiedergabe im Domänenmodell nicht eindeutig. Es wird nicht mehr zwischen *demselben* und *dem gleichen* unterschieden. Aus diesem Grund ist diese Option vom Benutzer ein- oder auszuschalten; standardmäßig wird sie nicht eingesetzt.

5.6 REFS

Änderungen an Software durch neue Anforderungen, Wartung, etc. finden ständig statt. Im Bereich der Softwareentwicklung werden deshalb häufig Anpassungen am Softwareentwurf gemacht. Im Idealfall müssten diese Änderungen in die textuell Spezifikation überführt werden, so dass der Stakeholder beurteilen kann, ob die Änderungen seinen Wünschen entsprechen. Wie Jiang [JZZZ08] beschreibt, wird die Softwarewartung als Teil des Lebenszyklus von Softwareprojekten immer aufwändiger. Lilienthal [Lil09] fügt hinzu, dass sich die Komplexität moderner Softwarearchitekturen auch für erfahrene Softwareentwickler nach wenigen Jahren nur noch schwer reproduzieren lässt. Dieser Aufwand und die damit verbundenen möglichen Fehler werden minimiert, wenn die Stakeholder mit den Analysten permanent ihre Vorstellungen abgleichen können. Lilienthal zeigt auch die Unterschiede von Spezifikationen (wenn überhaupt vorhanden) und dem eigentlichen im Einsatz befindlichen Softwareprodukt. Anquetil [ARA+09] und andere zeigen hier, dass sie aus Java Quellcode Architekturelemente extrahieren um das Verständnis bestehender Softwarearchitekturen zu erleichtern.

Modelle von Softwarespezifikationen werden häufig in UML notiert. Diese Modelle werden während des Softwareentwurfs durch den Softwarearchitekten geändert, korrigiert und angepasst. Das Modell enthält nun neue, geändert und gelöschte Elemente als

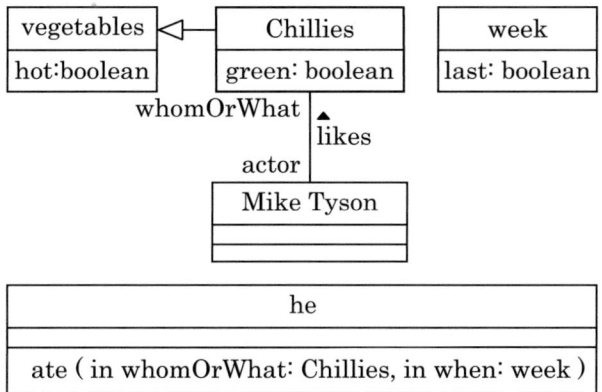

Ohne Auflösen der Anapher Mike Tyson←he.

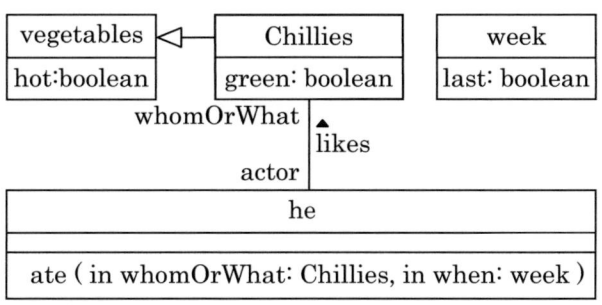

Alternative 1:
[@Mike_Tyson | EQD @he | EQK].

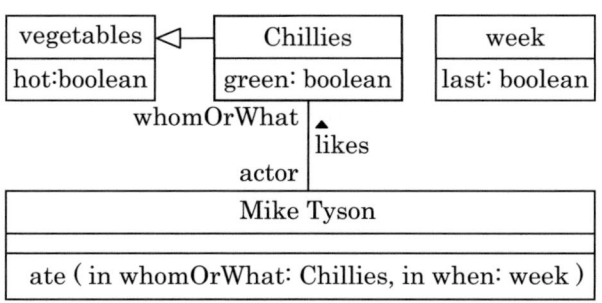

Alternative 2:
[@Mike_Tyson | EQK @he | EQD].

Abbildung 5.12: Mögliche Auflösungen einer Anapher.

die initiale Spezifikation. Der Stakeholder kann diese Änderungen im Modell oft nicht nachvollziehen und verifizieren, da er keine UML-Modelle lesen kann. Solange die Änderungen an der Modellrepräsentation nicht manuell in die textuelle Spezifikation zurückgeführt werden, kann er dadurch die Anpassungen nicht bewerten und eventuelle Fehler korrigieren.

5.6.1 Spezifikation REFS

Das *Requirements Engineering Feedback System* (REFS) erlaubt die Rückkopplung von Änderungen am UML-Modell in die ursprüngliche textuelle Spezifikation und versucht die Erosion der Spezifikation zum Modell zu vermeiden. Hierbei wird die textuelle Spezifikation mit dem durch Gelhausens SAL$_E$ MX erzeugten Modell verbunden. Nun folgende Änderungen am UML-Modell durch beliebige UML-Werkzeuge werden festgestellt. REFS kann diese Änderungen zurück in die textuelle Spezifikation führen. Hierbei können einzelne Änderungen am Modell auf mehrere Artefakte im Text Auswirkungen haben, und umgekehrt. Nachdem die Änderungen in den Text durchgeführt wurden, wird dieser mit dem Originaltext verglichen. Die eigentlichen Änderungen am Modell können nun textuell im Vergleichsmodus von Programmen wie Microsoft Word farblich hervorgehoben und für den Leser übersichtlich aufbereitet werden. Der Stakeholder kann direkt zwischen ursprünglicher und neuer Spezifikation vergleichen (siehe Abbildung 5.13). Er hat hiermit die Möglichkeit nach der Spezifikation auch noch in der Modellierung und den nachgelagerten Prozessen unterstützend und korrigierend einzugreifen. Der Unterschied gegenüber anderen Ansätzen [Kof10, DS09] der Änderungsrückkopplung liegt in der Erhaltung der ursprünglichen grammatikalischen Struktur der Spezifikation. Es wird ein direkter Vergleich der ursprünglichen und abgeänderten Version ermöglicht und der textuelle Vergleich fällt leicht.

Funktionsweise REFS   REFS nutzt eine bidirektionale Abbildung von Textelementen zu UML-Elementen um Änderungen nachvollziehbar zu machen. Hierbei werden Unterschiede vom initialen geänderten Modell gefunden. Diese Änderungen werden jetzt durch REFS in der ursprüngliche Spezifikation abgeglichen. Die Abgleichung der Spezifikation erfolgt in drei Schritten:

- Neuerzeugungen (`Creation`) im Modell fügen neue Textphrasen an das Ende des Dokuments ein. Dabei werden evtl. thematische Rollen zugeordnet.

- Änderungen (`Updates`) im Modell aktualisieren die entsprechenden Textstellen,

- Löschungen (`Deletions`) im Modell löschen Teile des Textes inkl. der zugeordneten Rolle aus der Spezifikation. Wenn das gelöschte Modellelement eine Bezie-

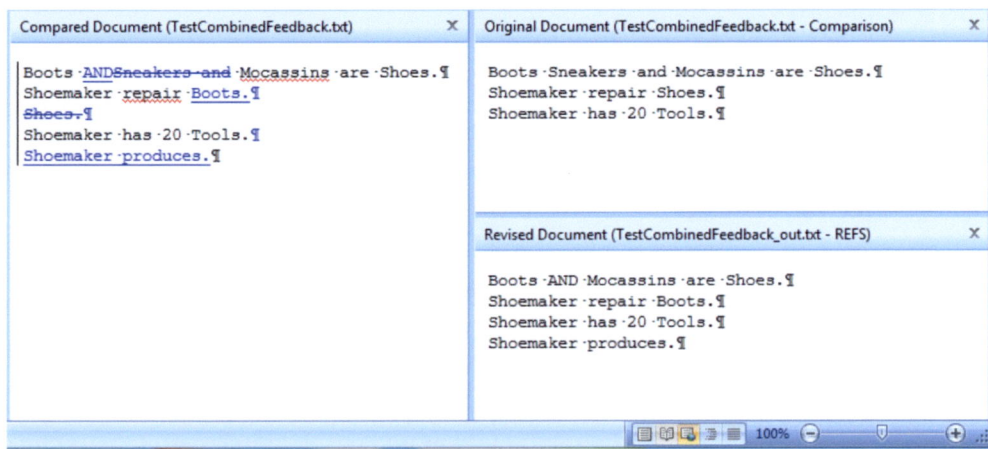

Abbildung 5.13: REFS zeigt Änderungen des Modell in der Spezifikation für den Kunden nachvollziehbar an.

hung beschreibt, die einem Satzteil zugeordnet ist, so führt dies zur Löschung der entsprechenden thematischen Rolle ohne Eingriff auf den eigentlichen Text.

Tabelle 5.2 zeigt mögliche Ausprägungen von Modelländerungen im Spezifikationstext, die von REFS erkannt werden. Neuer Text wird durch einfache Schablonen erstellt (Tabelle 5.3). Zum Beispiel werden für neu hinzugefügte Klassen Sätze mit „There is/are <NameDerKlasse>." erzeugt und an den Text angehangen. Wird ein neues Attribut eingefügt, so wird dessen Name direkt vor die entsprechende Erwähnung der Klasse im Text geschrieben. Analog verfahren wir mit neu eingefügten Operationen/Methoden, Parametern, Assoziationen und Generalisierungen (Oberklassen).

Die Texterzeugung aus Modellen ist von anderen Forschungsbereichen abgedeckt und nicht Fokus dieser Arbeit [LWB+10, Ger01].

5.6.2 REFS Beispiel

An Hand eines kleinen Beispiels soll die Funktionsweise von REFS erklärt werden.

5.6.2.1 Änderungen

Änderungen (Updates) ändern Teile von Modellen ohne Elemente hinzuzufügen oder zu löschen. Das folgende Beispiel ist bereits SAL$_E$ annotiert. Der erste Satz beschreibt, dass es eine Überklasse Shoes gibt, der die Klassen *Sneakers* und *Mocassins* angehören. Die thematischen Rollen FIN und FIC zeigen dies. Der zweite Satz beschreibt einen

Tabelle 5.2: Modelländerungen und Ihre Ausprägungen im Spezifikationstext

	Updates Änderungen	**Creations** Neuerstellungen	**Deletions** Löschungen
EIGENSCHAFTEN ATTRIBUTE	Name, Multiplizität	Name, Multiplizität	Typ Boolean
OPERATIONS METHODEN	Name	Name, Kindelemente (Parameter)	Operationen, Kindelemente
PARAMETER	Name, Typ	Name, Typ	Parameter
KLASSEN	Name	Name, Kindelemente (Operationen, Eigenschaften, Generalisierungen)	Klasse, Kindelemente
RELATIONEN ASSOZIATIONEN	Name	Name, Assoziationsende/ memberEnd (Richtung)	Vollständige Assoziation

Shoemaker als Akteur `AG`, der eine Operationen *repair* (`ACT`) besitzt, die den Parameter *Shoes* hat.

```
[ {Boots Sneakers AND Mocassins}|FIN
  #are Shoes|FIC ].
[ Shoemaker|AG repair|ACT @Shoes|PAT ].
[ @Shoemaker|POSS #has *20 Tools|HAB ].
```

Listing 5.1: Beispielsatz mit thematischen Rollen in SAL_E-Annotierung

Abbildung 5.14 zeigt das aus dieser Spezifikation automatisch erzeugte UML Modell. Die Änderungen, die nun im Modell durchgeführt werden, sind blau markiert und mit (1), (2) und (3) in der Abbildung nummeriert:

1. Ändern einer Assoziation: Anstatt *Shoes* soll der Schuhmacher nur noch *Boots* reparieren.

2. Ändern einer Operation: Der Schuhmacher soll nun *Boots* herstellen (`make`), nicht reparieren.

3. Ändern einer Multiplizität: Der Schuhmacher soll mehr Werkzeuge, nämlich 99 Stück, besitzen.

Tabelle 5.3: Textpassagen für neue Modellelemente werden aus Schablonen gebildet

Modellelement	Abbildung in Spezifikation
Klasse	There is/are *<NameDerKlasse>*.
Attribut	*<NameDesAttributs> <NameDerKlasse>*.
Operation	*<NameDerKlasse>* *<AttributnameDerOperation> <NameDerOperation>*.
Parameter	*<KlassennameDerOperation>* *<NameDerOperation> <NameDesParameters>*.
Assoziation	The *<NavigierenderAttributName> <Navigierender­AttributTyp> <RollennameDerAssoziation>* the *<NavigiertesAttributName> <NavigierterAttribut­Typ>*.
Generalisierung	*<NameDerErweiterndenSubklasse>* is/are *<Name­DerErweitertenSuperklasse>*.

REFS kennt den Zusammenhang zwischen Modell und schriftlicher Spezifikation und klont nun die thematischen Rollen von *Shoes* auf *Boots*. Existierende Rollen von *Shoes* werden entfernt. Die Operation *repair* wird auf *make* geändert und die Quellelemente angepasst. Zuletzt wird der Wert der Assoziation vom *Shoemaker* auf 99 geändert. Jede Änderung im Modell wird hierbei über die bijektive Abbildung zu ihrem Quellelement in der Spezifikation zurückverfolgt. Der aufmerksame Leser stellt fest, dass die Änderungen in die Sätzen eingefügt werden, die Beugung der Verben (wie bei make) aber nicht statt findet. Dies ist nicht Teil dieser Arbeit. Die Annotierung sieht wie folgt aus:

```
1  [ {Boots Sneakers AND Mocassins}|FIN
2    #are Shoes|FIC ].
3  [ Shoemaker|AG make|ACT @Boots|PAT ].
4  [ @Shoemaker|POSS #has *99 Tools|HAB ].
```

Listing 5.2: Die Änderungen im Modell wurden in die Spezifikation zurückgeführt

5.6.2.2 Löschungen

Löschungen im Modell müssen auch im Text widergespiegelt werden. Vergrößern wir das Beispiel von gerade eben, um sinnvolle Löschungen durchführen zu können.

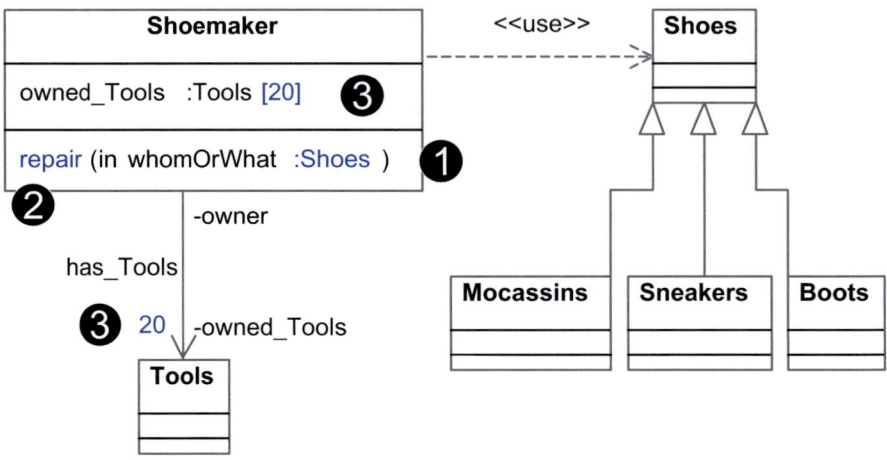

Abbildung 5.14: UML Diagram des Listing 5.1: Änderungen am Modell

Das Beispiel lautet dann wie unten beschrieben.

```
1  [ {Boots Sneakers Sandals AND Mocassins}|FIN
2    #are Shoes|FIC ].
3  [ Shoemaker|AG repair|ACT $black @Shoes|PAT ].
4  [ Shoemaker|AG produces|ACT
5    $leathern @Shoes|OPUSP ].
6  [ @Shoemaker|POSS #has *20 Tools|HAB ].
```

Listing 5.3: Beispiel 2 mit mehr Elementen für mögliche Löschungen

Das entsprechende UML-Diagramm findet sich in Abbildung 5.15.

Die Elemente, die gelöscht werden sollen, sind im UML-Diagramm rot markiert und nummeriert. Die Hauptaufgabe bei Löschungen ist das Finden des Quellelements im $\text{S}\text{AL}_{\text{E}}$-Dokument. Folgende Änderungen sollen nun durchgeführt werden:

1. Die Assoziation der *Tools* zum *Shoemaker* wird gelöscht.

2. Die Klasse *Boots* wird gelöscht.

3. Löschen der Generalisierung von *Sneakers* zu *Shoes*.

4. Löschen der Operation *produces*.

5. Löschen des Parameters *Shoes* der Operation *repair*.

6. Löschen des Attributs *leathern*.

Nach der Rückführung der Modelländerungen in die textuelle Spezifikation liest sich der Text wie unten aufgeführt. In unserem Fall kann der Schuhmacher jetzt immer noch

Reperaturen ausführen, es ist jedoch nicht mehr spezifiziert, an was. Bei Löschungen gibt es aber auch einen Nebeneffekt, der hier im Beispiel nicht auftritt: es können Satzfragmente im Dokument verbleiben. Eine Diskussion zu diesem Thema findet sich in der Implementierung in Kapitel 6.4.3.1.

```
1  [ {Sandals AND Mocassins}|FIN
2    #are Shoes|FIC ].
3  [   Shoemaker|AG repair|ACT ].
```

Listing 5.4: Die Löschungen wurden in die Spezifikation übernommen

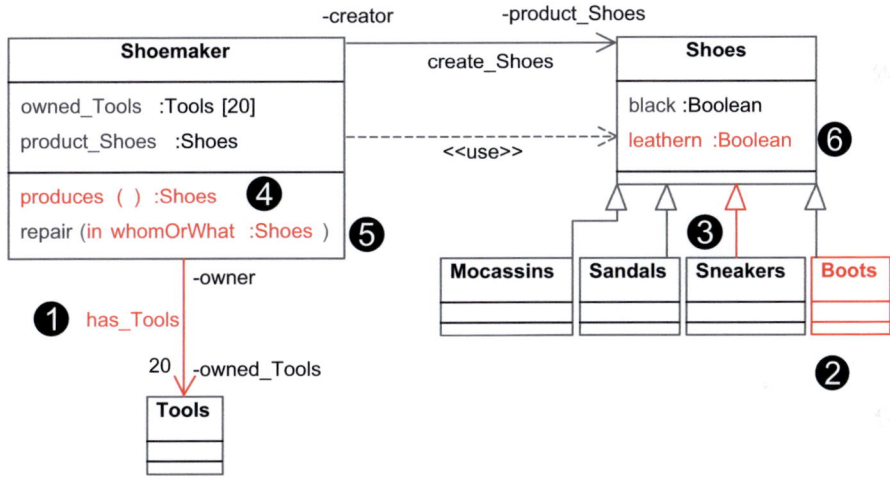

Abbildung 5.15: UML-Diagramm von Listing 5.3

5.6.2.3 Neuerzeugungen

Werden neue Elemente im UML-Modell hinzugefügt, müssen diese auch im Spezifikationstext eingefügt werden. Hierzu ist eine Generierung von neuem Text notwendig. Nehmen wir als Beispiel die ursprüngliche Spezifikation von Listing 5.3, welche im entsprechenden UML-Diagramm aus Abbildung 5.15 resultiert. Die in Abbildung 5.16 grün hervorgehobenen Elemente werden nun im Beispiel über ein UML Werkzeug hinzugefügt. REFS überträgt diese neuen Informationen in den Text. Folgende Informationen werden hinzugefügt:

1. Die Klasse *Flip-Flop* und *Shoes*.

2. Die Assozation zwischen *Person* und *Shoes*.

3. Die Generalisierung: *Flip-Flop* als Unterklasse von *Sandals*.

4. Erstellen der neuen Operation worn_by

5. Die Eigenschaft *iron_made*.

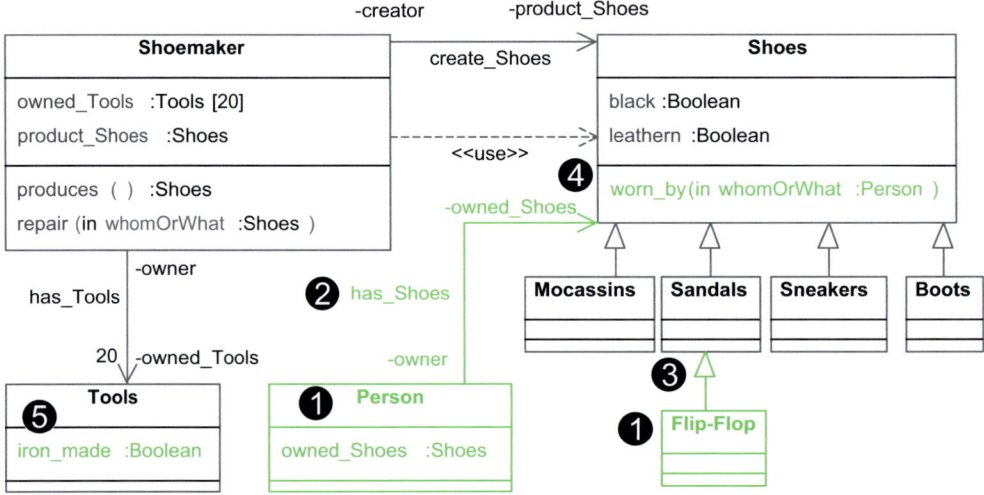

Abbildung 5.16: Erzeugung von neuen Klassen und deren Rückführung in die textuelle Spezifikation

Für neue Elemente muss natürliche Sprache generiert werden, da noch keine Koexistenz mit bereits existierenden Repräsentationen besteht. Der neu generierte Text findet sich in Listing 5.5.

```
1  [ {Boots Sneakers Sandals AND Mocassins}|FIN
2    #are Shoes|FIC ].
3  [ Shoemaker|AG repair|ACT $black @Shoes|PAT ].
4  [ Shoemaker|AG produces|ACT
5    $leathern @Shoes|OPUSP ].
6  [ @Shoemaker|POSS #has *20 Tools|HAB ].
7  [ #{There is/are} Person|OBJECTROLE ].
8  [ #{There is/are} Flip-Flop|OBJECTROLE ].
9  [ @Shoes|OBJECTROLE worn_by|METHODROLE
10   @Person|ADJUNCTROLE ].
11 [ $iron_made @Tools|OBJECTROLE ].
12 [ @Flip-Flop|FIN #{is/are} @Sandals|FIC ].
13 [ #{The owner} @Person|POSS #has_Shoes
14   #{the owned_Shoes} @Shoes|HAB].
```

Listing 5.5: Neuerzeugungen wurden in die Spezifikation übernommen

Der resultierende Text lautet dann:

```
1  Boots Sneakers Sandals AND Mocassins are Shoes.
2  Shoemaker repair black Shoes.
3  Shoemaker produces leathern Shoes.
4  Shoemaker has 20 Tools.
5  There is/are Person.
6  There is/are Flip-Flop.
7  Shoes worn_by Person.
8  Tools is/are iron made.
9  Flip-Flop is/are Sandals.
10 The owner Person has Shoes.
11 The Shoes is/are owned .
```

Listing 5.6: Text mit Neuerzeugungen in Reinschrift

Kapitel 6

Implementierung

Dieses Kapitel beschreibt die Implementierung der Teilkonzepte aus Kapitel 5 und die Infrastruktur für den Betrieb der dienstgeberbasierten Anwendungen. Am Ende des Kapitels skizzieren wir die Kommunikations- und Verwaltungsplattform für RECAA. Sie übernimmt die Koordination der Zusammenarbeit und die Dokumentation des Projektes für alle Teilnehmer.

6.1 Systemaufbau

Die technische RECAA Systemumgebung basiert auf der in Abbildung 6.1 gezeigten VMWare-ESX-Umgebung. Die im Rahmen von RECAA benutzten Ontologien werden auf diesen Servern betrieben, da eine ausreichend große Menge an Hauptspeicher benötigt wird. Der Betreiber der Dienstgeber ist die ATIS (Abteilung technische Infrastruktur der Fakultät für Informatik am KIT). Zur konsistenten Datenhaltung und zur Auflösung von Abhängigkeiten sind der Nexus-Server und das Trac-System an das vom IPD Tichy bereitgestellte SVN-Versionssystem angekoppelt. Die für die Anforderungserhebung benutzten Client-Systeme (Dienstnehmer) greifen über eine Internetverbindung und SSH auf die Serverkomponenten zu.

Der Server ist ein Ubuntu-System mit installierter Java2-Laufzeitumgebung in der Version 1.6. Die Maschine verfügt über 8GB Hauptspeicher und 2 dedizierte 2,4GHz AMD Opteron Prozessoren. Die Rechenleistung ist beim Zugriff auf die Ontologien weniger wichtig, als die Verfügbarkeit der Ontologie im Hauptspeicher. Die installierten Systeme sind:

WordNet läuft auf dem Server und wird als Ontologie, als auch als Lexikon benutzt. Es ist zudem zuständig für die Findung von Stammformen und wird von den Werkzeugen RESI (siehe 5.4) und AutoAnnotator (siehe 5.5) genutzt.

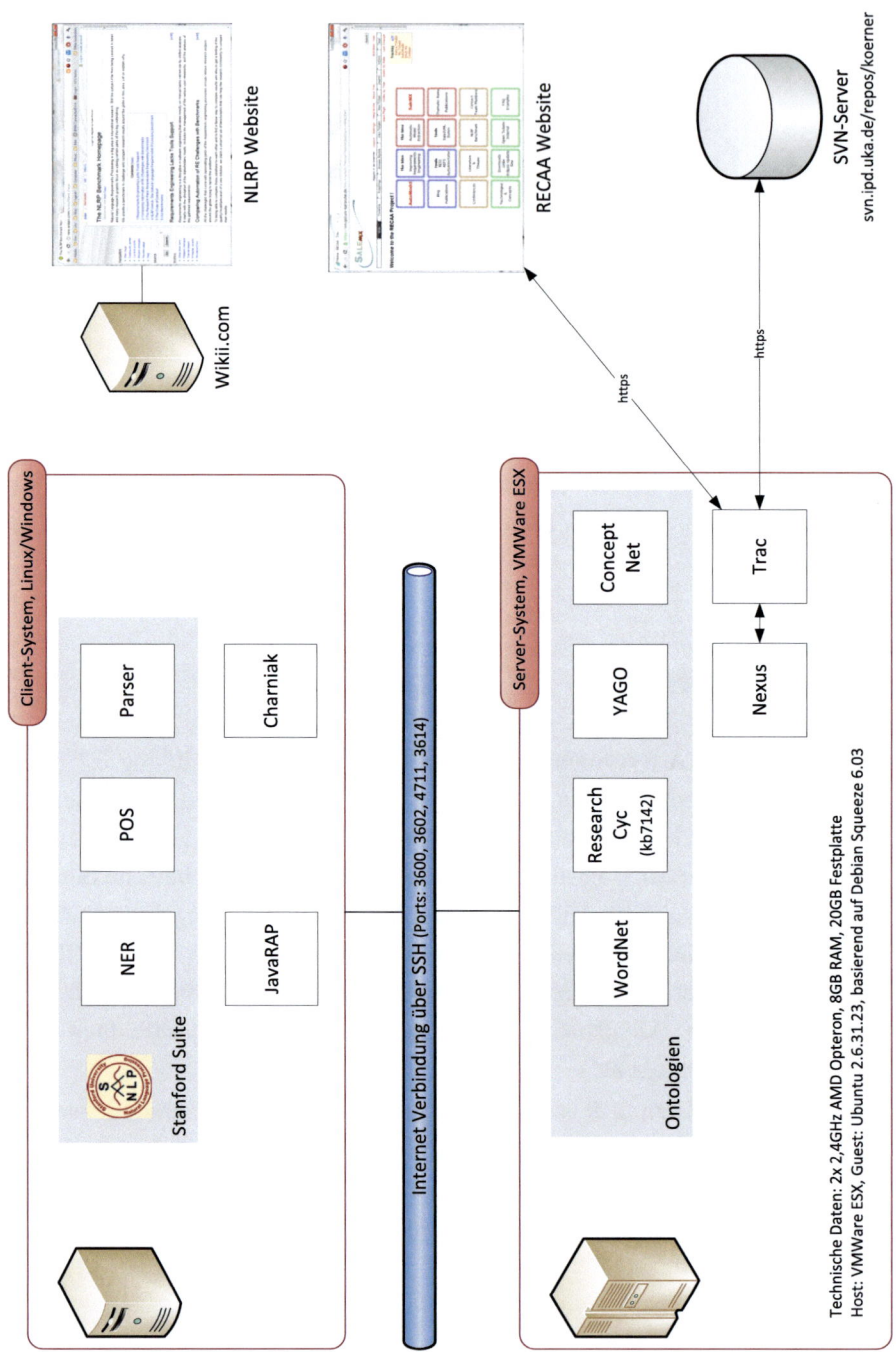

Abbildung 6.1: Die RECAA Systemumgebung im Überblick

ResearchCyc   ist eine für die Forschung kostenfreie Version von Cyc. Cyc liefert eine eigene Serverschnittstelle, auf die über Java-Schnittstellen und die Cyc-eigene Query-Sprache CycL [Cyca] zugegriffen werden kann.

YAGO   ist eine Ontologie (*Yet Another Great Ontology*), die als semantische Wissensbasis für RESI genutzt wird. YAGO [SKW07] wird vom Max-Planck-Institut for Computer Science entwickelt [Max12, HSB$^+$11].

ConceptNet   ist eine Ontologie [LS04b, HSA07], die vom MIT entwickelt wird. Für die Anbindung von ConceptNet an RESI musste auf Grund der fehlenden API eine eigene Schnittstelle programmiert werden. Eine Anfrage an die Hersteller ergab, dass die verfügbaren Schnittstellen nur prototypischen Charakter haben.

NER, POS, Parser, JavaRAP, usw.   werden in den Teilabschnitten zum Werkzeugkonzept (siehe Kapitel 5) erklärt. Ein Großteil der hier erwähnten und von RECAA genutzten Hilfswerkzeuge werden von der Stanford NLP Group [MJ] bereitgestellt.

nlrpBench-Website   wird auf Wikii.com betrieben und ist ein einfaches Wikii-System, das zur Verwaltung der Anforderungsbenchmarks eingesetzt wird.

Trac   ist ein Projektmanagementwerkzeug, das wir als Kollaborationsplattform für RECAA nutzen. Trac beinhaltet den Quellcode als auch die Dokumentation zu den Projekten RESI, AutoAnnotator, REFS und anderen. Es basiert auf einem Wiki mit entsprechenden Erweiterungen für die Softwareentwicklung und einer direkten Anbindung an das SVN-Versionssystem. Trac stellt die RECAA-Webseite zur Verfügung.

Nexus   ist ein Server, der Abhängigkeiten zwischen den RECAA-Softwarepaketen verwaltet. Die verschiedenen Projekte im RECAA-Umfeld lassen sich leichter nutzen, installieren und pflegen, wenn die Abhängigkeiten entsprechend automatisch verwaltet und in der Entwicklungsumgebung automatisch aufgelöst werden. Nexus unterstützt somit v.a. neue Nutzer im RECAA-Umfeld, bei denen Abhängigkeiten zu Drittprodukten wie Parser, POS-Tagger, etc. zu Startproblemen führen.

6.2 RESI

Der Spezifikationsverbesserer RESI besteht aus vier Teilen: Regeln (`Rule`), Graphobjekten (`Graph`) für die interne Datenrepräsentation, Ontologieobjekten (`Ontology`) und der grafischen Oberfläche für den Nutzer (`CentralApplication`). Das Klassendiagramm der

Komponenten ist in Abbildung 6.2 dargestellt. Regeln stellen Funktionalität zum Verbessern der textuellen Anforderung bereit und sind die technische Umsetzung der im Konzept (siehe 5.4) erklärten Verhaltensregeln. Graphobjekte stellen die interne Datenrepräsentation der Spezifikation dar. Auf Basis dieser internen Struktur können maschinelle Verarbeitungsschritte auf der Spezifikation durchgeführt werden. Aktuell unterstützt RESI Graphen aus dem Eclipse Modeling Framework (EMF), so genannte eCore Graphen und GrGen-Graphen. Da Gelhausens Arbeit auf GrGen [GDG08] basiert, wurde RESI initial für GrGen-Graphen programmiert. Die RESI-Graphen wurden später für EMF optimiert, da EMF ein de Facto Standard bei Softwaremodellen und deren grafische Repräsentation ist. Die Instanzen der Ontologie Klasse stellen semantische Wissen für die Textverarbeitung über die jeweiligen Schnittstellen bereit. Die zentrale Anwendung steuert das Zusammenspiel der einzelnen Komponenten und stellt eine grafische Nutzeroberfläche für den Anwender bereit. Die folgenden Abschnitte beschreiben das Klassendiagramm im Detail.

6.2.1 Regeln

Jede Regel bezieht Daten von der Spezifikation, bzw. vom Spezifikationsgraphen und verarbeitet diese. Wenn zusätzliche Informationen benötigt werden, die nicht in der Spezifikation ausgezeichnet sind, stellt die Regel entsprechende Anfragen an die Ontologien. Werden mögliche Probleme gefunden, zeigt die Regel dem Nutzer Vorschläge an und fordert eine Eingabe. Alle im Verarbeitungsprozess gefundenen Informationen und die Kommentare der Nutzer werden in der Spezifikation vermerkt.

Jede Regel definiert Schnittstellen für die Graph– und Ontologie-Klassen. Wenn diese Schnittstellen implementiert sind, unterstützt die Regel den entsprechenden Zugriff. Neue Verarbeitungsregeln können so einfach über die Interfaces in RESI implementiert und bereitgestellt werden. Abbildung 6.2 zeigt das Klassendiagramm mit der Regel *Überprüfe auf Wörter gleicher Bedeutung* (RuleSimilarMeaning) aus Abschnitt 5.4.3.5. Diese Regel nimmt wie im Konzept beschrieben alle Nomen aus der Spezifikation und prüft diese gegeneinander auf ähnliche Bedeutungen. Wenn die Anfrage an die Ontologie ergibt, dass Objekte ähnliche Bedeutungen haben, schlägt RESI eine eindeutige Ersetzungen vor.

6.2.2 Internes Modell

Das interne Datenmodell der Spezifikation basiert auf dem Eclipse Modeling Framework [Ecl12a] (EMF). Mit dem EMF wurde ein Metamodell – ein so genanntes eCore-Modell – von Gelhausens [Gel10] Rollenmodell erzeugt. Zur maschinellen Verarbeitung werden die annotierten Texte direkt auf ein eCore-Modell transformiert. Abbildung 6.3

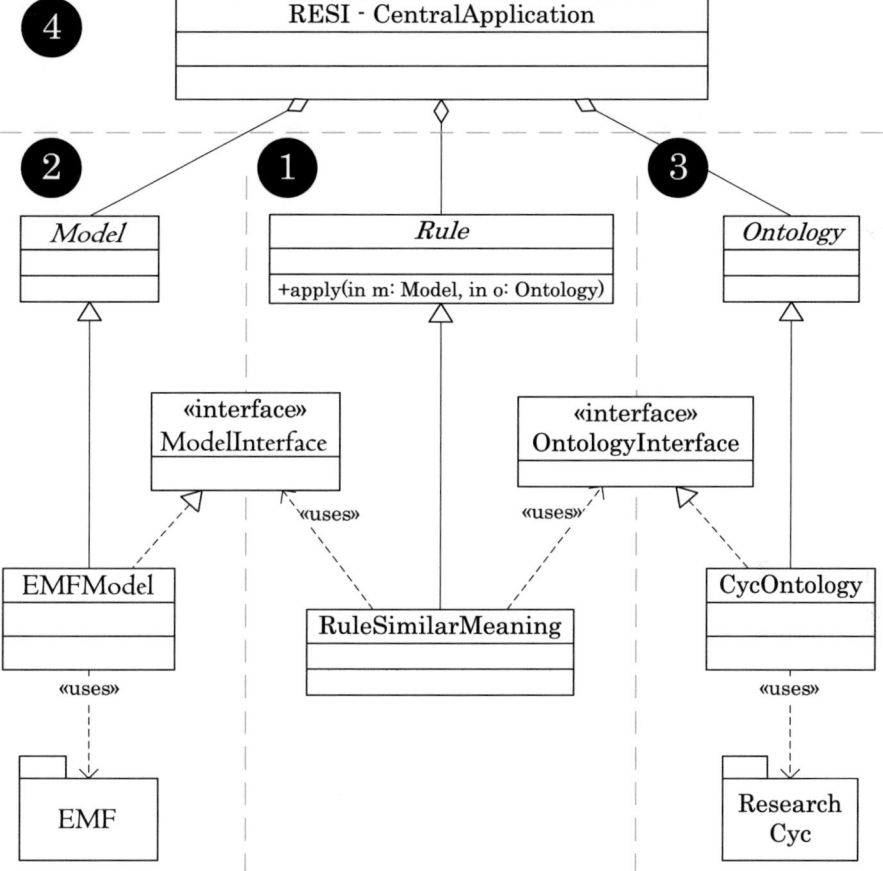

Abbildung 6.2: UML-Klassendiagramm von RESI für die Regel *Überprüfe auf Wörter gleicher Bedeutung* (RuleSimilarMeaning)

zeigt das Modells direkt in Eclipse. RESI bearbeitet die Spezifikation über die durch die
EMF API erzeugten eCore-Modelle. Alle in 5.4.3 benutzten Textverarbeitungsregeln
werden unterstützt.

6.2.3 Ontologien

Die `Ontology`-Klasse (Abb. 6.2) kommuniziert mit externen Ontologien, indem sie Anfragen der Textverarbeitungsregeln in die spezifischen Anfragen für die jeweilige Ontologie transformiert und die Ergebnisse im passenden Format zurückliefert. Falls die
`Ontology`-Klasse das `OntologyInterface` einer Regel implementiert, kann die Regel
auf die entsprechende Ontologie als Wissensbasis zugreifen.

Die externen Ontologien werden über SSH-Schnittstellen angesprochen. ResearchCyc
selbst bietet eine eigene serverseitige Anwendung, über die die Komponenten kommu-
nizieren können. Für andere Ontologien wie WordNet wurden eigene Serveranwendun-
gen implementiert um den Zugriff zu gewährleisten. Durch diesen Ansatz lassen sich
verschiedene Ontologien entsprechend Ihrer fachlichen Ausrichtung für bestimmte Anfragen und Verarbeitungsschritte benutzen. Eine Kombination diverser Ontologien ist
gewährleistet und erweist sich in der Evaluation als sinnvoll. Sollten Nutzer domänenspezifische Ontologien haben und diese in RESI integrieren wollen, so ist dies über das
`OntologyInterface` möglich.

RESI unterstützen alle in dieser Arbeit aufgeführten Ontologien. Es sei erwähnt, dass
ConceptNet und YAGO Einschränkungen unterliegen. Dies ist z.B. die lange Zeitdau-
er für Antworten aus der jeweiligen Ontologie. Bei Antwortzeiten von 20 Sekunden
und mehrwerden Nutzerrückfragen über die grafische Oberfläche schlecht bedienbar.
Im schlimmsten Fall benötigt die Prüfung auf Synonyme mit YAGO mehrere Minuten
für einzelne Verbesserungsvorschläge, die dann an den Nutzer gerichtet werden. Nutzer
erwarten Ergebnisse ähnlich wie beim Webbrowser aber in weniger als acht Sekunden.

6.2.4 Zentrale Anwendung - Nutzeroberfläche

Die zentrale Anwendungen und Nutzeroberfläche von RESI kontrolliert die Interaktion zwischen den oben genannten Komponenten. Die Nutzeroberfläche wird in Abschnitt 5.4.3 gezeigt. Die zentrale Anwendungen reguliert, welche Regel mit welcher
Ontologie angewendet wird. Sie koordiniert somit die Spezifikationsverarbeitung auf
Basis der zuvor getätigten Nutzereinstellung. Der Nutzer kann hierbei alle Regeln zur
Prüfung auswählen, oder spezifische Prüfungen der Anforderungsspezifikation durchführen, indem er nur bestimmte Regeln auswählt. Vor allem bei großen Spezifikationen
erleichtert das den Umgang mit dem Werkzeug, wenn man die verschiedenen Mängelklassen Schritt für Schritt abarbeitet.

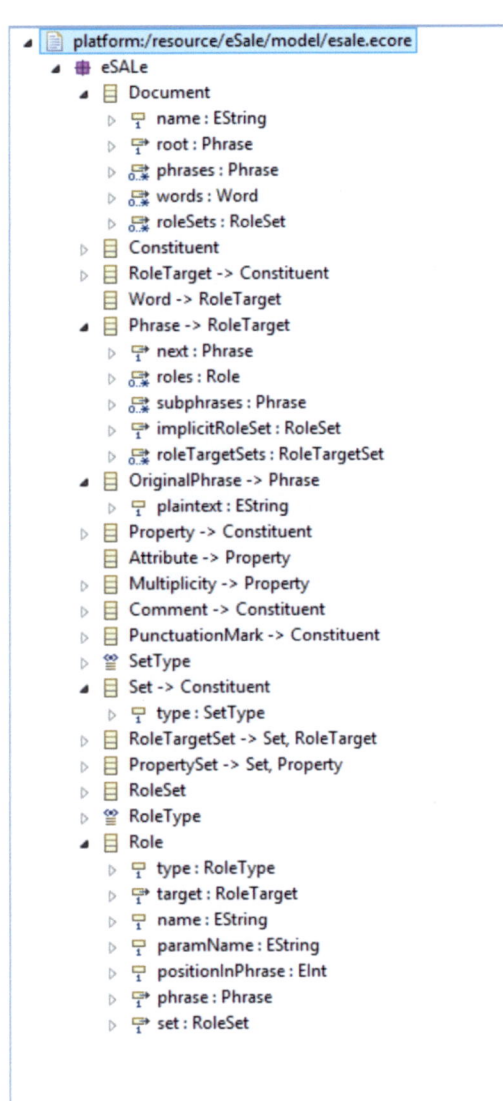

Abbildung 6.3: Das eCore (EMF) Model der Spezifikation basierend auf Gelhausens [Gel10] Rollenmodell

Eine beispielhafte Interaktion mit RESI ist in Abb. 6.4 aufgeführt. Sie zeigt, wie die `CentralApplication` vom Nutzer so konfiguriert wird, dass sie eine bestimmte Regel durch `apply(m,o)` anwendet. Der Paramter `m` ist hierbei das entsprechende (interne) Modell der Spezifikation und `o` die verwendete Ontologie. Die Regel `RuleSimilarMeaning` überprüft nun Wörter auf gleiche Bedeutung und sucht Synonyme. Hierzu sucht die Regel mit der Operation `getAllNouns()` alle Nomen aus der Spezifikation (dem `EMFModel`). Die Liste der Nomen `<Nouns>` wird dann mit `getSimilarity(A,B)` paarweise auf Ähnlichkeiten geprüft. Hierzu werden auch Informationen aus der Ontology genutzt, in diesem Fall `ResearchCyc`. Wenn Synonyme erkannt werden, wird der Nutzer gefragt, ob er diese Synonyme ersetzen möchte. Anschließend wird die Ersetzung der Nomen durch die Regel `RuleSimilarMeaning` durchgeführt. Die Regel meldet der `CentralApplication`, dass sie erfolgreich abgeschlossen wurde und die zentrale Anwendung speichert die entsprechenden Änderungen in die Spezifikation. Nun kann nur die nächste Regel verarbeitet werden.

6.2.5 Fehler- und Ausnahmebehandlung

RESI liefert Fehlerkorrekturen für Tippfehler, da Schreibfehler bei der Stammformerkennung und Vorverarbeitung der textuellen Spezifikation durch Ontologien erkannt werden. Zusätzlich kann der Nutzer von RESI immer die Vorschläge und Änderungen von RESI ablehnen, ändern oder eine eigene Lösung vorschlagen, die nicht von RESI stammt. Für den Ausfall der extern bereitgestellten Ontologien stellt die RESI-GUI Ausnahmebehandlungen zur Verfügung, die dem Nutzer mitteilen, welche Funktionen nicht verfügbar sind. Eine Weiterverarbeitung von Spezifikationen nach Verbindungsverlust zu einer Ontologie ist auch möglich. RESI erlaubt zusätzlich das Exportieren von Zwischenständen bei der Spezifikationsverbesserung. Nachdem die Verbindung zur Ontologie neu aufgebaut wird, kann die Spezifikation ab der Stelle des Verbindungsabbruchs weiter verbessert werden.

6.3 AutoAnnotator

Die Verarbeitung einer Spezifikation kann nicht als atomare Aufgabe angesehen und mit einem Schritt gelöst werden. Um die Informationsgewinnung und -verarbeitung für die automatische Annotierung effizient zu gestalten, werden verschiedene NLP-Werkzeuge miteinander kombiniert und die ermittelten Ergebnisse mit semantischen Informationen aus Ontologien erweitert.

AutoAnnotator besteht aus sechs Komponenten. Abbildung 6.5 zeigt den Aufbau: Die Klasse `AutoAnnotator` (1) lädt den Spezifikationstext. Anschließend initialisiert sie

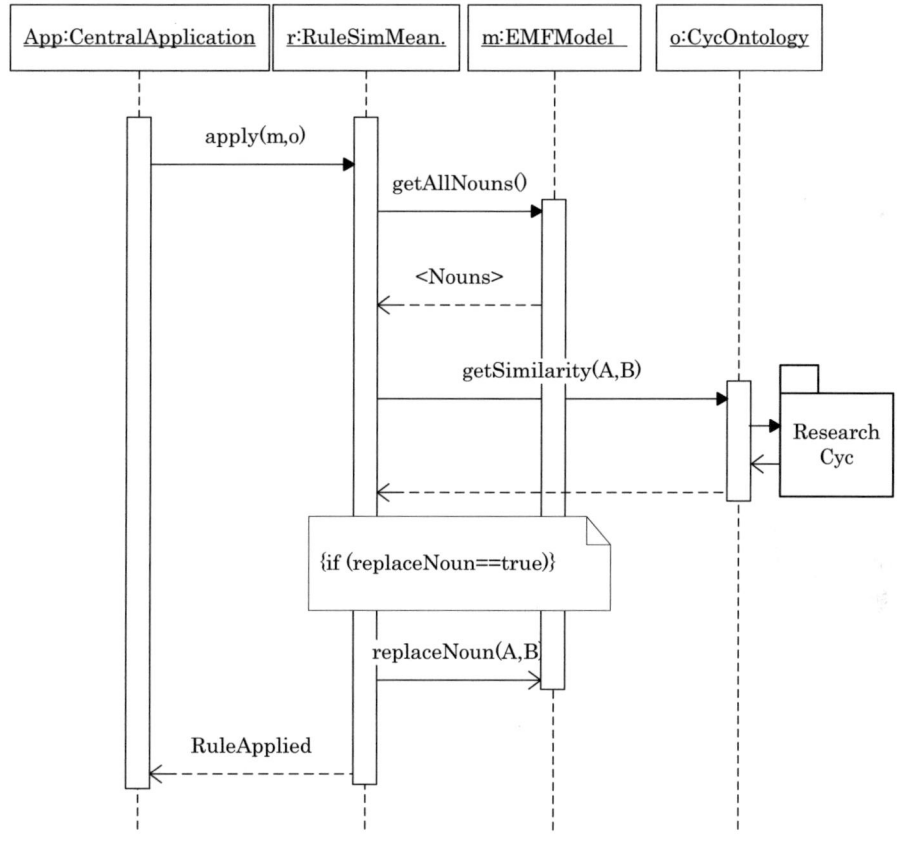

Abbildung 6.4: Sequenzdiagramm der RESI Klasseninteraktion für die Regel „Überprüfe Wörter mit gleicher Bedeutung"

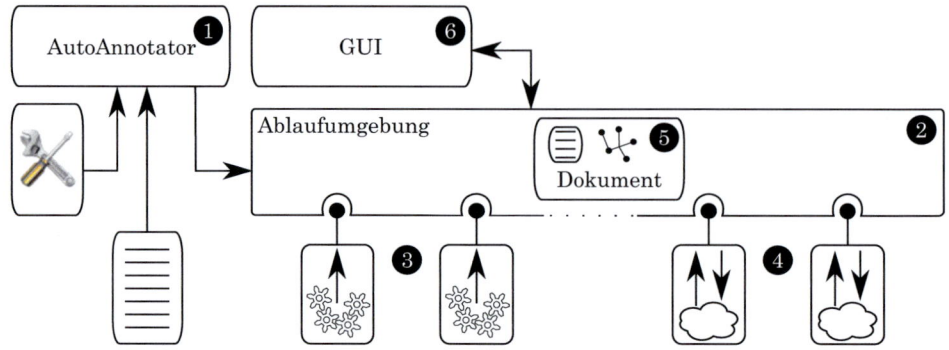

Abbildung 6.5: AutoAnnotator – Eine Übersicht.

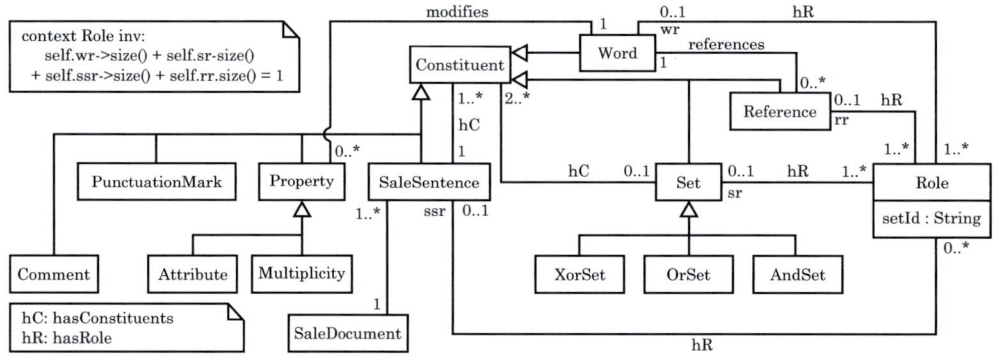

Abbildung 6.6: Das Klassendiagramm des SAL_E-DOM (vereinfacht).

die übrigen Komponenten und startet die Laufzeitumgebung. Diese (2) ruft nacheinander verschiedene Komponenten und steuert den Gesamtablauf. Die benutzten NLP-Werkzeuge reichern die Spezifikation mit Informationen an und greifen auf bereits hinzugefügte Informationen der anderen Werkzeuge zu. Informationslieferanten (3) und Informationsverarbeiter (4) implementieren die entsprechende Schnittstelle. Die verarbeitete Spezifikation wird als Dokument geführt (5). Das Dokument enthält den Ursprungstext als auch das interne Datenmodell inklusive der erkannten semantischen Annotierungen. Die grafische Benutzeroberfläche (6) stellt Rückfragen an den Benutzer, wenn Vorgänge von AutoAnnotator nicht automatisch entschieden werden können.

Abbildung 6.6 zeigt das SAL_E-Modell [GT07] eines Dokuments. Das SAL_E-Modell ist die interne Repräsentation der annotierten Spezifikation, welche später von SAL_E MX automatisch in UML-Modelle gewandelt wird. In SAL_E semantisch annotierte Texte bestehen aus einem Dokument (`SaleDocument`), welches aus mehreren Sätzen (`SaleSentence`) besteht. Sätze bestehen aus Worten (`Word`), Satzzeichen (`PunctuationMark`), Aufzählungen (`Set`), usw. Die einzelnen Satzteile haben dann eine thematische Rolle (`Role`), die ihre semantische Bedeutung im Satz beschreibt. Des weiteren haben Worte noch Eigenschaften (`Property`), die Multiplizitäten (`Multiplicity`) oder das Wort näher beschreiben (`Attribute`). In Abbildung 6.7 wird dargestellt, wie das SAL_E-Dokument zusätzlich zu den SAL_E-Attributen über eine bidirektionale Verbindung zu den Elementen der ursprünglichen Spezifikation verfügt. Dies ermöglicht eine effiziente Navigation zwischen beiden Dokumenten und somit eine einfache Zuordnung von neuen Informationen. Hierbei werden die Teile des ursprünglichen Dokuments zuerst voneinander getrennt und einzeln behandelt. Satzzeichen werden wie Worte behandelt; der Begriff *Wort* ist an dieser Stelle synonym mit dem Begriff *token* verwendet. Als Beispiel dient folgender Text:

```
1  Chillies are hot vegetables.
2  Mike Tyson likes green chillies.
3  Last week he ate five of them.
```

Der Satz wird anschließend in seine Worte (*token*) zerteilt. Die gefundenen Worte zum jeweiligen Satz sind mit Kommata getrennt aufgeführt:

```
Dokument
|--> Satz: Chillies are hot vegetables.
|  |--> Worte: Chillies, are, hot, vegetables, .
|--> Satz: Mike Tyson likes green chillies.
|  |--> Worte: Mike, Tyson, likes, green, chillies, .
|--> Satz: Last week he ate five of them.
|  |--> Worte: Last, week, he, ate, five, of, them, .
```

Nach der initialen Teilung ist der Zusammenhang zwischen `Mike` und `Tyson` syntaktisch nicht erkennbar; auch das abschließende Satzzeichen wird initial als Wort behandelt. Die Verarbeitungspipeline ordnet bei der Erstellung des SAL_E-Dokuments die Worteihrer semantischen Bedeutung zu (Wort, Attribut, Satzzeichen) und verbindet Eigennamen (Wort: `Mike` & Wort: `Tyson` => Wort: `Mike Tyson`).

Die von AUTOANNOTATOR genutzte Prozesskette aus Abbildung 5.11 besteht aus sechs Stufen [Lan10]. Die im Rahmen dieser Arbeit miteinander verkettete Software ist in Tabelle 6.1 aufgeführt.

1. Aufbau der internen Datenstruktur (SAL_E-Dokument)

2. Wortarterkennung (POS-Tagger)

3. Parser (Satzteilerkenner)

4. Erkennung von Eigennamen (NER - Named Entity Recognizer)

5. Anapher-Auflösung

6. Wortstammermittlung

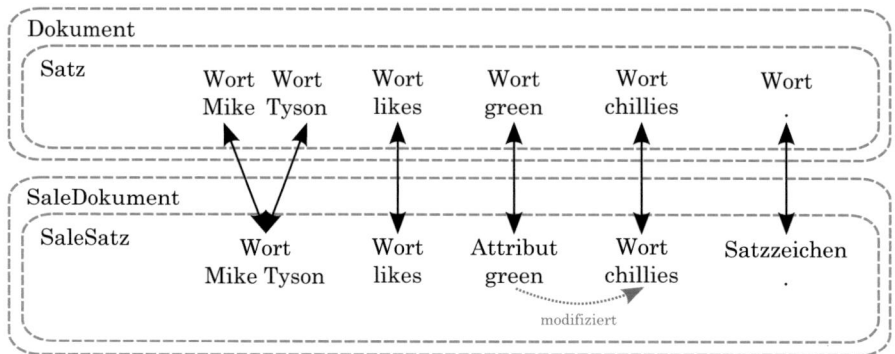

Abbildung 6.7: Ein Beispiel für einen Satz mit zugehörigem SAL_E-Dokument.

Nachdem die Prozesskette abgearbeitet wurde, folgt die Verarbeitung der hinzugefügten Informationen. Die ermittelten Informationen werden benutzt, um auf die thematischen Rollen von SAL_E zu schließen. Mithilfe von Ontologieabfragen und den daraus gewonnen semantischen Zusatzinformationen können die ermittelten Rollengefüge genauer bestimmt werden. Nachstehend finden sich die Konstruktionen, die AutoAnnotator erkennt und automatisch mit thematischen Rollen annotiert. Das Programmpaket de.uka.ipd.autoAnnotator wird auf der Projektwebsite dieser Arbeit bereitgestellt [KDGL]. Eine detaillierte Erklärung der Implementierung findet sich zudem auf der Projektwebsite und in der Diplomarbeit von Landhäußer [Lan10].

6.3.1 AUTOANNOTATOR Oberfläche

Eine detaillierte Erklärung der semantischen Annotation gibt es bereits in Kapitel 3.1.10. Das Beispiel soll noch einmal erklären, wie diese Annotation automatisiert über die Benutzeroberfläche von AutoAnnotator benutzt werden kann. AutoAnnotator startet direkt aus der Entwicklungsumgebung Eclipse nach Auswahl der Spezifikationen. Die Spezifikation ist hierbei eine einfache Textdatei. Hierbei wird die Prozesskette aus Abbildung 5.11 durchlaufen. Rückschlüsse aus den Ontologien müssen vom Nutzer bestätigt werden.

Abbildung 6.8 zeigt die Nutzeroberfläche. Da das Wort likes (in der Oberfläche markiert) unterschiedliche Bedeutungen hat, die hier nur der Nutzer bewerten kann, schlägt AUTOANNOTATOR alle möglichen Bedeutungen vor. Die Abfrage auf der Ontologie

Tabelle 6.1: Übersicht der von AutoAnnotator integrierten Werkzeuge, die für die Prozessverarbeitung genutzt werden.

Programm	Plattform	Verfügbar für Sprache(n)	Voraussetzungen Besonderheiten	Quellen
Sentence Chunker	Java	–	keine	
Word Chunker	Java	–	keine	
Stanford POS-Tagger	Java 1.5+, API-Zugriff	Englisch, Arabisch, Chinesisch und Deutsch	trainierbar	[MJ, The09a]
Stanford Parser	Java 1.5+, API-Zugriff	Englisch, Chinesisch, Deutsch und Arabisch	trainierbar	[MJ, The09c, MM08]
Stanford NER	Java 1.5+ Server verfügbar	sprachunabhängig	trainierbar	[MJ, FGM05]
JavaRAP	Java 1.5	Englisch	benötigt den Charniak Parser	[QKC04]
Charniak Parser	C++, Linux nativ, Windows via cygwin	Englisch		[Cha00]
WordNet	Server + Java-API	Englisch		[MFT$^+$, Mil95, Fel98]
Research Cyc	Server + Java-API	Englisch		[Cycc, Cycb]
Tree Tagger	Standalone Java-Wrapper	Deutsch, Englisch, Französisch u.a.m.	trainierbar	[Sch94, Sch95, Cas09]

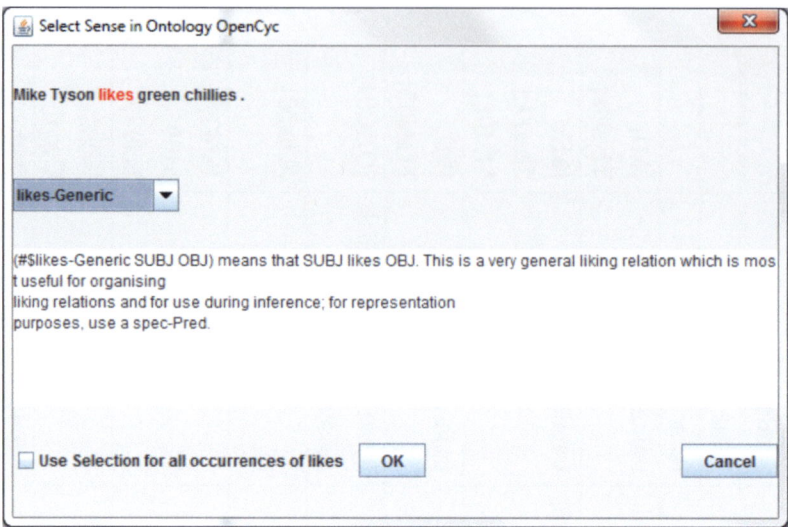

Abbildung 6.8: AutoAnnotator zeigt dem Nutzer direkt Vorschläge aus der Ontologie
an. Erklärungen der semantischen Bedeutung werden direkt aus der
Ontologie geliefert und helfen bei der Einschätzung durch den Nutzer.

wird mit der Stammform `like` gemacht. Zur Unterstützung der Auswahl durch den
Nutzer zeigt AUTOANNOTATOR (siehe Abbildung 6.8) die textuelle Erklärung zu jedem Element in der Ergebnisliste an. Kann der Nutzer die Bedeutung nicht eindeutig
zuordnen, so kann er die Eingabe abbrechen (*Cancel*-Knopf). Im unserem Beispiel ist
aber *like-Generic* die passende Auswahl. Auf Grund der durch die Ontologie und Nut-
zereingabe gewonnenen Zusatzinformationen ersetzt AUTOANNOTATOR anschließend
die Platzhalterrollen (`METHODROLE`, `OBJECTROLE`) mit den richtigen thematischen Rollen.

Nach Abschluss der automatischen Annotation zeigt AutoAnnotator die Spezifikation an (siehe Abbildung 6.9). Aus dem nun vollständig annotierten Text kann Gelhausens [Gel10] UML-Modelle erzeugen.

6.3.2 Ontologieanfragen

Wie bereits oben erwähnt, müssen für manche Annotationsentscheidungen Anfragen an
die Ontologie gestellt werden. Diese Anfragen wurden in der Klasse `reasoner.Opencyc`
implementiert. Der für AUTOANNOTATOR implementierte Erkenner (`reasoner`) prüft
Worte und Sätze der Dokumente in verschiedenen Stufen ab, markiert entsprechende
Ergebnisse und verwendet erkannte Zusammenhänge bei der weiteren Verarbeitung der
Dokumente.

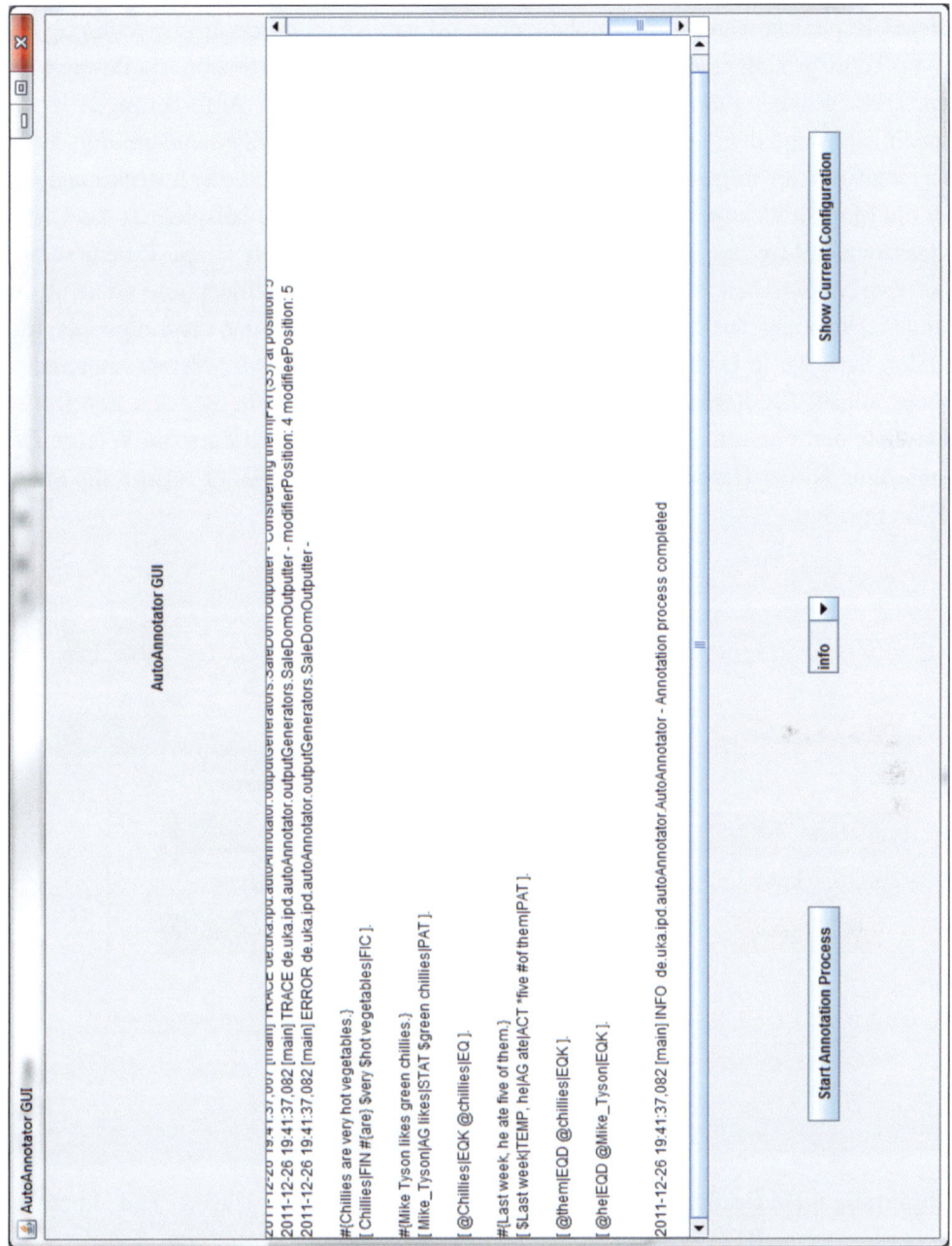

Abbildung 6.9: Nach der Bearbeitung zeigt AutoAnnotator die annotierte Spezifikation

6.4 REFS

Dieses Kapitel beschreibt die Implementierung von REFS durch die Erweiterung der SAL$_E$-Transformationsregeln von Gelhausen [Gel10] um bidirektionale Abbildungskanten. Diese Kanten garantieren die Verknüpfung der textuellen Anforderungen in der Spezifikation mit dem bereits durch SAL$_E$ mx erzeugten UML-Klassendiagramm. Hierbei dient das im folgenden beschriebene Unterschiedsprotokoll als Instruktionsfolge für die Modellrückkopplungskomponente. Abbildung 6.10 zeigt beispielhaft das UML-Klassenmodell (rechts, in grün) in der von REFS intern genutzte Graph-Datenstruktur. Die Kanten zwischen den grünen Knoten beschreiben Assoziationen und Generalisierungen. Die orangefarbenen Knoten (linke Seite) repräsentieren den ursprünglichen textuellen Satz, der in UML modelliert wird. Der Satz besteht aus 3 Worten: Shoemaker, Shoes, repair. Die Kanten des orangenen Knoten beschreiben die thematischen Rollen zwischen den Phrasen. In diesem Fall sind die Phrasen allesamt einzelne Wörter. Der Shoemaker ist der Handelnde (AG), welcher mit der Aktion (ACT) repair die Shoes (PAT) repariert.

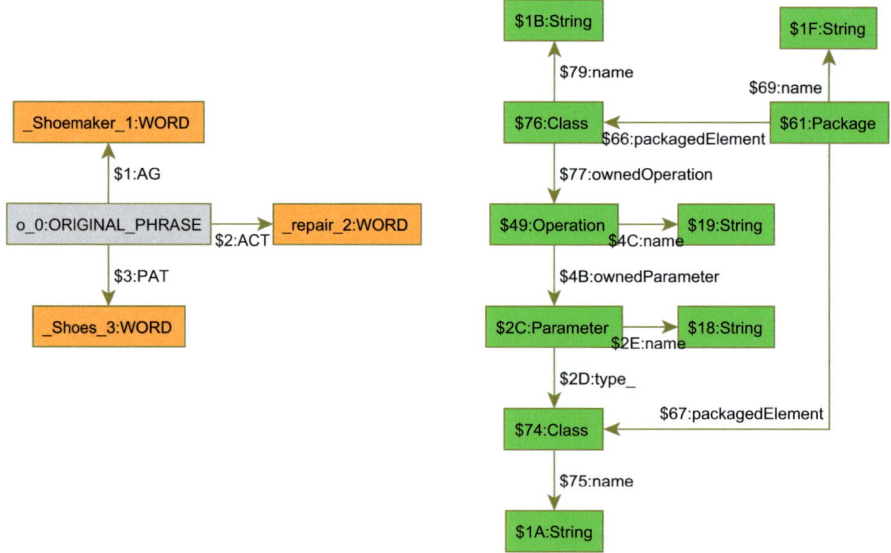

Abbildung 6.10: Grafische Darstellung des SAL$_E$-Graphen (links) und internern REFS-Graphenmodells (rechts) nach Durchführung der SAL$_E$ mx Modellerzeugung

Das SAL$_E$-Modell   Gelhausens [Gel10] SAL$_E$ ᴍx erzeugt den Graphen (links, orange),
das SAL$_E$-Modell, nach der Annotierung des Textes mit thematischen Rollen. Die Knoten zeigen die Elemente aus der Spezifikation und die Kanten beschreiben die semantischen Zusammenhänge. Die Knoten sind typisiert (im Beispiel nur Wörter WORD und ein
Satz PHRASE). Die Kanten sind mit den thematischen Rollen beschriftet und durchnum-
meriert.

Das UML-Modell   Anschließend erzeugt SAL$_E$ ᴍx den Graphen (siehe grünes Modell
rechts), der das Klassenmodell widerspiegelt. Diesen Graphen nennen wir das UML-
Modell. Die Knoten zeigen die Elemente des UML-Klassendiagramms. Die Elemente
sind Klassen (Class), Methoden (Operation), Parameter (Parameter) und Datentypen
(STRING). Die Kanten zeigen die Abhängigkeiten zwischen den Elementen. So haben
z.B. Methoden (Operation) als auch Parameter STRING als Datentyp, die den Namen
(name) der Methoden bezeichnen. Die Kanten sind nummeriert und mit Bezeichnern
beschriftet.

Die beiden Graphen sind zuerst voneinander unabhängig. Neu eingeführte Abbildungskanten verknüpfen die Modellelemente mit den Textelementen. Bisher wurde das
entsprechende Modellelement erzeugt und zum UML-Modell hinzugefügt ohne das neu
erzeugte UML-Element mit dem ursprünglichen Textelement zu verbinden. Eine Erweiterung der SAL$_E$ ᴍx Transformationsregeln erstellt bei der Erzeugung des rechten
UML-Modells aus dem linken SAL$_E$-Modell zusätzlich eine Abbildungskante. Eine Verbindung zwischen der Quell- und Bildmenge entsteht. Doppelte Kanten zwischen den
Modellen werden vermieden, indem die Regel zuerst negiert ausgeführt wird. Das bedeutet, bevor durch eine Regel ein Element oder eine Kante hinzugefügt wird, wird
zuerst versucht, die zu erstellende Kante zu löschen. Gelingt dies, wird eine neue Kante eingefügt. Gelingt dies nicht, so war keine Kante vorhanden und eine neue Kante
kann bedenkenlos hinzugefügt werden. Abbildung 6.11 zeigt die beiden Modelle mit
den neuen *sale2uml*-Kanten (blau gestrichert).

Das orange Modell links ist die SAL$_E$-annotierte Phrase der textuellen Spezifikation.
Die SAL$_E$-Phrase besteht aus den Konstituenten *Shoemaker repair Shoes*. Die Konstituente *Shoemaker* wird zu einer Klasse abgebildet und ist auf diese rückverfolgbar. Die
Konstituente *repair* wird auf eine Operation abgebildet, dessen Besitzer die Klasse *Shoemaker* ist. Die nächste Konstituente *Shoes* erhält zwei Abbildungskanten. Zum einen
wird sie als Klasse abgebildet, zum anderen bildet sie einen Parameter in der Operation *repair*. Die Abbildung ist surjektiv. Der Vollständigkeit halber hat jedes Element der
Bildmenge (UML, rechts) mindestens eine Konstituente der SAL$_E$-Quellmenge (rechts).

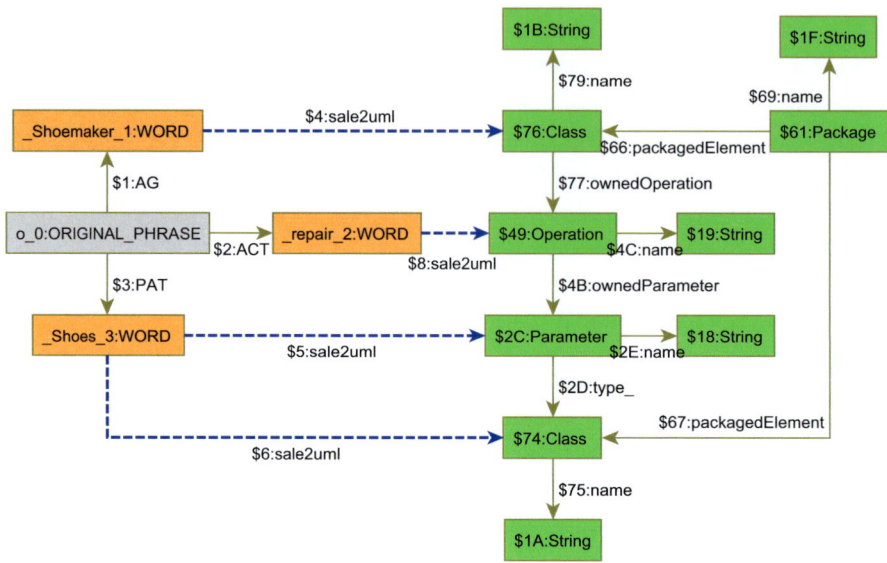

Abbildung 6.11: Grafische Darstellung der, durch *sale2uml*-Rückverfolgungskanten, verbundenen Graphen.

6.4.1 Erkennen von Modelländerungen

Um nun Änderungen im UML-Modell in die textuelle Spezifikation über die Rückverfolgungskanten zurückzuführen, müssen die Änderungen im Modell erkannt werden. Hierzu erzeugen wir mit EMFCompare [Ecl12a, Ecl12b] ein Übereinstimmungsmodell vom Ursprungsmodell (version 1) und vom neuen Modell (version 2) wie in Abbildung 6.12 dargestellt. Es wird ein rekursiver Vergleich entlang der hierarchischen Struktur gemacht. Auf der passenden Hierarchieebene werden ähnliche Elemente in beiden Modellen (version1, version2) identifiziert. Orginalelemente werden hierbei dem ähnlichsten Element des geänderten Modells zugeordnet. Das match model enthält die Menge der gefundenen Übereinstimmungen der beiden Modelle. Anschließend wird aus version 1 und version 2 mit dem match model ein Unterschiedsmodell (diff model) erstellt. Es enthält die Restmenge der Elemente, die nicht im match model enthalten sind. Das diff model enthält die (paarweise) unterschiedlichen Elemente aus beiden Modellen inklusive derer Ähnlichkeitsmessungen.

Die Ähnlichkeitsberechnung erfolgt über 4 Metriken, die jeden Wert im Bereich 0 (keine Übereinstimmung) bis 1 (vollständige Übereinstimmung) annehmen:

1. Der Vergleich der Objektnamen: Das Attribut mit syntaktischer ähnlicher Bezeichnung werden verglichen. Hier wird ein Zeichenketten-Vergleich durchgeführt, der

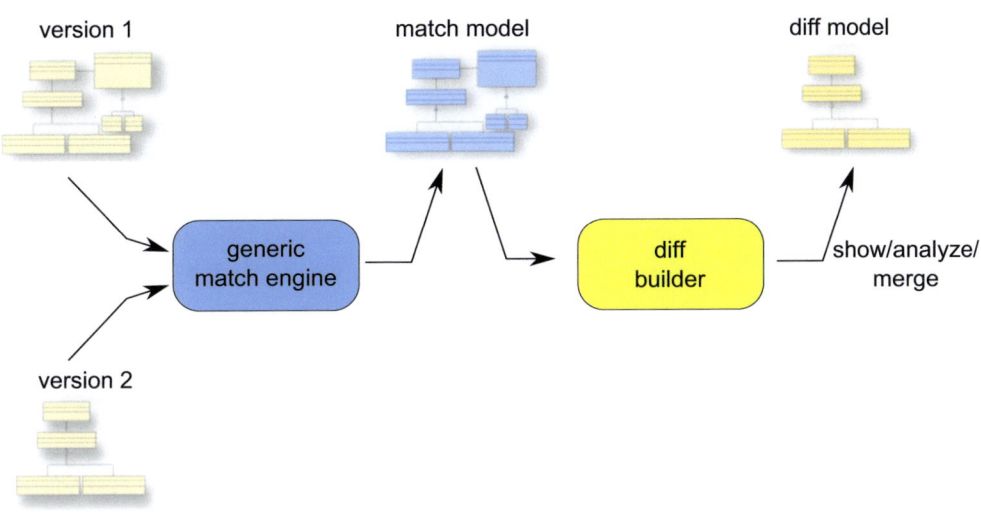

Abbildung 6.12: Funktionsweise von EMFCompare [Ecl12b].

über Editierabstand und andere Metriken die Ähnlichkeit bestimmt. Die Konfiguration der Ähnlichkeitsprüfung ist in den Einstellungen von EMFCompare möglich.

2. Der Vergleich aller Referenzen: sind zwei Objekte zum Vergleich ausgewählt, so prüft der Vergleichsalgorithmus jeweils alle Relationen zu anderen Elementen. Objekte sind ähnlicher, wenn sie mehr gleiche Relationen haben.

3. Der Vergleich aller Attribute: Die Attribute der Objekte und die entsprechenden Parameter/Attributwerte werden verglichen .

4. Der Vergleich der Objekttypen: Die Metamodellelemente zu jedem Objekt werden miteinander verglichen. Gleiche Metamodellelemente bedeutet mehr Ähnlichkeit.

Alle Metriken werden der Konfiguration entsprechend gewichtet zu einer Gesamtmetrik verrechnet. Hierbei werden die Ähnlichkeitswerte von Namen, Objekten, Bezeichner, Mengen und Reihenfolgen der einzelnen Elemente subsumiert, paarweise verglichen und die vom Nutzer frei konfigurierbaren Schwellenwerte in Betracht gezogen. Befinden sich zwei Elemente in jedem Vergleich innerhalb der Schwellenwerte, gelten sie als *übereinstimmend*. Das Ergebnis ist die Ausgabe des entsprechenden Elements im Übereinstimmungsmodell `match model` (siehe Abbildung 6.12). Wir nutzen die von EMFCompare vorgegebenen Standardeinstellungen für den Vergleich von Modellen. Unsere Konfiguration erkennt zwei Elemente als ähnlich, wenn ihre Namen identisch sind oder die Gesamtmetrik über dem Standard-Schwellenwert liegt. Für ähnliche

Elemente werden dann konkret die Unterschiede ausgegeben. Der vermeintlich simple Vergleich auf identische Namen hat sich im Kontext von UML Modellen bewährt. Die Personen, die Modelle ändern, verbinden mit den selben Modellnamen auch die selben Konstrukte. Macht ein Nutzer Änderungen im Modell, so verfährt er nach dem Prinzip, dass selbe Namen, das selbe Objekt bedeuten. Dennoch gibt es in zahlreiche Synonyme, die dann im Modell korrigiert werden müssen. Dies ist eine potentiell große Fehlerquelle, wenn unterschiedliche Personen an der Optimierung von Modellen arbeiten und ein anderes Verständnis des Modells haben.

6.4.2 Das Unterschiedsprotokoll

Zum Transport zwischen verschiedenen Systemen und als interne Repräsentation von UML Modellierungsprogrammen, werden UML-Modelle in XML-Format (XMI-Dateien) abgelegt. Die im Rahmen des Projektes RECAA erstellte Arbeit von Ok [Ok10] zeigt, dass Modelländerungen dabei nicht über textuelle Unteschiedsprotokolle auf Basis von Diff-Algorithmen entdeckt werden können. Abbildung 6.13 zeigt, dass ein syntaktischer Vergleich auf Basis von Text (Strings) bereits scheitern kann, wenn die XMLs unterschiedlich formatiert sind. Trotz ausgeklügelter Vergleichsmechanismen modernen Diff-Werkzeuge, die nicht nur zeilenweise vergleichen, ist es hier nicht möglich, einen sinnvollen Vergleich zweier in XML notierten UML-Modelle durchzuführen. Semantisch gesehen unterscheiden sich im Beispiel beide UML-Modelle nur durch Inhalt2.

Hinzu kommt, dass UML-Modellierungswerkzeuge die dateibasierte XML-Struktur von UML-Modellen scheinbar beliebig ändern und für ihre Darstellung optimieren. Öffnet man ein durch SAL$_E$ᴍX erstelltes UML-Modell mit einem UML-Modellierungswerkzeug wie z.B. Altova UModel [Alt08], so ändert sich das Modell semantisch nicht, aber Altova fügt zahlreiche interne Bezeichner in die XMI-Datei ein. Speichert man das Modell und nutzt ein anderes Modellierungswerkzeug zur Anzeige, werden die Bezeichner erneut geändert oder neue hinzugefügt. Eine Rückverfolgung der Änderungen ist nun auf syntaktischer Ebene – und somit mit normalen Vergleichswerkzeugen – nicht möglich. Vergleicht man wie in Abbildung 6.14 eine Klasse, so erkennt ein normales Diff auf Textbasis, dass die Klasse entfernt und eine neue Klasse hinzugefügt wurde. Es handelt sich aber um dieselbe Klasse, die lediglich andere interne Bezeichner hat.

Genau hier setzt das Unterschiedsprotokoll an und liefert eine Liste der Änderungen im Modell auf semantischer Ebene. Zur Erstellung des Unterschiedsprotokolls nutzen wir wie in Abbildung 6.15 dargestellt, eine Kombination aus *EMFCompare* und *openArchitectureWare* (oAW). *EMFCompare* vergleicht die Modelle und oAW erzeugt das Protokoll, welches nach Neuerstellungen (Creation), Löschungen (Deletion) und Änderungen (Update) von Modellelementen gegliedert ist. Hierzu werden in Schritt (1) das Originalmodell und das geänderte Modell geladen und über das EMFCompare Eclipse

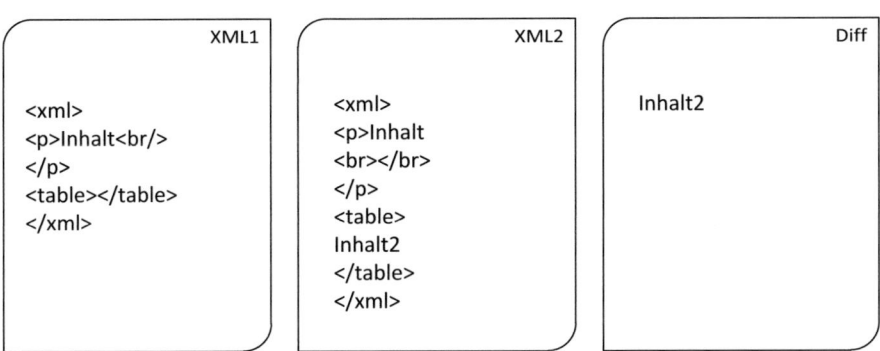

Abbildung 6.13: XML Beispiel: Der Unterschied zwischen beiden Modellen ist Inhalt2.

Plugin zu einem `match model` (2) verarbeitet. Hierbei werden die Modelle wieder als XMI-Dateien verarbeitet. Das `match model` enthält die Elemente beider Modelle, die übereinstimmen. Aus dem Übereinstimmungsmodell (`match model`) erzeugt EMFCompare (3) dann ein Differenzenmodell (`diff model`), welches anschließend im EMFCompare im Editor (4) der grafischen Oberfläche betrachtet werden kann. Bei der automatischen Durchführung der Differenzenerzeugung verzichten wir auf die Betrachtung im Editor; für die Fehlerfindung wäre dies aber ein hilfreiches Werkzeug. In Schritt (5) werden die Ergebnisse des Differenzenmodells mit oAW vom Modell in Text, d.h. in XML-Format, umgewandelt. oAW sortiert die Modellelemente nach Änderungen und oAW-spezifische Workflowgeneratoren reichern (`Xpand`) das Differenzenmodell so an, dass die Elemente des Differenzenmodells als serialisierter Text ausgegeben (`Xtend`) werden. Als Ergebnis der Prozesses (6) stehen drei Dateien, die jeweils alle neuen Elemente (`Creation`), alle gelöschten Elemente (`Deletion`) und alle geänderten Elemente enthalten (`Update`). Eine Rückkopplung der Erstellungen, Löschungen und Änderungen in den Text ist jetzt möglich. Hierbei werden die im Unterschiedsprotokoll aufgeführten Änderungen der Elemente über ihre Rückverfolgungskanten (*sale2uml*) in den Text zurückgeführt.

Eine für diese Arbeit definiertes XML-Schema [Der10] zeigt die Zuordnung der Modellelemente von Gelhausen zu den Textelementen. Gelhausens Modellelemente werden mit `G-xxx` Bezeichnern geführt.

Der Creation-Protokollknoten. Ein `Creation`-Protokollknoten referenziert im Owner-Kindknoten den Besitzer des neu hinzuzufügenden Modellelements. Hiermit können neue Elemente wie Klassen, Methoden, Attribute und Assoziationen dem eigentlichen UML-Objekt zugeordnet werden.

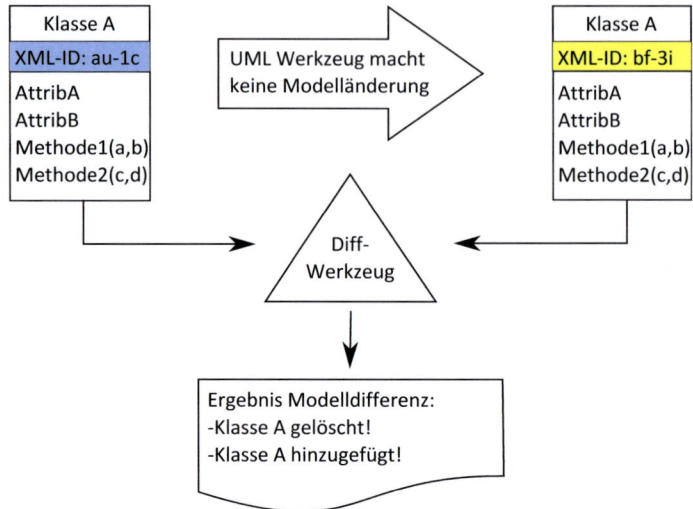

Abbildung 6.14: Der Vergleich der selben Klasse führt bei Diff-Werkzeugen zum falschen Ergebnis.

Die Zuordnung der Neuerzeugungen zu bestehenden Modellelementen wird über Besitzer- (`owner`) und Kindknoten (`child`) abgebildet.

```
1  <!-- Füge neues Modellelement hinzu -->
2  <Creation>
3      <Owner>G-xxx</Owner>
4      <owned...   xmi:type="uml:SomeType" xmi:id="G-xxxxx"
5             attr1=".." attr2=".." ...>
6         <anotherOwned... xmi:type="uml:SomeType" xmi:id="G-xxxxx"
7                 attr1=".." attr2=".." ...>
8         </anotherOwned...>
9      </owned...>
10 </Creation>
```

Listing 6.1: Der Creation Protokollknoten: Hier werden Klassen, Methoden, Attribute, Assoziationen, etc. hinzugefügt.

Der Update-Protokollknoten.   Aktualisierte Werte eines Modellelements werden in einem `Update`-Protokollknoten beschrieben.

```
1  <!-- Aktualisiere Modellelement -->
2  <Update>
3      <xmi:id>G-xxx</xmi:id>
4      <type_1>value</type_1>
5      <type_2>value</type_2>
6      ...
```

```
7      <type_n>value</type_n>
8    </Update>
```

Listing 6.2: Der Update Protokollknoten: Hier wird beschrieben, welche Elemente sich geändert haben. Updates sind für alle Modellelementtypen möglich.

Der erste `xmi:id` Kindknoten des `Update`-Knotens referenziert das bestehende Modellelement dessen Werte aktualisiert werden sollen. Alle danach definierten Kindknoten des `Update`-Knotens beschreiben die Werte, die aktualisiert werden. Innerhalb eines Modellelements mit der entsprechenden `xmi:id` können beliebig viele Aktualisierung beschrieben werden.

Der Deletion Protokollknoten. Gelöschte Modellelemente werden in einem `Deletion`-Protokollknoten definiert. Der `xmi:id`-Kindknoten referenziert das zu löschende Modellelement. Kindelemente des gelöschten Modellelements werden ebenfalls gelöscht. Die Löschung wird rekursiv bis zum letzten Kindelement wiederholt. Die Löschung der Kindelemente müssen daher nicht erneut beschrieben werden. Die Angabe des obersten Kindelements reicht damit zur Beschreibung der Löschung aus.

```
1    <!-- Lösche Modellelement -->
2    <Deletion>
3        <xmi:id>G-xxx</xmi:id>
4    </Deletion>
```

Listing 6.3: Der Deletion Protokollknoten: er beschreibt welches Element mit welcher Bezeichnung gelöscht wurde.

6.4.3 Spezifikationsabgleich mit REFS

Das Requirements Engineering Feedback System (REFS) pflegt die erkannten Modelländerungen in die ursprüngliche Spezifikation ein. Die von Modelländerungen betroffenen Konstituenten können durch die bidirektionalen Abbildungskanten lokalisiert werden. Die entsprechenden Textstellen werden durch das Unterschiedsprotokoll geändert (update), gelöscht (delete) oder neue Textelemente hinzugefügt (creation). Abbildung 6.16 zeigt, dass sich Änderungen und Löschungen am Modell mehrfach im Text auswirken können; nämlich dann, wenn das Element mehrmals im Text erwähnt ist. Zum Beispiel bewirkt eine Löschung von Modellelement3 eine Löschung von T1 und T2, die beide das selbe Element im Text bezeichnen. Unsere Erfahrung bei der Arbeit mit Spezifikationen zeigt, dass dies bei Spezifikationen häufig vor kommt.

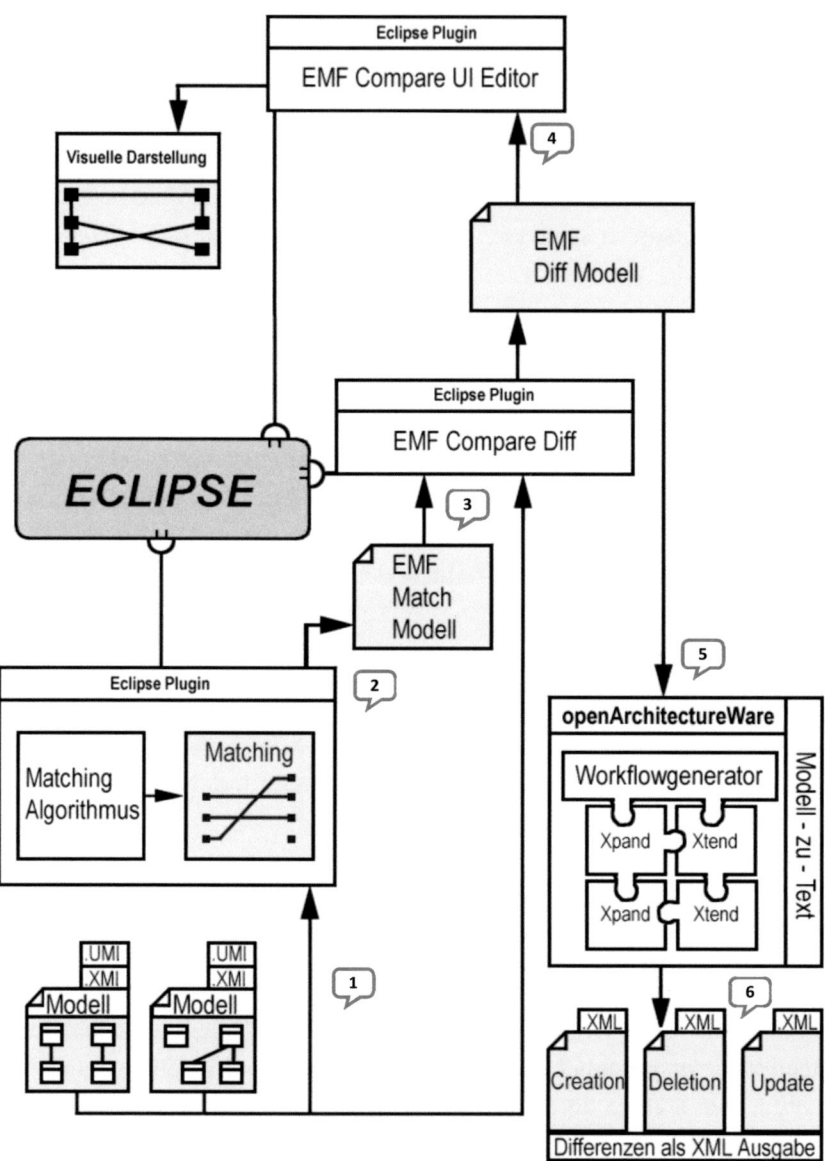

Abbildung 6.15: Erzeugung der Differenzenmodelle mit *EMF Compare* und anschließende Ausgabe mit oAW

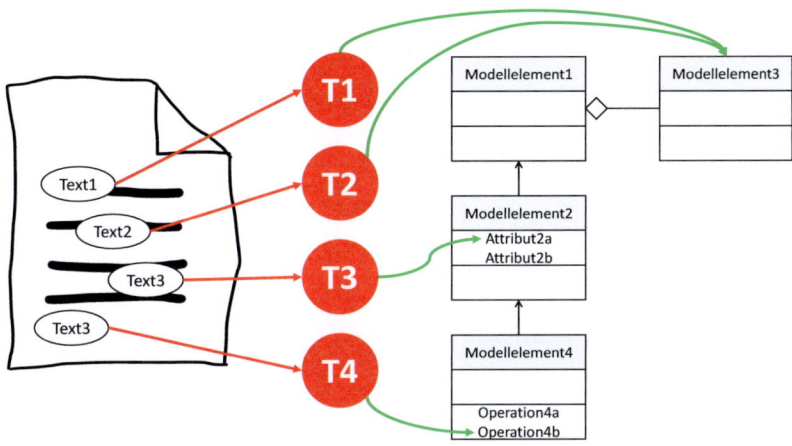

Abbildung 6.16: Die n:1-Beziehungen zwischen Textelementen und Modellelementen führt zu Mehrfachlöschungen im Text. Bei Löschungen können
Restartefakte im Text auftreten, die eliminiert werden müssen.

6.4.3.1 Besonderheit bei Löschungen

Es zeigt sich eine Besonderheit beim Löschungen von mehreren Modellelementen, der
gesondert behandelt werden muss: *Restartefakte* und unvollständige Satzteile verbleiben
nach der Löschung von anderen Objekten in der textuellen Spezifikation. Die verbleibenden Satzteile sind meist ohne Aussage und nicht lesbar. Für eine bessere Lesbarkeit
müssen sie entfernt werden. Um Informationsverlust zu vermeiden, wird eine Heuristik
verwendet, die nicht alle unvollständigen Sätze entfernen kann, dafür aber sicher ist. Folgendes Beispiel (UML-Modell siehe Abbildung 6.17) soll das Problem verdeutlichen:

```
The shoemaker repairs high-heels that famous models wear.
```

Die Löschung der Klasse `shoemaker` und der Relation `wear` führt zu folgendem Arte-
fakt (UML-Modell siehe Abbildung 6.18):

```
.. high-heels .. famous models.
```

Erklärung: `Shoemaker`, dessen Operation `repair` und die dazugehörige Relation zu
den `high-heels` werden durch die Löschung der Klasse entfernt. Die Löschung der Relation `wears` führt dazu, dass die `high-heels` nicht mehr mit den `models` in Verbindung
gebracht werden. Doch sowohl die `high-heels` also auch die `models` mit ihrem Attribut
`famous` werden nicht gelöscht und verbleiben im Modell. Sind die `high-heels` und die
`models` im Text nicht nochmal erwähnt, muss das Satzartefakt bestehen bleiben, um sicher zu stellen, dass die beiden Klassen nicht verloren gehen. Ob die im Modell allein
und ohne Relation zu anderen Klassen vorhandenen Klassen nun doch entfernt werden
können, muss der Nutzer entscheiden.

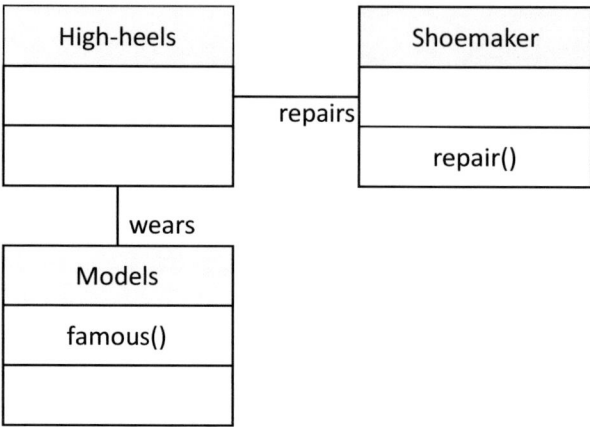

Abbildung 6.17: Ursprüngliches UML Modell: Die Klasse Shoemaker und die Relation wear werden gelöscht.

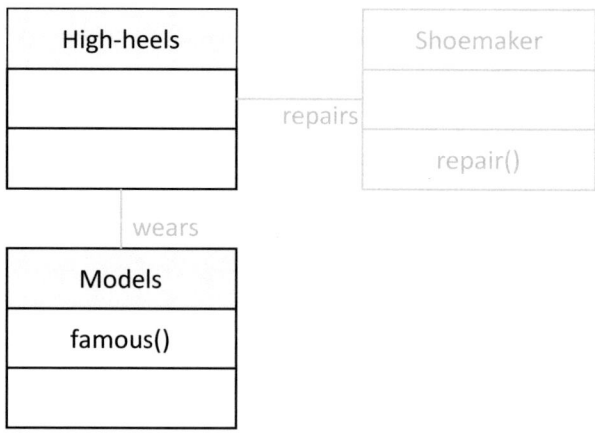

Abbildung 6.18: Nach Löschung: Die Klassen im UML-Modell verbleiben, die Artefakte im Spezifikationstext aber verwirren den Leser (Löschungen ausgegraut).

Heuristik bei Restartefakten in Sätzen Die Heuristik wird als Nachbearbeitungs-schritt der textuellen Spezifikation durchgeführt und verfährt wie in Abbildung 6.19 abgebildet. Die Heuristik bricht hierbei ab, wenn nicht sichergestellt werden kann, dass durch die Löschung von Satzartefakten Informationen verloren gehen. Hierbei wird zu-erst geprüft, ob der Satz thematische Rollen enthält, oder nur noch aus Kommentaren besteht. Wenn thematische Rollen vorhanden sind, prüft REFS auf gültige Kombinatio-nen von Rollentypen nach Gelhausen (siehe Kapitel 3.6.3 in [Gel10]). Hierbei entsteht die Potenzmenge der möglichen Kombination von Rollen im Satz. Wenn die jeweils gül-tigen Kombinationen bereits mehrfach im Modell abgebildet sind, also n:1-Sale2UML-Kanten besitzen (wobei $n > 1$), dann kann die thematische Rolle im Satz entfernt wer-den. Ein Nebeneffekt der Methode ist, dass Mehrfachnennungen des selben Sachverhal-tes (SAL_E-Rollenkombination im Text) innerhalb einer Spezifikation gefunden werden. Diese Funktionalität liese sich nutzen, um Texte weniger redundant zu gestalten.

6.5 Kollaborationsplattform RECAA

Um die gemeinsame Arbeit am Projekt zu koordinieren und die Ergebnisse unserer Ar-beit neben Konferenzveröffentlichungen und Journalartikeln publik zu machen, haben wir uns 2009 entschlossen, die Kollaborationsplattform RECAA zu erstellen. Sie findet sich im Internet unter [KDGL]. Die Website dient als Ticket-System, Dokumentations- und Kollaborationsplattform und als Downloadportal für das Gesamtprojekt. Für den Besucher bietet sich ein Überblick aller Teilprojekte, deren Erklärungen und die dazu-gehörigen Installationsanleitungen (siehe Abb. 6.20). Für registrierte Benutzer gibt es Vollzugriff auf den Programmcode, alle Softwareprojekte und interne Dokumente. Ein Großteil der Ressourcen ist nichtregistrierten Benutzern und Interessenten zugänglich.

Die RECAA-Plattform basiert technisch auf TRAC [Edg12]. Trac ist ein Wiki und Tracking-System für Softwareentwicklungsprojekte die Zusammenarbeit bei der Soft-wareentwicklung. Trac kommt mit einer Schnittstelle zum Subversion Versionierungs-system und bietet umfangreiche Reportingfunktionalitäten. Es erlaubt Wiki-Markup Be-schreibungen und Commit-Nachrichten und ermöglicht so die nahtlose Verknüpfung von Bugs, Aufgaben, Änderungen, Dateien und den entsprechenden Wiki-Seiten. Zu-sätzlich liefert Trac noch eine Zeitleistenfunktionen, die alle aktuellen und vergangenen Projekte aufführt, einen Zugriff auf die Projekthistorie erlaubt und einen guten Projekt-überblick ermöglicht. Eine Roadmap-Funktion erlaubt die Prüfung auf Zielerreichung und -Einhaltung. In der größten Ausbaustufe arbeiteten 6 Personen, d.h. 2 Doktoranden, 3 Diplomanden und ein Studienarbeiter gleichzeitig am RECAA-Projekt. Die entspre-chende Dokumentation, Programmcode und Aufgaben waren für alle Mitglieder gleich-zeitig verfügbar und verwendbar.

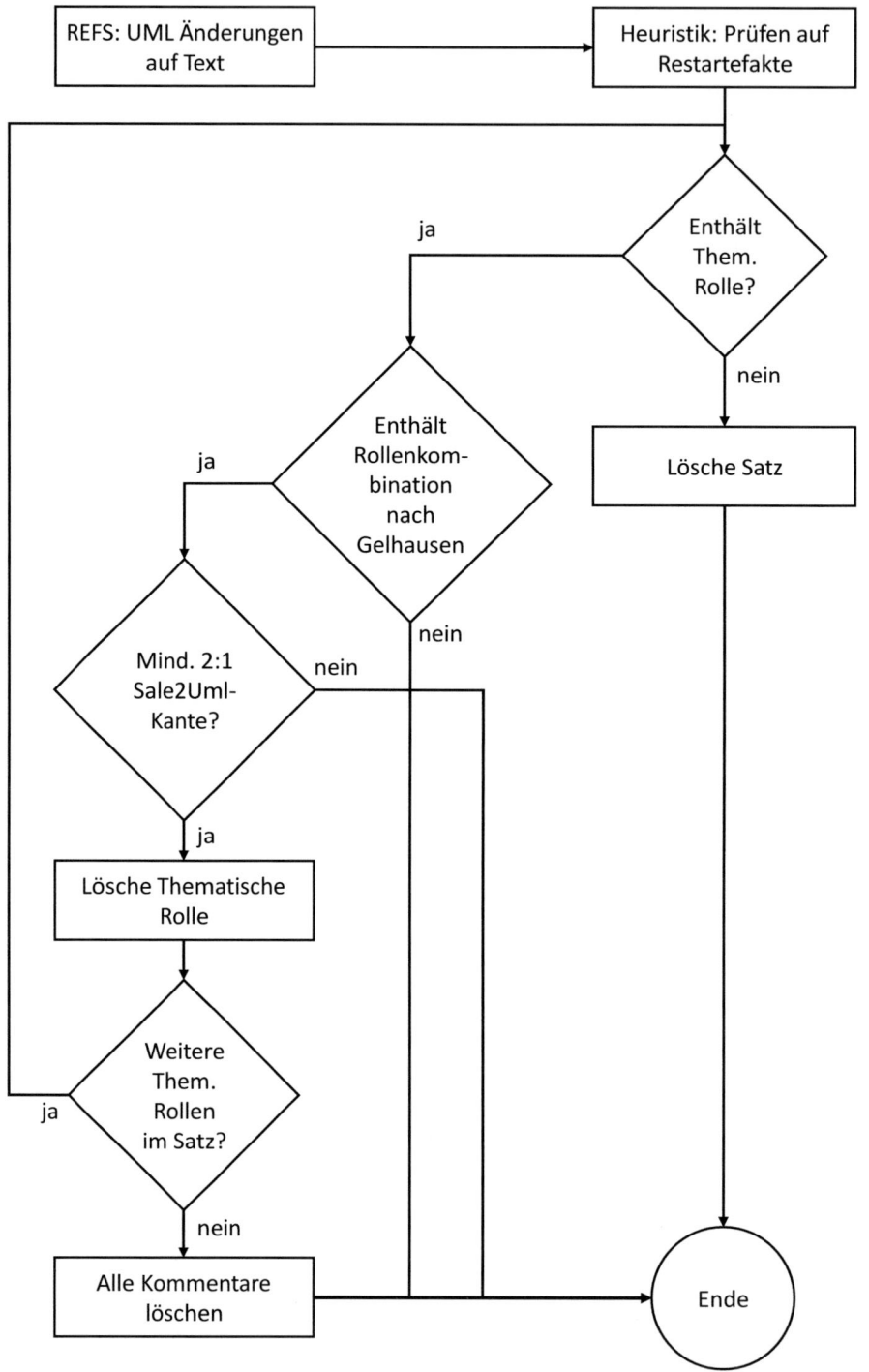

Abbildung 6.19: Entfernen von Restartefakten in Sätzen über Rollenkombinationen

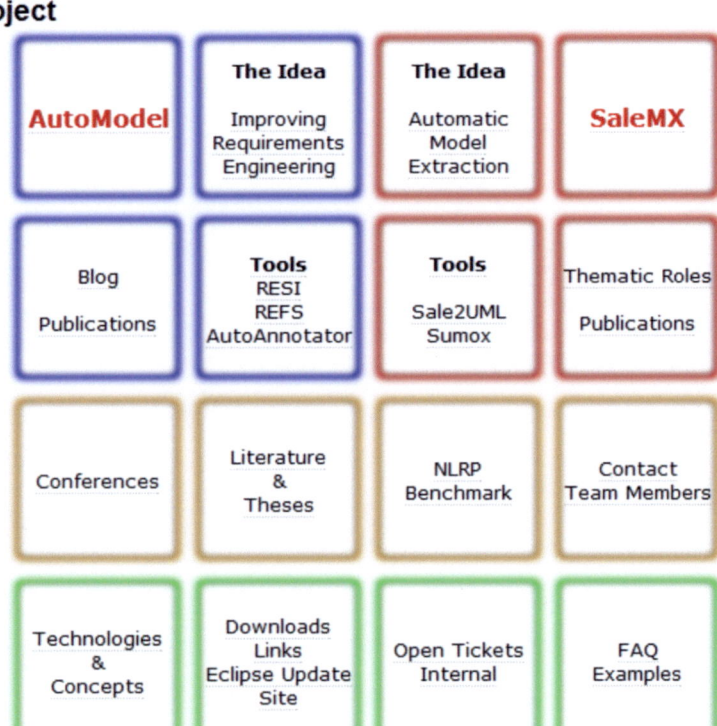

Abbildung 6.20: Website der RECAA - Projektplattform

Kapitel 7

Evaluierung

Dieses Kapitel dient dazu, die in Kapitel 2.3 aufgestellten Thesen zu belegen. Die in der Evaluierung verwendeten Texte und detaillierten Ergebnisse sind vollständig im Anhang aufgeführt. Dieses Kapitel fokussiert auf die Messergebnisse der Fallstudien, mögliche Anwendungsszenarien der im Rahmen von RECAA entwickelten Werkzeuge und deren Limitierungen. Am Ende zeigen wir die Einführung des Benchmarks *nlrpBench* zur Bereitstellung einer gemeinsamen Kollaborationsplattform für die Forschung im Bereich der Anforderungsermittlung.

7.1 Art der Evaluierung

Die Evaluierung der Arbeit erfolgt an Hand der Verarbeitung von in internationalen Veröffentlichungen verwendeten textuellen (Software-)Spezifikationen. Yue und Briand [YBL11] weisen darauf hin, dass *nur* rund 25% aller Arbeiten in dem Forschungsgebiet der Anforderungsermittlung eine vergleichende Evaluierung vorlegen. Ihrer Meinung nach ist aber vor allem der Vergleich der Ergebnisse der Werkzeuge mit den Ergebnissen von menschlichen Experten die realistischste und sinnvollste Herangehensweise. Mit Hinblick auf diese Erkenntnisse wurden für diese Evaluierung Beispiele gewählt, die bereits auf Konferenzen oder in Büchern von anderen Forschungsprojekten behandelt wurden. Dies ermöglicht eine Evaluierung ohne gegen einen zuvor selbst definierten Goldstandard [WBO99] vergleichen zu müssen.

Zusätzlich zum Vergleich mit bestehenden Lösungen und Lösungsansätzen, enthält die Evaluierung Fallstudien, die die Anwendbarkeit der Werkzeuge aus Nutzersicht prüfen. Jede der für die Evaluierung benutzten Spezifikationen hat entsprechende Problemschwerpunkte, besteht aber immer aus einer Kombination diverser Probleme. Je nach Anwendungsfall und Werkzeug betrachten wir in der Evaluierung Teilprobleme, oder die Gemeinsamkeit aller Probleme. Die für die Fallstudien verwendeten Beispielspezifikationen werden zusätzlich für den am IPD geplanten *Natural Language Requirements Processing Benchmark* [TKL12] (NLRP-Bench) genutzt.

7.2 Diskussion Vergleichswerte und Abbildungen

Diese Arbeit beschränkt sich beim Vergleich der aus Texten erzeugten Verarbeitungsergebnisse auf einen zuvor definierten Modell-Standard, der auf zuvor veröffentlichten Ergebnissen aus anderen Forschungsarbeiten beruht. Vor Beginn der Evaluierung wurde überprüft, ob verhaltensinvariante Änderungen an den Modellen eine Auswirkung auf die Evaluierung haben können. Bei der Evaluation wurden keine Fälle bekannt, bei denen die Modellausprägungen mehrdeutig erschienen. Allerdings sind Unklarheiten nicht ausgeschlossen, da allein der Identitätsbegriff bei UML-Abbildungen prinzipiell nicht geklärt ist.

Im Falle des Vergleichs von UML-Modellen gibt es auch Freiheitsgrade in der Modellierung, die Schwierigkeiten in der Bewertung nach sich ziehen könnten. Zum Beispiel können Attribute von UML-Klassen auch als Assoziationen zwischen UML-Klassen abgebildet werden, ohne die Bedeutung eines Modells zu verändern. Im Bereich des Modellvergleichs spricht man dann von *verhaltensinvarianten Transformationen*. Verhaltensinvariant transformierte Modelle unterscheiden sich auf den ersten Blick optisch und je nachdem auch nach ihrer Art des Modells, erzeugen aber bei gleichen Testfällen dieselben Ausgaben. Es ist in UML unmöglich, sich auf eine Modellrepräsentation festzulegen, bzw. zu spezifizieren, welche Art der Transformation die bessere der verhaltensinvarianten Repräsentation ist. Es sei erwähnt, dass sich der automatische Modellierungsansatz von Gelhausen [Gel10] hier auch nicht festlegt.

Des Weiteren muss man bei vergleichenden Evaluierungen die Frage stellen, ob ein Goldstandard [WBO99], mit dem man die evaluierten Ergebnisse bewertet und vergleicht, richtig ist. Es gibt in der UML keine *gute* oder *schlechte* Architektur, da Modelle refaktoriert [SJM07] und anders repräsentiert werden können und dennoch dasselbe abbilden. Bei Abweichungen und Interpretationsspielräumen in dieser Evaluierung werden mögliche Probleme im jeweiligen Teilgebiet explizit diskutiert.

7.3 Verwendete Anforderungsspezifikationen

Für die Evaluierung wurden 6 Anforderungsdokumente aus verschiedenen Arbeiten gewählt. Diese Anforderungsdokumente werden für jedes im Rahmen dieser Arbeit entwickelten Werkzeugs benutzt. Im Bereich der textuellen Verbesserung durch RESI und der anschließenden automatischen Annotierung durch AUTOANNOTATOR werden die Ergebnisse der Werkzeuge einmal unabhängig und einmal sequentiell hintereinander ausgeführt, da letzteres der realistischere Anwendungsfall ist. Die verwendeten Texte sind im Anhang abgedruckt. Eine Übersicht liefert Tabelle 7.1.

Tabelle 7.1: Für die Evaluierung verwendete Spezifikationen

Titel	ModalWindow	MusicalStore	Circe	MonitoringPressure	ATM	SteamBoiler	ABCVideo[a]
Author	Chen	Deeptimahanti	Ambriola	Berry	Rumbaugh	Mellor	Berry
Wörter	33	133	138	99	170	188	222
Sätze	1	17	12	6	10	7	17
Anhang	E.1	E.2	E.3	E.4	E.5	E.6	F.5.1
Referenz	[Che11]	[DS08, DS09]	[AG06]	[BKK03, CP93]	[RBP$^+$91]	[ABL96]	[Kof09, Kof10]

[a]Nur für RESI Eval

ModalWindow-Chen   Raymond Chen [Che11] beschäftigt sich in seinem MSDN-Blog *How can I tell that a window is modal* mit der Problematik, dass selbst einfache Sätze viele Fehler beinhalten (Anhang E.1). Es handelt sich bei dem Beispiel um einen Satz mit 33 Wörtern. Er bemängelt die Verwendung von Synonymen, Widersprüchen, unpassender Fragestellungen bei Anforderungen und unvollständige und mehrdeutige Beschreibungen.

MusicalStore-Deeptimahanti   Deeptimahanti et al. [DS08, DS09] nutzen zur Evaluierung ihres Werkzeugs SUGAR/UMGAR einen Text, der einen Musikladen beschreibt (Anhang E.2). Die verwendete Spezifikation besteht aus 17 Sätzen und insgesamt 133 Wörtern, wobei alle Sätze nach Satzschablonen in einfacher Subjekt-Prädikat-Objekt-Struktur geformt sind.

CIRCE-Ambriola   Ambriola et al.[AG06] nutzen die Systembeschreibung eines Systems mit Web-Benutzerschnittstelle das Anforderungen verwaltet als textuelle Spezifikation (Anhang E.3). Der Text besteht aus 12 Sätzen und insgesamt 138 Wörtern.

MonitoringPressure-Berry   behandelt ein Drucküberwachungssystem mit automatischen Druckausgleichsfunktionen und besteht aus 6 Sätzen und 99 Wörtern (Anhang E.4). Es handelt sich hierbei um eine vereinfachte Version des ESFAS [1] Systems, welches ursprünglich von Courtois und Parnas [CP93] eingeführt wurde. *MonitoringPressure-Berry* wird auch in der Fallstudie zum Nutzertest von RESI benutzt. Kamsties [KBP01] und Kof [Kof09, Kof10] nutzen *MonitoringPressure-Berry* zur Evaluierung ihrer Ansätze.

ATM-Rumbaugh   beschreibt die Funktion eines Bankensystems, das Transaktionen zwischen verschiedenen Banken unterstützt [RBP+91]. Der Text besteht aus 10 Sätzen und 170 Wörtern (Anhang E.5). Die Spezifikation beschreibt welche Daten zwischen den Banken ausgetauscht werden müssen, um eine gemeinschaftliche Nutzung der Infrastruktur von Geldautomaten innerhalb des Bankenkonsortiums zu nutzen.

SteamBoiler-Mellor   beschreibt die Funktion eines Boilers und dessen Steuerung durch ein Kontrollsystem (Anhang E.6). Hierbei werden Funktionen zur Notabschaltung und Überwachung des Betriebs spezifiziert. Der Text ist mit 188 Wörtern der längste in der Evaluierung verwendete Text. Da Aufzählungszeichen genutzt werden, sind es dennoch nur 7 Sätze insgesamt.

---

[1]Engineered Safety Feature Actuation System

7.4 RESI Evaluierung

Die Ergebnisse der Fehlerfindung mit dem Werkzeug RESI wurden mit Vergleichswerten anderer Forschungsarbeiten verglichen, deren Fehlerfindung meist manuell durchgeführt wurde. Der Anspruch an RESI war, dass es ähnlich viele Mängel findet. Die nun nachfolgend gezeigten Ergebnisse der Evaluation unterstützten die erste These (siehe 2.3) dieser Arbeit. Zusätzlich wurde RESI auf Benutzbarkeit, Geschwindigkeit und Fehlerfindungsquote bei unterschiedlich ausgebildeten Benutzern geprüft.

7.4.1 Vergleich aller Spezifikationen im Überblick

Tabelle 7.2 zeigt die Gesamtstatistik der Fehlerprüfung über alle Spezifikationen. Die Mängel in den für die Evaluation verwendeten Spezifikationen sind durch andere Arbeiten bekannt und RESI findet durchschnittlich über 98% der dokumentierten Fehler. Ausnahmen werden in den folgenden Abschnitten erklärt. Es zeigt sich eine breite Verteilung der möglichen Mängel über die verschiedenen Spezifikationen. Bei *MonitoringPressure-Berry* und *ModalWindow-Chen* konnte direkt verglichen werden, ob RESI alle Fehler findet, die entsprechend der bereits vorhandenen Analysen anderer Arbeiten aufgedeckt wurden. Die jeweils geprüften Fehlerklassen sind geteilt in

- Mehrdeutigkeiten: zeigt die Anzahl der mehrdeutigen Wörter, die vorgeschlagenen zusätzlichen Bedeutungen und die Anzahl der vorgeschlagenen genaueren Bedeutungen aufgeführt

- Nominalisierungen: zeigt die Anzahl der gefundenen Nominalisierungen. Zu jeder Nominalisierung wird ein passendes Prozesswort von RESI vorgeschlagen, dass die Nominalisierung ersetzen soll.

- Prozesswörter: zeigt die Anzahl der unvollständig spezifizierten Prozesswörter (v.a. thematische Rolle ACT und Verben). Hierbei fehlen für die jeweiligen Prozesswörter Argumente und Parameter, um das Prozesswort genauer zu spezifizieren. Die Anzahl der fehlenden Argumente (Gesamtmenge) ist aufgeführt.

- Synonyme: zeigt die Anzahl der gefundenen Synonyme

- Mengen + Referenzen: zeigt die Anzahl der im Text verwendeten numerischen Werte oder Mengenangaben, welche falsch verwendet werden. Bestimmte und unbestimmte Artikel sind sowohl für Mengen (Vgl. one und unbestimmter Artikel a) als auch für falsche Referenzen eine Fehlerquelle.

Tabelle 7.2: Ergebnisse der Spezifikationsverbesserungen. RESI findet mehr Fehler als manuelle Prozesse.

Spezifikation	Mod.Window	MusicalStore	Circe	Mon.Press.	ATM	SteamBoiler	ABCVideo
Author	Chen	Deepti.	Ambriola	Berry	Rumbaugh	Mellor	Berry
# Wörter	33	133	138	99	170	188	222
# Sätze	1	17	12	6	10	7	17
Von RESI Gefundene Mängel							
Mehrdeutigkeiten							
# Mehrdeutige Wörter	8	46	28	26	57	55	44
# Zus. Bed.	13	91	45	43	141	98	198
# Genauere Bed.	3	41	22	19	46	42	12
# Nominalisierung	1	9	7	4	4	2	4
Prozesswörter							
# Unvollständig	0	5	1	3	2	4	14
# Fehlende Arg.	0	4	1	5	2	4	18
# Synonyme	0	0	0	0	1	1	11
Mengen und Referenzen							
# Quantoren	0	1	1	0	5	4	8
# Best. Artikel	3	8	23	13	18	29	24
# Unbest. Artikel	1	2	2	7	5	10	6

7.4.2 Direktvergleich mit anderen Forschungsergebnissen

Neben den sechs oben erwähnten Spezifikationen bietet sich für die Prüfung von RESI zusätzlich noch ein Text von Kiyavitskaya et al. [KZMB08] an, den wir mit *ABCVideo-Berry* (siehe Anhang F.5.1) bezeichnen. Die letzte Spalte von Tabelle 7.2 zeigt die Mängel für diese für RESI zusätzlich verwendete Spezifikation.

ABCVideo-Berry behandelt eine Videoplattform und besteht aus 17 Sätzen und 222 Wörtern (Anhang F.5.1). *ABCVideo-Berry* wird auch in der Fallstudie zum Nutzertest von RESI benutzt. Kamsties [KBP01] und Kof [Kof09, Kof10] nutzen *ABCVideo-Berry* zur Evaluierung der Leistungsfähigkeit ihrer Ansätze.

Ein direkter Vergleich mit den oben genannten Ansätzen ist nur teilweise möglich, da die Ergebnisse der Fehlererkennung nicht immer dokumentiert sind. Bei den verfügbaren Ergebnissen zeigt sich eine vergleichbare oder höhere Abdeckung bei der Mängel-Erkennungsrate (siehe Tabelle 7.3). Kiyavitskaya et al. prüften auf Mängel, die durch gleiche Bedeutung, unbestimmte und bestimmte Artikel, unvollständige Prozesswörter und Nominalisierungen in Texten entstehen. Die zweite und dritte Spalte zeigen die Erkennungsraten des Werkzeugs RESI im Vergleich zu Kiyavitskaya et al. Die angegebenen Werte zeigen jeweils die Anzahl der gefunden Mängel in der jeweiligen Kategorie im Verhältnis zur gesamten Menge im Text. So findet RESI z.B. alle bestimmten Artikel, die auf Grund von mehrdeutigen Referenzen Mängel im Text sein können. RESI findet auch unbestimmte Artikel, die als *falsche Mengenangaben* zu Fehlern führen können (siehe auch Auflösen von Referenzen in Kapitel 5.5.5). Das Wort a ist eine falsche Mengenangaben in unbestimmten Artikeln, obwohl eigentlich die Zahl one gemeint wäre. RESI findet auch mehr Synonyme und Nominalisierungen. Bei der Erkennung unvollständig spezifizierter Prozesswörter, finden Kiyavitskaya et al. mehr Mängel als RESI (Erklärung siehe Abschnitt 7.4.2.5). Die letzten beiden Spalten zeigen die relativen Erkennungsraten. Hierbei wird deutlich, dass die durchschnittliche Erkennungsrate im direkten Vergleich bei *ABCVideo-Berry* bei RESI deutlich höher liegt. Dies ist unter anderem auch daher zu erklären, dass RESI alle möglichen Mängel in der Spezifikation anzeigt, wobei Kiyavitskaya et al. sich auf die vermeintlich größten Mängel konzentrieren. RESI kann aber die mögliche schwere eines Mangels nicht bewerten. RESI findet keine falschen Negative, liefert jedoch falsche Positive, die nur vom menschlichen Nutzer (Analyst) als solche erkannt werden können. Abbildung 7.1 zeigt die Erkennungsraten in den von Berry spezifizierten Fehlerklassen. Pro Fehlerklasse wird die Gesamtmenge der Mängel in schwarz dargestellt. Die Menge der Mängel, die RESI findet sind dunkelgrau dargestellt und die manuell gefundenen Mängel von Kiyavitskya und Berry sind hellgrau. Die geschnittene Menge von Mängeln ist schraffiert dargestellt.

Tabelle 7.3: Fallstudie: Fehlererkennungsraten von RESI und Kiyavitskaya et al. im Direktvergleich mit ABCVideo-Berry

Fehler #Gefunden / #Gesamt	RESI absolut	Kiya. absolut	RESI %	Kiya. %
Synonyme	11/15	5/15	73%	33%
Unbest. Artikel (fehlerhafte Mengenangaben)	6/6	1/6	100%	17%
Best. Artikel (mehrdeutige Referenzen)	24/24	6/24	100%	25%
Unvollständige Prozesswörter	14/23	20/23	61%	87%
Nominalisierung	4/5	1/5	80%	20%

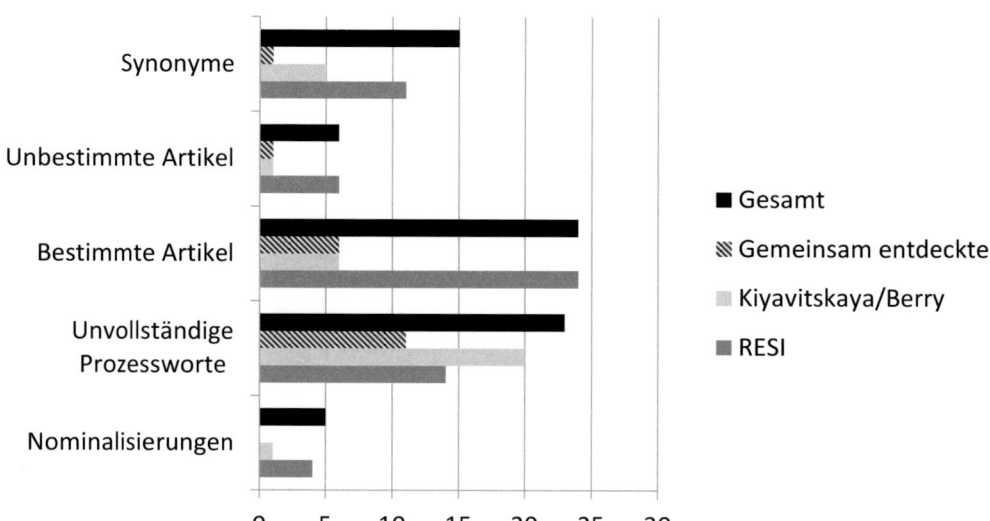

Abbildung 7.1: Fehlerfindung in *ABCVideo-Berry*, Vergleich RESI zu Kiyavitskayas et al. Forschung

7.4.2.1 Details zu Mehrdeutigkeiten in ABCVideo-Berry

RESI erkennt 44 von 44 möglichen Mehrdeutigkeiten (siehe Tabelle 7.2). Bei 12 der 44 Mehrdeutigkeiten werden über die Ontologieanfragen des Werkzeugs Vorschläge gemacht, wie ein anderes Wort oder eine andere Formulierung den Sachverhalt präziser beschreibt. Die verbleibenden 32 möglichen Mehrdeutigkeiten müssen von einem Domänenfachmann geklärt werden. Hier verweist RESI auf die Mehrdeutigkeiten, kann aber selbst keine genauere Formulierung für die mehrdeutige Formulierung festlegen. RESI stellt über einen Auswahldialog mögliche Formulierungen zur Auswahl (siehe Beispiel in Kapitel 5.4.3). Oft ergibt sich aus dem Projektkontext für den menschlichen Nutzer die richtige Bedeutung, die dann aus den Vorschlägen von RESI ausgewählt werden kann. Sollten Mehrdeutigkeiten auftreten, die nicht durch die Vorschläge von RESI genauer spezifiziert sind, oder der Nutzer unsicher sein, so wird das Wort für die spätere Klärung markiert.

7.4.2.2 Details zu Nominalisierungen im ABCVideo-Berry

Im Vergleich zu Kiyavitskaya et al. findet RESI alle 4 Nominalisierungen im Text (siehe Tabelle 7.2). Kiyavitskaya et al. selbst erkennt manuell nur eine Nominalisierung. Die Nominalisierungen des Textes sind: order (create an order in Zeile 5 des Textes), identification (for identification purposes in Zeile 6) und return (date of return in Zeile 19 und with the return in Zeile 22). return tritt hierbei zweimal in unterschiedlichem Kontext auf und wird somit doppelt gewertet. Hierbei wird eine mögliche Verwechslung deutlich.

7.4.2.3 Details zur Synonymprüfung in ABCVideo-Berry

RESI empfiehlt 11 Synonyme zu ersetzen (siehe Tabelle 7.2). Ein passender Vorschlag ist die Ersetzung von video mit tape. Andere Vorschläge von RESI sind unnötig: z.B. schlägt es vor, number mit amount zu ersetzen. Andere Vorschläge liefern falsche Positive: RESI schlägt vor clerk mit system zu ersetzen. Im Vergleich zu RESI geben Kiyavitskaya et al. fünf Synonyme an, die Sie ersetzen. Davon werden 4 Synonyme nicht von RESI angezeigt, so dass nur ein gemeinsames Synonyme gefunden wird. Die Bewertung der bei RESI fehlenden Synonyme (4 Stück von Kiyavistkaya nicht gefunden) und der bei Kiyavitskaya (10 Stück von RESI nicht gefunden) ist im Kontext des kurzen Spezifikationstextes nicht möglich, bzw. diskutierbar. Nur der Ersteller des Textes könnte hier bewerten, welche möglichen Synonyme ersetzt werden müssten.

7.4.2.4 Details zu Quantoren und Artikeln in ABCVideo-Berry

Kiyavitskaya et al. finden 6 mehrdeutige bestimmte Artikel, die keine eindeutige Referenz auf andere Objekte im Satz haben. Man nennt diese *Bestimmte Artikel ohne Referenzindex*. D.h. es ist möglich, den Artikel auf mehrere und verschiedene Objekte gleichzeitig zu beziehen. RESI erkennt zusätzlich 18 weitere bestimmte Artikel mit möglicherweise fehlerhafter Referenz (siehe Tabelle 7.2). Auch hier bleibt eine Bewertung der Fehler auf Grund des fehlenden Kontextes dem Autor des Textes überlassen und kann von dieser Arbeit nicht abschließend bewertet werden. Zusätzlich erkennt es 6 unbestimmte Artikel a, welche durch den Zahlenwert exactly one ersetzt werden sollten.

RESI findet zusätzlich 8 Quantoren im Text, erkennt diese aber nicht alle korrekt. Beim Textteil at least one wird one als Quantor gefunden, aber nicht die davor mitgeführte Bedingung at least. Der Fehler tritt auf, da RESI Wort für Wort den Text verarbeitet und keine Phrasen (Satzteile mit einem oder mehreren Wörtern) im Gesamtkontext prüft. Zusätzlich wird die passende Bedeutung für each nicht korrekt mit der Ontologieabfrage verbunden. Somit wird dem Nutzer der mögliche Fehler angezeigt, eine sinnvolle Ersetzung durch RESI ist aber nicht möglich.

7.4.2.5 Details zur Prüfung unvollständig spezifizierter Prozesswörter in ABCVideo-Berry

RESI findet 14 unvollständig spezifizierte Prozesswörter (siehe Tabelle 7.2). Den Prozesswörtern fehlen insgesamt 18 Argumente. RESI findet in diesem Kontext 3 fehlerhafte Prozesswörter mehr als Kiyavitskaya et al. Ob diese Fehler bei der manuellen Bearbeitung der Spezifikation übersehen wurden, ist unbekannt. Eine Anfrage an Kiyavitskaya et al. blieb unbeantwortet. Kiyavitskaya et al. finden alle 20 im Text vorhandenen Passivkonstrukte. RESI hingegen findet nur 11. RESI findet 9 Passivkonstrukte weniger, da die genutzten Ontologien für diese 9 Prozesswörter keine Argumentlisten liefern. Hintergrund ist, dass RESI Passivkonstrukte nur erkennt, wenn bei den Argumentlisten zum jeweiligen Prozesswort ein Aktor (AGENS) gefordert ist. RESI weist dann auf den fehlenden Aktor (und damit das Passivkonstrukt) hin.

7.4.3 Textänderungen auf Basis von RESI

Auf Grund der von RESI aufgezeigten Mängel und Hinweise wurden die ursprünglichen Texte sprachlich und fachlich angepasst. Dies sind Anpassungen, wie sie in einem Anforderungsprozess zu erwarten wären. RESI schlägt beim Verarbeiten der Texte teilweise mehrere Änderungen, bzw. genauere Formulierungen vor. RESI vermerkt im Text, wenn der Nutzer sich für einen Vorschlag entscheidet. Die Änderungen am Text führt der Nutzer manuell durch. Die Verbesserungsvorschläge von RESI werden direkt im

Text eingepflegt. Im direkt geänderten Text steht das Wort dann in seiner Stammform. Für die Semantik hat dies aber wie zuvor gezeigt keine Bedeutung. Weiterhin nutzt RESI anstatt des Plurals im neu vorgeschlagenen Wort einen internen Quantor, der zum Wort vermerkt wird. So wird zum Beispiel aus `tapes` das wort `tape` mit der zusätzlichen semantischen Information `Quantor: 1..n`. Den Vorschlag für den richtigen Quantor kann der RESI-Nutzer direkt in der grafischen Oberfläche auswählen oder ändern.

Welche Vorschläge von RESI als Änderungen im Text übernommen werden, wurde in der Forschungsgruppe am IPD Tichy diskutiert und festgelegt. Wir haben in den folgenden Spezifikationen nicht alle Mängel beseitigt. Nur wenn RESI einen konkreten Vorschlag gemacht hat, haben wir diesen direkt übernommen. RESI zeigt zahlreiche Mängel an, die nur vom Autor des Textes aufgelöst werden könnten. Diese Änderungen wurden dann nicht vorgenommen.

7.4.3.1 ModalWindow-Chen

Bei Chens ModelWindow Beispiel wurden kleine Änderungen gemacht, um die Nomenklator und Nutzung der verwendeten Objekte zu vereinheitlichen. Unnötige Füllwörter wie das Wort *application* wurden gestrichen. Abbildung 7.2 zeigt die Änderungen.

```
A modal -window is a child -window that requires the user to interact
with it before they can return to using operating the parent application,
thus preventing any interaction with work on the application main window.
```

Abbildung 7.2: Änderungen an ModalWindow-Chen durch RESI

7.4.3.2 MusicalStore-Deeptimahanti

Bei Deeptimahantis MusicalStore wurde v.a. die falsche Verwendung der Ladenbezeichnung angepasst und Beschreibungen von Vorgängen durch treffendere Begriffe ersetzt. Diese manuell im Text ergänzten Begriffe wurden von RESI aus der Ontologie vorgeschlagen. Zusätzlich wurde für die Formulierung *no delay* die konkrete Bedeutung *zero overdue tapes* eingeführt. Abbildung 7.3 zeigt die Änderungen.

7.4.3.3 CIRCE-Ambriola

Bei der Circe-Spezifikation gibt es durch RESI nur minimale Änderungen, bei denen genauere Bezeichner für die Bedeutung von Wörtern gewählt wurden. Abbildung 7.4 zeigt die Änderungen.

```
The music-~~musical~~-store receives tape requests from customers.
The music-~~musical~~-store receives new tape~~tapes~~ from the Main -office.
Music-~~Musical~~-store sends overdue -notice to customers.
Store assistant handles~~takes care of~~ tape requests.
Store assistant update the rental list.
Store management submits the price changes.
Store management submits new tapes to the store which ordered them.
~~.~~
Store administration produces rental reports.
Main -office sends overdue-notice~~notices~~ for tape to corresponding
store.
~~tapes.~~
Customer requests~~request for a~~ tape.
Store assistant checks the availability of ~~requested~~ tape.
Store assistant searches for the available tape.
Store assistant searches for the rental price of available tape.
Store assistant checks status of the tape to be returned by customer.
Customer is allowed to rent tape~~can borrow~~ if there are zero overdue~~is no~~
~~delay with return of other~~ tapes.
Store assistant records rental by updating the rental list.
Store assistant asks the customer for his address.
```

Abbildung 7.3: Änderungen an MusicalStore-Deeptimahanti durch RESI

7.4.3.4 MonitoringPressure-Berry

In Berrys Beispiel werden nur kleine Änderungen vorgenommen. Mehrdeutige Wörter wie *permit* und Satzwendungen wie *if and only if* wurden entfernt. Zusätzlich wurde im vorletzten Satz eine Passivkonstruktion entfernt und somit das Prozesswort vollständig spezifiziert. Abbildung 7.5 zeigt die Änderungen.

7.4.3.5 ATM-Rumbaugh

Die Spezifikation des Banken- und Bankautomatensystems von Rumbaugh wurde nach der Bearbeitung durch RESI abgeändert. Hierzu gehört zum einen die vollständige Löschung des ersten und letzten Satzes in der Spezifikation, da diese keinerlei Informationen und Beschreibungen zum System liefern. Mehrdeutigkeiten und Synonyme wurden aufgelöst und gesetzt (nur noch *ATM* wird verwendet). Unvollständig spezifizierte Prozesswörter wurden durch das Einfügen der entsprechenden Objekte im Text genauer spezifiziert. Abbildung 7.6 zeigt die Änderungen.

7.4.3.6 SteamBoiler-Mellor

Beim SteamBoiler-Beispiel wurden Sätze gekürzt, wiederum andere Sätze wurden detailliert ausformuliert, um Mehrdeutigkeiten zu vermeiden. Aufzählungen und andere Satzkonstrukte wurden entsprechend ihrer internen Referenzen im Satz teilweise aufgelöst. Abbildung 7.7 zeigt die Änderungen.

```
Circe comprises~~The system is made of~~ the WebUI~~Web~~ interface, ~~of ~~Cico, ~~of ~~
the view modules, and ~~of ~~the view selector.
The WebUI~~Web~~ interface receives ~~from the user ~~requirements and glossary
from the user.
Requirements contain data on the team, on the author and on the revision.
The WebUI~~Web~~ interface transmits to Cico requirements and glossary.
If the project is cooperative, the WebUI~~Web~~ interface sends requirements
and glossary to the repository, too.
Cico computes abstract requirements using requirements, glossary, MAS-
rules, predefined glossary and team data.
If the project is cooperative, Cico requests team data to the repository.
The view modules receive abstract requirements from Cico.
The view modules can be dedicated to modeling, validation or metrication.
From abstract requirements, view modules compute a view.
The view module sends the view to the view selector.
The user requests a view to the view selector.
```

Abbildung 7.4: Änderungen an MusicalStore-Deeptimahanti durch RESI

```
The system monitors the pressure and sends the safety injection signal
when the pressurizer pressure falls below a low threshold.
The human operator can override system actions by turning on a Block ~~-~~
button and resets the manual block by pushing on a Reset -button.
A manual block is permitted if ~~and only if ~~the pressure is below the~~a~~
~~permit~~ threshold.
The manual block must be automatically reset by the system.
A manual block is effective if ~~and only if ~~it is executed before the
system sends the safety injection signal~~ is sent~~.
The Reset -button has higher priority than the Block -button.
```

Abbildung 7.5: Änderungen an MonitoringPressure-Berry durch RESI

7.4.4 Vergleich verschiedener Ontologien

Die für RESI verwendeten Ontologien basieren auf unterschiedlichen Konzepten. Für RESI bietet sich v.a. ResearchCyc (siehe Abschnitt 3.2) an. Nur WordNet unterstützt noch die Regel *Überprüfe auf mehrdeutige Wörter* [Bru09]. WordNet entdeckt 26 Mehrdeutigkeiten in MonitoringPressure-Berry, ResearchCyc: 15. Für jede Mehrdeutigkeit liefern ResearchCyc und WordNet eine große Menge an Auswahlmöglichkeiten. WordNet schlägt 191 zusätzliche Bedeutungen vor, ResearchCyc 42.

Die Prüfung auf Synonyme unterstützen alle Ontologien. Problematisch ist hier eher die Laufzeit der Abfragen. Zum Beispiel sucht YAGO bei einer Suchtiefe von zwei mehr als 20 Minuten an den Spezifikationen nach Synonymen, bevor es eine Auswahl liefert. Dies macht RESI mit YAGO faktisch unbenutzbar. ConceptNet liefert wenig hilfreiche Ersetzungsvorschläge und benötigt für ABCVideo-Berry über 220min für die vollständige Berechnung aller Synonyme. Dies ist für den Nutzer nicht akzeptabel.

Die Arbeit mit RESI führte zu der Erkenntnis, dass hauptsächlich ResearchCyc und zu gewissen Teilen WordNet benutzt werden sollte. Spezialisierte Domänenontologien

~~Design the software to support a computerized banking network including both human cashiers and automatic teller machines ATMs to be shared by a consortium of banks.~~
Each bank provides computers~~its own computer~~ to maintain its own accounts and process transactions against them.
Cashier stations are owned by each bank~~individual banks~~ and communicate ~~directly~~ with their ~~own~~ bank's computer.
Human cashiers type~~enter~~ account and transaction data on keyboard. ATMs ~~.~~
~~Automatic teller machines~~ communicate with the master~~a central~~ computer which clears transactions with the corresponding~~appropriate~~ banks.
An ATM reads the~~automatic teller machine accepts a~~ cash card, interacts with the user, communicates with the master computer to process transactions~~central system to carry out the transaction~~, dispenses cash, and prints receipts.
The system requires detailed~~appropriate~~ record keeping and security provisions.
The system must handle concurrent accesses to the same account correctly.
The banks ~~will~~ provide ~~their own~~ software for their ~~own~~ computers; contractor shall~~you are to~~ design the software for the ATMs and the network.
~~The cost of the shared system will be apportioned to the banks according to the number of customers with cash cards.~~

Abbildung 7.6: Änderungen an ATM-Rumbaugh durch RESI

~~The general purpose of~~ the steam boiler system (SBS) ensures that~~, as shown in Figure 1, is to ensure a safe operation of the steam boiler. The steam boiler operates safely if~~ the contained amount of water never exceeds a ~~certain~~ tolerance level, thus avoiding damage to the steam boiler and the turbine.
The steam ~~driven by the~~ produced by~~steam.~~
~~Basically,~~ the steam boiler drives the turbine.
The SBS~~system~~ consists of the steam boiler~~itself~~, a measuring device for the water level, a pump to provide the steam boiler with water, a measuring device for the pump status, a measuring device for the amount of steam produced by the steam boiler, an operator desk, and a message transmission device.
~~system for the signals produced.~~
During operation, the SBS keeps the water level ~~is kept~~ within the tolerance level ~~as long as possible,~~ using the measuring devices and the pump while the measuring devices produce~~and producing~~ status information for the operator desk.
~~But~~ even with two measuring device ~~some devices~~ broken, the SBS~~system~~ can still ~~successfully~~ monitor the steam boiler.
If the contained amount of water exceeds the tolerance level, SBS transfers~~no safe operation is possible any longer,~~ control ~~is handed over~~ to the operator desk.
Additionally, the operator can stop the SBS~~system~~ at any time via the operator desk.

Abbildung 7.7: Änderungen an SteamBoiler-Mellor durch RESI

für die jeweiligen Anwendungsfälle der Kunden liefern sicherlich bessere Treffer und genauere Ergebnisse; jedoch ist die Nutzung und Erstellung von domänenspezifischen Ontologien nicht Inhalt dieser Arbeit. Für eine Evaluierung standen uns keine spezifischen Ontologien in Kombination mit passenden Spezifikationen zur Verfügung. Als für den Nutzer unübersichtlich stellte sich heraus, dass RESI bei der Verwendung von mehreren Ontologien deren Ergebnisse und Vorschläge nicht zusammengefasst anzeigen kann. Die Nutzer waren von der Menge der Vorschläge teilweise überfordert.

Ein Verbesserungsvorschlag wäre die gemeinsame Anzeige aller Ergebnisse zu jedem Wort in einer übersichtlichen Nutzeroberfläche. Dort könnte der Nutzer dann in Absprache mit dem Stakeholder entscheiden, welche Ontologie das beste Ergebnis liefert und dieses auswählen.

7.4.5 Skalierung

Die Leistung von RESI ist von der Verfügbarkeit von Ontologie-Antworten abhängig. Umfangreiche Ontologien sind nur in englischer Sprache verfügbar. Somit ist RESI aktuell nur mit englischen Spezifikationen sinnvoll nutzbar. Die in RESI verwendeten Regeln zur Textverbesserung skalieren für große Spezifikationen unterschiedlich. Interessant ist, dass manche Ontologien bereits bei kleinen Spezifikationen große Laufzeiten benötigen. Zusätzlich werden hierbei nicht die qualitativ besten Ergebnisse erzielt. Eine Verarbeitung von Anfragen auf Basis spezieller Speichersysteme, wie es z.B. bei Cyc der Fall ist, scheint die beste Wahl in Puncto Geschwindigkeit und Ergebnisqualität zu sein. Regeln mit linearer Skalierung $O(n)$ sind *Finde unvollständige Prozesswörter* und *Überprüfe Artikel & Quantoren*, wobei n jeweils die Anzahl der entsprechenden Prozesswörter oder Artikel ist (siehe Kapitel 5.4.3.2 ff.). Eine Überprüfung von Texten mit diesen Regeln verhält sich somit proportional zur Textlänge. Die Zeit, die zur Prüfung der Spezifikationen benötigt wird, ist hauptsächlich durch die Nutzerinteraktion bestimmt. RESI selbst benötigt für die oben genannten Regeln nur wenige Sekunden für die Ausführung.

Die Prüfung auf Synonyme skaliert mit $O(n^2)$, da jedes Nomen mit jedem anderen auf eine mögliche gleiche Bedeutung verglichen werden muss. Hierbei werden über Anfragen an die Ontologie geprüft, ob die semantische Bedeutung von Wörtern auch ohne ihre lexikalische Verwandtschaft ähnlich ist. Die Verarbeitungsgeschwindigkeit für Spezifikationen >50 Sätze ist deutlich eingeschränkt (siehe 7.4.2.3).

7.4.6 Fallstudie Nutzerakzeptanz und Benutzbarkeit

RESI wurde darauf ausgelegt, den Anforderungsanalysten im Softwareentwicklungsprozess zu unterstützen. Es zeigt sich aber, dass alle Arten von textuellen Spezifikationen verbessert werden können. Um zu prüfen, ob das Werkzeug auch für andere Domänen und andere Nutzer hilfreich sein kann, wurde eine Fallstudie durchgeführt.

Die Fallstudie liefert einen Indikator für die Potentiale des Werkzeugs. Die Auswertung der Fallstudie findet hauptsächlich über den Faktor Bearbeitungszeit und Nutzerunterstützung statt. Hierbei wird ermittelt, in welchem Umfang und welcher Qualität die Probanden in einer vorgegebenen Zeitspanne Mängel in den vorgelegten Texten finden. Es wird erwartet, dass die Suche mit Werkzeugunterstützung mehr Fehler in kürzerer Zeit findet. Die Fallstudie zur Nutzerakzeptanz und Benutzbarkeit des Werkzeugs RESI wurde im Dezember 2011 durchgeführt. Hierfür wurde ein spezieller Versuchsaufbau mit gegengewichtetem Entwurf gewählt, der den Vergleich von manuellen Tätigkeiten und dem Werkzeug erlaubt. Hierbei werden die Aufgaben, deren Reihenfolge sowie der Lösungsansatz (manuell oder werkzeugunterstützt) den Probanden zugelost. Da jeder Proband eine Spezifikation nur einmal bearbeiten darf, sind die einzelnen Probanden in den folgenden Abbildungen nur einmal pro Spezifikationstext geführt. Bei der anderen Spezifikation nutzte der Proband den jeweils anderen Lösungsansatz. Gleichzeitig prüfen wir durch die entsprechende Probandenauswahl die Anwendbarkeit des Werkzeugs für verschieden ausgebildete Nutzergruppen. Die Studie beinhaltet drei Nutzergruppen à vier Personen. Die Probanden wurden in Tabelle 7.4 zufällig nummeriert und anonymisiert. Gruppe 1 (D1 - D4) ist eine Gruppe aus Doktoranden des KIT, Gruppe 2 eine Gruppe professioneller Softwareentwickler (P1 - P4) und Gruppe 3 eine Gruppe von Nicht-Informatikern (N1 - N4), also Personen ohne softwaretechnischen Ausbildung.

Anschließend werden die Aufgaben über Kreuz getauscht und die Verarbeitung von Werkzeug auf manuell und umgekehrt umgestellt. Die Ergebnisse der manuellen Fehlerfindung werden mit den Ergebnissen von RESI verglichen. Das beste Ergebnis liefert ein Proband mit dem Werkzeug RESI, der keine softwaretechnische Ausbildung hat. Professionelle Entwickler erzielen mit dem Werkzeug bessere Ergebnisse, als bei der manuellen Mängelfindung. Die Doktoranden der Softwaretechnik aus Testgruppe 1 zeigen hingegen, dass die Leistung mit dem Werkzeug keinesfalls schneller als die manuelle Bearbeitung durch einen gut ausgebildeten Analysten ist. Die Fallstudie wurde unter zeitlichen Beschränkungen durchgeführt, so dass es den Teilnehmern nicht möglich war, die an sie gerichtete Aufgabe vollständig zu lösen. Der genaue Aufbau der Studie, die Umfrageergebnisse der Teilnehmer und die Einschätzung der Teilnehmer zum Werkzeug findet sich im Anhang F. In den Tabellen 7.6, 7.7 und 7.8 finden sich die Messergebnisse der Tests nach Gruppen eingeteilt.

Für die Evaluierung wurden *ABCVideo-Berry* (Anhang F.5.1) und *MonitoringPressure-Berry* (Anhang E.4) aus Kapitel 7.4.2 verwendet. Tests mit wissenschaftlichen Hilfskräften zeigen, dass die Durchführungszeit für erfahrene RESI-Nutzer zur Findung aller in *ABCVideo-Berry* aufgelisteten Mängel durchschnittlich $t_{Gesamt} = 29min$ und $t_{Gesamt} =$

Tabelle 7.4: Einteilung und Bezeichnung der Probanden für die Messwerte

Doktoranden	Professionelle Entwickler	Nicht-Informatiker
D1	P1	N1
D2	P2	N2
D3	P3	N3
D4	P4	N4

$16min$ für *MonitoringPressure-Berry* beträgt. Für die Probanden der Fallstudie wird eine deutliche niedrigere Verarbeitungsgeschwindigkeit angenommen, da sie das Werkzeug nicht kennen. Deshalb wurde das Zeitlimit für die manuelle und werkzeugunterstützte Verarbeitung der Spezifikationen auf $t_{Test} = 15min$ festgesetzt. Es ist somit für die Probanden nicht schaffbar, das Spezifikation vollständig zu bearbeiten. Tabelle 7.5 zeigt die Ergebnisse für die jeweilige Spezifikation gemittelt über die Werte der Nutzer. RESI findet bei kompletter Verarbeitung ohne Zeitlimit insgesamt $\sum Maengel_{Gesamt} = 339$ Mängel bei *ABCVideo-Berry* und $\sum Maengel_{Gesamt} = 95$ Mängel bei *MonitoringPressure-Berry*. Alle Mängel, die die Probanden manuell in 15 Minuten fanden, werden vom Werkzeug auch gefunden. Die Auswertung der Messergebnisse zeigt eine Steigerung der gefundenen Mängel bei der Nutzung von RESI. In *ABCVideo-Berry* finden die Probanden manuell im Durschnitt $47,33$ Mängel (siehe Zeile $\oslash \sum Maengel_{Test}$ in Tabelle 7.5). Durch die Nutzung von RESI konnte diese Rate um $31,34\%$ auf durchschnittlich $62,17$ Mängel gesteigert werden Bei *MonitoringPressure-Berry* beträgt die Steigerung mit $24,33$ zu $45,83$ Mängel sogar 88%. Betrachtet man die Leistung des Werkzeuges im Kontext bereits genutzter Evaluierung, wie z.B. von Gleich und Kof [GCK10], so lässt sich die Ausbeute berechnen. Die Berechnung der Ausbeute definiert sich wie folgt:

- $Ausbeute = \frac{\sum GefundeneFehler}{\sum AlleFehler}$.

Die Präzision spielt in dieser Evaluierung eine untergeordnete Rolle, da ihr Wert sowohl bei den Probanden im manuellen Test, als auch bei der Nutzung von RESI immer 1 beträgt. Das liegt daran, dass sowohl die Nutzer als auch das Werkzeug nur echte Mängel und keine falschen Positive innerhalb der Testzeit von 15 Minuten in der Spezifikation finden. Für ein Werkzeug, das Mängel in Spezifikationen findet, ist die *Ausbeute* wichtiger als die *Präzision*. Die Ausbeute (*Ausbeute$_{Test}$*) liegt bei den Nutzern als auch bei RESI auf Grund des Zeitlimits deutlich unter $1,0$. Für eine vollständige Durchführung des Tests ohne Zeitlimit zeigt sich aber, dass RESI eine Ausbeute (*Ausbeute$_{Total}$*) von $1,0$ erreichen kann und somit innerhalb einer endlichen Zeitspanne alle Mängel findet. Bei den Nutzern ist es nicht sicher, dass alle Mängel in einer endlichen Zeit gefunden

Tabelle 7.5: Ausbeute und Präzision bei ABCVideo-Berry und MonitoringPressure-Berry, manuell sowie mit RESI

	ABCVideo-Berry		MonitoringPressure-Berry	
	manuell	RESI	manuell	RESI
$\oslash t_{Gesamt}$ in min	29		16	
t_{Test} in min	15			
$\sum Maengel_{Gesamt}$	339		95	
$\oslash \sum Maengel_{Test}$	47,33	62,17	24,33	45,83
$Ausbeute_{Test} = \frac{\sum GefundeneMaengel}{\sum AlleMaengel}$	0,1396	0,1834	0,2561	0,4825
$Ausbeute_{Total} = \frac{\sum GefundeneMaengel}{\sum AlleMaengel}$	-	1,0	-	1,0

werden können. Dies ist ein weiterer Grund, warum die Fallstudie auf 15 Minuten (t_{Test}) begrenzt wurde. Die Ausbeute der Nutzer (und somit der manuellen Fehlerfindung) ist hierbei zwischen $25-56\%$ kleiner als die Ausbeute bei RESI.

Die Entdeckungsraten in der kurzen Verarbeitungszeit zeigen, dass RESI für den praktischen Einsatz geeignet scheint. Dies deckt sich mit den in Anhang F.4 aufgeführten Antworten der Probanden. Abbildung 7.8 zeigt die Annotierungswerte der einzelnen Probanden für *ABCVideo-Berry* im Vergleich zueinander. Durch den gegengewichteten Test der Teilnehmer zeigt sich in Abbildung 7.9 dass RESI die Mängelerkennung der Teilnehmer steigern konnte. Abbildung 7.10 zeigt die manuellen Annotierungen von *MonitoringPressureBerry* im Vergleich. Hier zeigt sich eine deutliche Steigerung beim Einsatz von RESI (Abbildung 7.11).

Tabelle 7.6 zeigt das unterschiedliche Vorgehen der Teilnehmer. Während D1 keine Vorschläge zu zusätzlichen Bedeutungen macht, bietet D2 ähnlich wie das Werkzeug RESI mehrere Optionen an. Es zeigt sich, dass die Probanden bei der manuellen Bearbeitung nach eigenen Regeln und Vorlieben schrittweise vorgehen. RESI im Vergleich führt diesen Prozess entsprechend der Regeln durch, die vom Nutzer ausgewählt wurden. Die Probanden fokussieren auf eine oder zwei Mängelkategorien, die abhängig von den persönlichen Fähigkeiten bearbeitet werden.

Die Auswertung bestätigt die Annahme, dass die Doktoranden der Softwaretechnik auf dem theoretischen Gebiet der Anforderungsverarbeitung gut ausgebildet sind. Die Ergebnisse der manuellen Tests zeigen vergleichbare Werte wie die Ergebnisse durch Nutzung des Werkzeugs. D2 hatte bei der Nutzung von RESI bei *ABCVideo-Berry* ein zeitliches Problem, das ihm in der manuellen Aufgabe nicht unterlief. RESI bietet wie

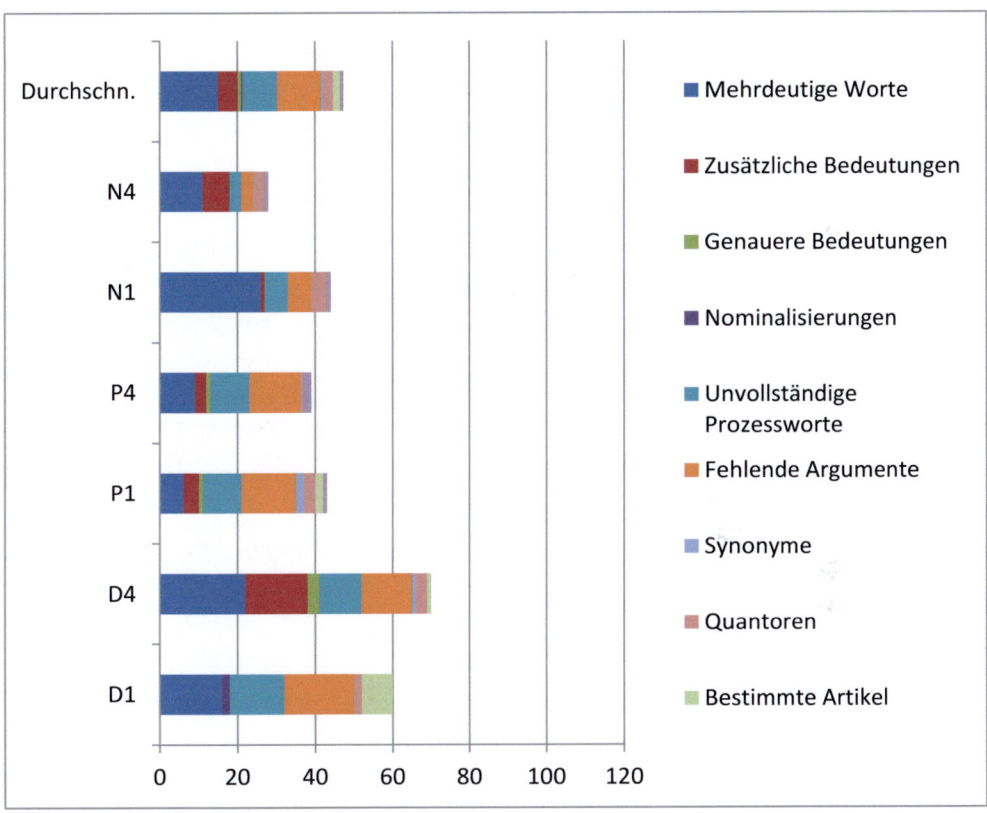

Abbildung 7.8: Anzahl der manuell gefundene Mängel ($\oslash$ 47,3 Stück) in ABCVideo-Berry.

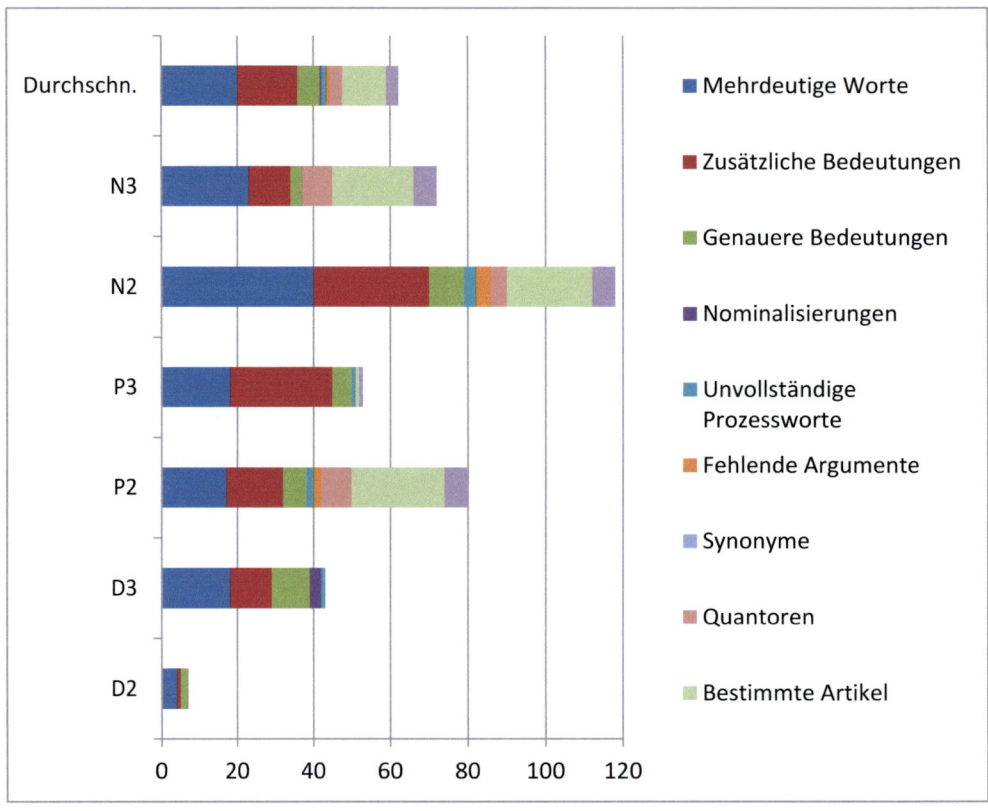

Abbildung 7.9: Anzahl der mit RESI gefundene Mängel (⊘ 62,17 Stück) in ABCVideo-Berry (+31,34%).

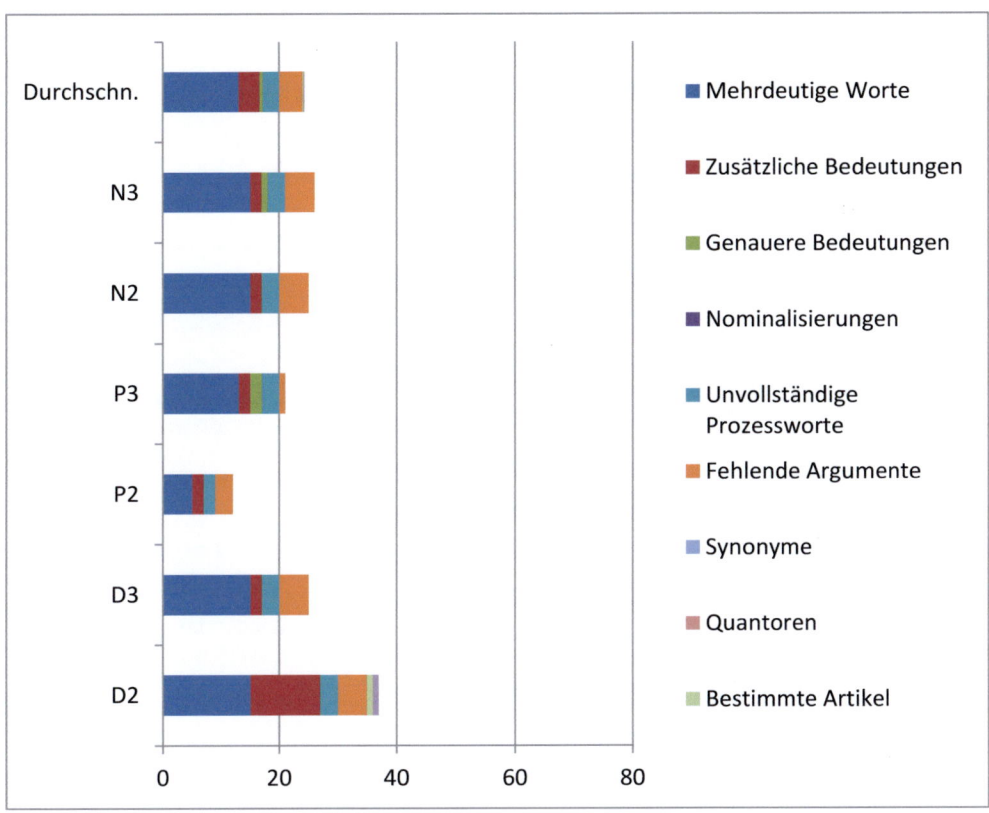

Abbildung 7.10: Anzahl der manuell gefundene Mängel ($\oslash$ 24,33 Stück) in MonitoringPressure-Berry.

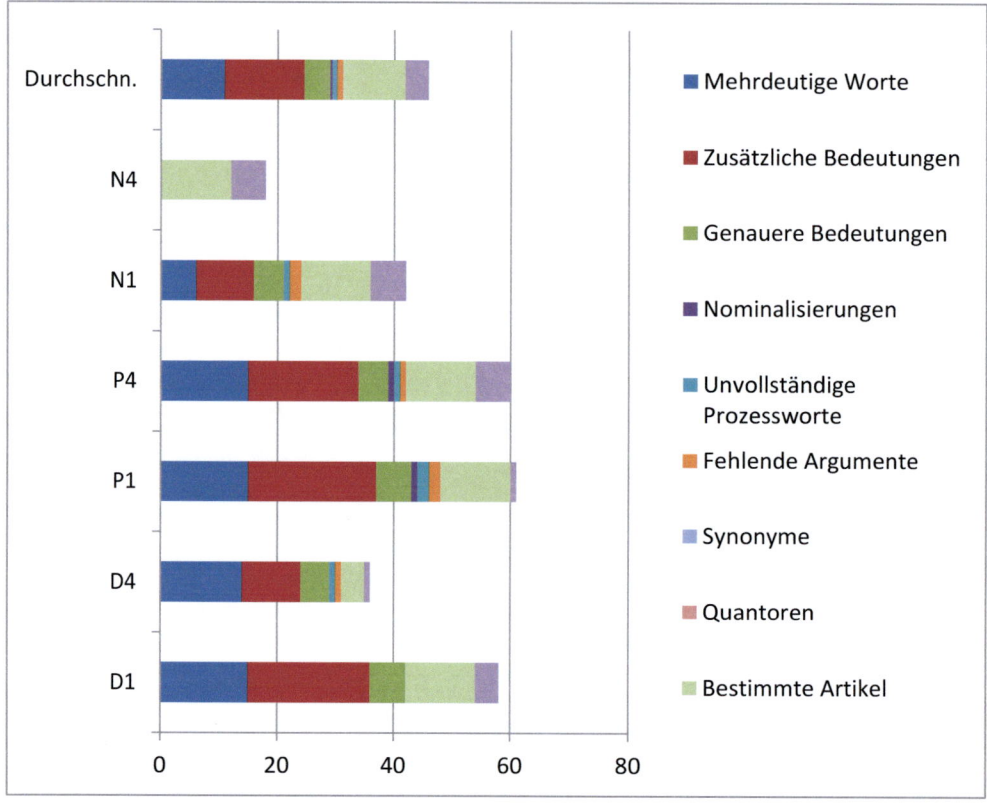

Abbildung 7.11: Anzahl der mit RESI gefundene Mängel ($\oslash$ 45,83 Stück) in MonitoringPressure-Berry (+88,36%).

Tabelle 7.6: Auswertung der Probanden: Gruppe 1, Doktoranden

Spezifikation	ABCVideo-Berry				Mon.Pressure-Berry			
Art d. Eval	manuell		RESI		RESI		manuell	
Proband	**D1**	**D4**	**D2**	**D3**	**D1**	**D4**	**D2**	**D3**
# Mehrdeutige Wörter	16	22	4	18	15	14	15	15
# Zusätzliche Bedeutungen	0	16	1	11	21	10	12	2
# Genauere Bedeutungen	0	3	2	10	6	5	0	0
# Nominalisierung	2	0	0	3	0	0	0	0
# Unvollständige Prozesswörter	14	11	0	1	0	1	3	3
# Fehlende Argumente	18	13	0	0	0	1	5	5
# Gefundene Synonyme	0	1	0	0	0	0	0	0
# Quantoren	2	3	0	0	0	0	0	0
# Best. Artikel	8	1	0	0	12	4	1	0
# Unbest. Artikel	0	0	0	0	4	1	1	0

bereits dargestellt diverse Optionen für die Verbesserung und bei D2 zeigt sich, dass eine detaillierte Bearbeitung der Rückfragen des Werkzeugs zu einer stark verzögerten Verarbeitung der Anforderungsspezifikation führt. Die Nutzer hatten das Werkzeug zuvor nicht genutzt. Es ist damit zu rechnen, dass nach einer Einarbeitungszeit die Bearbeitung schneller erfolgt. Die Werte der anderen Probanden zeigen in Puncto Geschwindigkeit, dass die manuelle Verarbeitung von Anforderungen innerhalb einer limitierten Zeitspanne von gut ausgebildeten Softwaretechnikern minimal schneller ist. Die Qualität der Ergebnisse ist vergleichbar.

Tabelle 7.7 zeigt die Messergebnisse der Fallstudie mit professionellen Softwareentwicklern mit mindestens 5 Jahren Berufserfahrung. Es zeigt sich ein anderes Bild als bei Gruppe 1. Die Softwareentwickler agieren ähnlich wie Gruppe 1, indem sie Texte bei der manuellen Bearbeitung nach Fehlerklassen durchsuchen. Wir stellen einen Fokus auf bestimmte Fehlerklassen je Proband fest. Es zeigt sich jedoch, dass die Ergebnisse durch die Nutzung von RESI quantitativ durchschnittlich deutlich bessere Werte liefern. Abweichungen erklären sich dadurch, dass die Probanden im Einsatz von RESI wählen können, welche Fehlerklasse sie vorrangig bearbeiten möchten. Die anderen Fehlerklassen werden dann wegen der zeitlichen Limitierung nicht oder wenig von RESI bear-

Tabelle 7.7: Auswertung der Probanden: Gruppe 2, Profis

Spezifikation	ABCVideo-Berry				Mon.Pressure-Berry			
Art d. Eval	manuell		RESI		RESI		manuell	
Proband	**P1**	**P4**	**P2**	**P3**	**P1**	**P4**	**P2**	**P3**
# Mehrdeutige Wörter	6	9	17	18	15	15	5	13
# Zusätzliche Bedeutungen	4	3	15	27	22	19	2	2
# Genauere Bedeutungen	1	1	6	5	6	5	0	2
# Nominalisierung	0	0	0	0	1	1	0	0
# Unvollständige Prozesswörter	10	10	2	1	2	1	2	3
# Fehlende Argumente	14	13	2	0	2	1	3	1
# Gefundene Synonyme	2	0	0	0	0	0	0	0
# Quantoren	3	1	8	0	0	0	0	0
# Best. Artikel	2	0	24	1	12	12	0	0
# Unbest. Artikel	1	2	6	1	1	6	0	0

beitet. Die von den Probanden manuell gefundenen Mängel wurden allesamt korrekt erkannt, nur finden die Probanden mit RESI im selben Zeitrahmen mehr Mängel. Es stellt sich die Frage, ob bei der manuellen Mängelfindung die jeweiligen Kategorien nach Schwere gewichtet werden sollten. Eine Klassifizierung der Mängel und Einordnung in eine Gewichtungsskala wird von Berry [BKK03] diskutiert und für nicht sinnvoll erachtet.

Bei Gruppe 2 zeigt sich v.a. dass P2 mit RESI bei *ABCVideo-Berry* alle anderen Probanden übertrifft. Bei der manuellen Durchführung des Tests schneidet P2 deutlich schlechter als die anderen Probanden ab. Eine Erklärung hierfür ist, dass das Werkzeug Mängel für den Nutzer anzeigt und dieser dann konkret reagieren kann. Dies ist für den Probanden offensichtlich einfacher als Mängel im Text selbst zu erkennen und zu lösen. Bei der Nutzung des Werkzeugs zeigt sich auch, dass bestimmte Fehlergruppen vollständig (z.B. Quantoren oder Artikel) abgearbeitet werden konnten, wenn diese Regeln zur Verarbeitung der Spezifikation im Menü von RESI gewählt wurden. Wie sehr das Werkzeug die Nutzer unterstützt, konnte nach Durchführung der Fallstudie von den Probanden in einem Fragebogen beantwortet werden. Die Nutzer bewerteten die einzelnen Funktionen des Werkzeugs mit *gut* bis *exzellent*. Die Ergebnisse finden sich in Tabelle F.5.

Tabelle 7.8: Auswertung der Probanden: Gruppe 3, Nicht-Informatiker

Spezifikation	ABCVideo-Berry				Mon.Pressure-Berry			
Art d. Eval	manuell		RESI		RESI		manuell	
Proband	**N1**	**N4**	**N2**	**N3**	**N1**	**N4**	**N2**	**N3**
# Mehrdeutige Wörter	26	11	40	23	6	0	15	15
# Zusätzliche Bedeutungen	1	7	30	11	10	0	2	2
# Genauere Bedeutungen	0	0	9	3	5	0	0	1
# Nominalisierung	0	0	0	0	0	0	0	0
# Unvollständige Prozesswörter	6	3	3	0	1	0	3	3
# Fehlende Argumente	6	3	4	0	2	0	5	5
# Gefundene Synonyme	0	0	0	0	0	0	0	0
# Quantoren	4	3	4	8	0	0	0	0
# Best. Artikel	0	0	22	21	12	12	0	0
# Unbest. Artikel	1	1	6	6	6	6	0	0

Tabelle 7.8 zeigt die Ergebnisse der Fallstudie mit Nicht-Informatikern (N). Die Probanden waren Personen ohne softwaretechnische Ausbildung. Es sollte geprüft werden, inwiefern ein Werkzeug wie RESI eventuell dem Auftraggeber helfen könnte, seine Spezifikation selbst zur verbessern, bevor diese an den Analysten übergeben wird. Interessanterweise zeigt N2 über alle Probanden hinweg die besten Ergebnisse mit RESI. Im manuellen Test liefert N2 ähnliche Ergebnisse wie alle anderen manuellen Bearbeiter. N2 und N3 haben im manuellen Test zudem vergleichbare Ergebnisse wie die professionellen Softwareentwickler. Die Doktoranden der Softwaretechnik zeigen hier bessere Ergebnisse; dies lässt sich wiederum auf deren Ausbildung und konstante Anwendung des Gelernten und Gelehrten zurückführen. N1 zeigt erneut wie sich die Probanden auf Problemklassifikationen konzentrieren. Das Ergebnis zu mehrdeutigen Wörtern bei *ABCVideo-Berry* ist beim manuellen Test allen anderen Teilnehmern überlegen. Im fehlerträchtigen und softwaretechnisch teuren Bereich der unvollständig spezifizierten Prozesswörter sind die Ergebnisse hingegen unter dem Durchschnitt.

Das schlechteste Ergebnis erzielt N4 mit der Nutzung des Werkzeugs. Es ist ersichtlich, dass der Proband auf Grund der Kürze der Zeit nur zwei Fehlerklassen bearbeiten konnte und die Resultate im Vergleich deutlich unter den Ergebnissen der anderen Probanden liegen. Der Effekt ist aber vergleichbar mit D2 aus Gruppe 1. Beide Probanden gaben nach der Fallstudie in den Umfragen an, dass die Erklärungen der Vorschläge zu umfangreich waren und eine gewissenhafte Bearbeitung der Vorschläge nur durch höheren Zeiteinsatz möglich waren. Ziel der Fallstudie war es nicht, die Probanden schnellstmöglich die Spezifikation abschließen zu lassen, sondern die Probanden die Spezifikation so bearbeiten zu lassen, wie sie es für sinnvoll und richtig erachten. Es zeigt sich, dass manche Probanden im manuellen Modus deutlich schnellere Entscheidungen treffen können und wollen als bei der Nutzung des Werkzeugs. Umgekehrt zeigen Nutzer wie N2 und P2, dass eine schnellere Bearbeitung der Spezifikationen möglich ist. Die Nutzer, die schneller waren, beschreiben das Werkzeug als „intuitiv nutzbar".

T-Test zur Nullhypothese   Nehmen wir als Nullhypothese an, dass die Werte der Tests mit und ohne RESI gleich sind. Für die Ergebnisse der Evaluierung gilt es jetzt zu zeigen, in welchen Fehlerklassen, diese Hypothese widerlegt werden kann. Die Messproben bestehen aus jeweils 6 Messwerten der Probanden mit und 6 Messwerten ohne die Nutzung von RESI, aufgeteilt nach den entsprechenden Mängelklassen.

Da die Tests der Probanden mit unterschiedlichen Spezifikationen durchgeführt wurden, sind die Messwerte nicht gepaart. Wir nutzen den zweiseitigen T-Test, um etwaige Verschlechterungen durch RESI nicht zu übersehen. Als Konfidenzwert nehmen wir $p = 0,05$. Die Ergebnisse des T-Tests finden sich Tabelle 7.9.

Der T-Test widerlegt die Nullhypothese für die Fehlerklassen *Genauere Bedeutung*, *Unvollständige Prozesswörter* und *Fehlende Argumente*. Zusätzlich zeigt sich im Text `MonitoringPressure-Berry`, dass die Fehlerklassen *Zusätzliche Bedeutungen*, *Bestimmte Artikel* und *Unbestimmte Artikel* auch der Nullhypothese widersprechen. Da der Text `MonitoringPressure-Berry` keinerlei Synonyme und Quantoren enthält, kann hier kein T-Test durchgeführt werden.

7.4.7 Erkenntnisse bei der Werkzeugnutzung

Die Arbeit mit RESI in der Evaluierung führte zu weiteren Erkenntnissen. Wir erkannten das der *Curse of Knowledge* [Hea07] öfter auftritt, als bei der Anforderungserhebung erwartet. Das Phänomen des *Curse of Knowledge* beschreibt den psychologischen Aspekt der impliziten Annahme von Dingen, basierend auf dem Handlungskontext. Das bedeutet, dass Domänenwissen unweigerlich zu unvollständigen Spezifikationen führt. Dies zeigte sich v.a. wenn RESI Mehrdeutigkeiten zeigte, die der Anforderungsanalyst zuvor nicht als Mehrdeutigkeit erkannt hatte. Erst nach dem Hinweis durch RESI und dem Aufzeigen von Alternativen wurde dem Anwender klar, dass der Satz mehrere Bedeutungen haben kann. Der Vorteil ist, dass mit RESI Probleme erkannt wurden, die dem Nutzer mit Fach- und Domänenwissen nicht auffallen. In anschließenden Umfragen waren die Probanden überzeugt, dass sie die von RESI gezeigten Mehrdeutigkeiten nicht

Tabelle 7.9: T-Test der einzelnen Fehlerklassen. Werte, die den p-Wert von 0,05 unterschreiten sind fett markiert.

	ABCVideo-Berry (p-Wert des T-Test)	MonitoringPressue-Berry (p-Wert des T-Test)
Mehrdeutige Wörter	0,41	0,50
Zusätzliche Bedeutungen	0,07	**0,04**
Genauere Bedeutungen	**0,01**	**0,01**
Nominalisierung	0,79	0,17
Unvollständige Prozesswörter	**0,00**	**0,00**
Fehlende Argumente	**0,01**	**0,01**
Gefundene Synonyme	0,20	n.v. [2]
Quantoren	0,70	n.v. [3]
Bestimmte Artikel	0,11	**0,00**
Unbestimmte Artikel	0,13	**0,01**

als solche erkannt hätten.

Chantree et al. [CNRW06] beschreiben diesen Effekt der unentdeckten, schädlichen Mehrdeutigkeiten. Unentdeckte Mehrdeutigkeiten haben Konsequenzen für die Implementierung, da der Stakeholder im schlimmsten Falle nicht einmal realisiert, dass unterschiedliche Ansprechpartner unter demselben Begriff unterschiedliche Dinge verstehen. In diesem Falle kann die erstellte Sofware anschließend maximal die Ansprüche eines einzigen Stakeholders widerspiegeln, die Vorstellungen der anderen aber nicht abdecken. Es ist offensichtlich, dass selbst einfache Spezifikationen eine große Anzahl an möglichen Mängeln enthalten können.

7.4.8 Limitierungen und mögliche Erweiterungen

Um verlässliche Aussagen über die Einsetzbarkeit von RESI treffen zu können, müsste eine groß angelegte Studie durchgeführt werden. Hierbei müssten mehr als 20 Probanden über einen längeren Zeitraum mit und ohne RESI arbeiten. Die ersten Ergebnisse sind ermutigend; andere Studien wie z.B. RAT [VK08] zeigen messbare Verbesserungen der Anforderungsspezifikationen bei mehr als 5000 Projekten, die bei Accenture durchgeführt wurden. Eine Studie dieser Größe war im Rahmen dieser Arbeit auf Grund mangelnder Spezifikationen und Probanden nicht möglich. Die Evaluierung zeigt aber, dass v.a. in Puncto Ausbeute deutliche Steigerungen bei der Bearbeitung von Spezifikationen möglich sind. Im ersten Quartal 2013 führten wir Gespräche mit Automobilherstellern, um Testinstallationen von RESI in Echtweltprojekten durchzuführen.

Eine mögliche Erweiterung von RESI wäre die Rückintegration von Nutzereingaben in die Ontologien. So könnte man das Wissen aller Analysten und Domänenfachleute als Gesamtwissen für alle RESI-Anwender zur Verfügung stellen. Dieses Wissen müsste sauber nach Domänen getrennt werden. An den Probanden zeigt sich auch, dass die Ergebnisse je nach Nutzergruppe unterschiedlich sein können. Es wäre für die Nutzer hilfreich, entsprechende Nutzerprofile für RESI zu erkennen und diese als entsprechenden Modus von RESI für die Nutzer bereitzustellen. Hinsichtlich der Qualität der Ergebnisse wäre ähnlich wie bei Online-Enzyklopädien eine Redaktion notwendig, die die Qualität der Eingaben in die Ontologie prüft. Eine Statistikfunktion bei der Nutzung des Werkzeuges wurde von einigen Testern gewünscht, so dass es möglich ist, die Eingaben und Vorschläge als Nutzer besser zu bewerten. Hier würden die Nutzer nicht immer den gesamten textuellen Vorschlag der Ontologie lesen wollen, sondern sich auf die Masse der Aussagen verlassen. Ein Beispiel sind die „Andere Nutzer haben diese Möglichkeit ausgewählt" Anleihen von bekannten Internetportalen wie Amazon, usw.

RESI wertet weder Bilder und Abbildungen noch Aufzählungen aus. Es behandelt alle Eingaben als Text. Hierbei geht Information verloren. Die Möglichkeit, Bilder auszuwerten ist aber unserer Meinung nach in naher Zukunft nicht machbar, da der Interpretationsspielraum die Möglichkeiten einer Ontologie übersteigt. Für ein Erstes ist die Fokussierung auf textuelle Eingaben im Hinblick auf die rechtliche Belastbarkeit solcher Texte wichtiger.

7.5 AutoAnnotator Evaluierung

Die Evaluierung von AUTOANNOTATOR zeigt, dass implizite Semantik von Texten automatisch expliziert (annotiert) werden kann und unterstützt die zweite These dieser Arbeit (siehe 2.3). Die Qualität der Annotierung hängt stark von der Qualität der Texte und dem Wissensumfang der benutzten Ontologien ab. Für diese Arbeit wurden Word-Net und ResearchCyc als Ontologien benutzt. Domänenspezifische Ontologien können bessere Treffer-Raten liefern, da weniger Mehrdeutigkeiten auftreten.

Zum heutigen Stand ist eine Überprüfung und Nachbearbeitung der durch AUTOAN-NOTATOR erstellten automatischen Annotierungen notwendig. AUTOANNOTATOR kann perspektivisch ein Ansatz für die semantische Bearbeitung von Texten sein. Die für die Evaluierung verwendeten Spezifikationstexte inkl. der passenden Annotation finden sich in Anhang G.

7.5.1 Erkennungsraten und Qualität

Für die Evaluierung verwenden wir die 6 Texte, die bereits für RESI verwendet wurden (siehe Anhang E). Die Texte wurden zuerst im Original mit AUTOANNOTATOR bearbeitet. Dies erlaubt bei *MusicalStore-Deeptimahanti* und *Circe-Ambriola* einen direkten Vergleich mit anderen Forschungsprojekten. Anschließend werden die durch RESI geänderten Texte nochmals mit AUTOANNOTATOR bearbeitet und geprüft, ob die Ergebnisse der Annotierung vom Original abweichen.

Die Ergebnisse für Ausbeute und Präzision bzw. richtige, falsche und fehlende Annotierungen finden sich auf den folgenden Seiten. Die Zählung der Annotierungen wurde manuell durchgeführt. Das dabei verwendete Regelwerk ist in Anhang G.1 aufgeführt. In Tabelle 7.10 sind die Originaltexte inklusive Laufzeiten aufgeführt. Tabelle 7.11 zeigt die Messergebnisse der Annotierungen auf den durch RESI geänderten Texten. Ein Vergleich der beiden Annotierungen ist in Abbildung 7.12 aufgeführt. Bei den Originaltexten lässt sich *ModalWindow-Chen* nicht automatisch annotieren. AUTOANNOTATOR bricht die Bearbeitung auf Grund von Fehlern im Parser ab (siehe Abschnitt 7.5.4.2). Die durch RESI angepassten Texte lassen sich hingegen alle sechs annotieren. Betrachten wir alle sechs Texte, so erreicht AUTOANNOTATOR bei den Originaltexten einen durchschnittlichen Anteil von 54,5% richtige Annotierung und 61,0% bei den Texten nach RESI. Der Text ModalWindow von Chen (siehe Anhang E.1) kann vor der Verbesserung durch RESI nicht direkt von AUTOANNOTATOR verarbeitet werden. Die Erklärung findet sich in den Limitierungen in Abschnitt 7.5.4. Betrachtet man hingegen nur die fünf Texte, die sich auch im Original annotieren lassen, so zeigt sich keine Verbesserung der Annotierungen durch die Anpassung der Texte in RESI (65,4% bei den Originaltexten und 64,2% nach RESI). Es scheint, dass die Erzeugung der semantischen Annotierungen (und damit die Erzeugung von Modellen aus Text) unabhängig von der Qualität und Aussagekraft der Spezifikationstexte ist. Die Qualität der Texte/Modelle steht hier außen vor, da nur bewertet wird, ob die Texte annotiert werden können. Die durch RESI optimierten Texte führen zu aussagekräftigeren Modellen. Hierbei wurden bereits die fehlenden Annotierungen mit einbezogen. Betrachten wir nur die von AUTOANNOTATOR gemachten Annotierungen, so ergeben sich 67,4% (Originaltext) und 79,4% (nach RESI) richtige Annotierungen. Richtige Annotierungen sind hierbei die Annotierungen, bei denen die Präzission 100% betrug, d.h. alle korrekten der insgesamt durchgeführten Annotierungen. Die Ausbeute ist in Tabelle 7.10 aufgeführt. Vorausgesetzt wird bei diesen Werten die korrekte Beantworten der Rückfragen durch den Nutzer.

Tabelle 7.10: Qualitative und zeitliche Auswertung der automatischen Annotierung vor RESI

Spezifikation Autor	ModalWindow Chen	MusicalStore Deeptimahanti	Circe Ambriosa	MonitoringPressure Berry	ATM Rumbaugh	SteamBoiler Mellor
#Wörter	33	133	138	99	170	188
#Sätze	1	17	12	6	10	7
#Annot.	-	124	120	84	156	158
#Richtige	-	110	88	72	121	125
#Falsche	-	14	32	12	35	33
#Fehlende	-	19	26	33	33	36
%Richtige	-	76,92%	60,27%	61,54%	64,02%	64,43%
#Gesamt	-	143	146	117	189	194
%Präzission	-	88,71%	73,33%	85,71%	77,56%	79,11%
%Ausbeute	-	86,71%	82,19%	71,79%	82,54%	81,44%
Laufzeitmessung (in Sekunden)						
Init.zeit	-	2,99	2,91	2,99	3,34	3,17
Rechenzeit	-	9,82	12,32	12,78	30,71	23,67
Bearb.zeit	-	109,82	72,3	9,71	62,83	23,75
Gesamtzeit (s) inkl. Nutzer	-	122,64	87,54	25,49	96,88	50,59
Rechenzeit (s) pro Wort	-	0,074	0,089	0,129	0,181	0,126
Gesamtzeit (s) inkl. Nutzer pro Wort	-	0,92	0,63	0,26	0,57	0,27

Tabelle 7.11: Qualitative Auswertung der automatischen Annotierung nach RESI

Spezifikation Autor	ModalWindow Chen	MusicalStore Deeptimahanti	Circe Ambriosa	MonitoringPressure Berry	ATM Rumbaugh	SteamBoiler Mellor
#Wörter	30	131	132	89	110	163
#Sätze	1	17	12	6	8	7
#Annot.	25	111	112	77	105	138
#Richtige	19	93	82	65	78	117
#Falsche	6	18	30	12	27	21
#Fehlende	17	27	26	26	20	33
#Gesamt	42	138	138	103	125	171
%Ausbeute	59,52%	80,43%	81,16%	74,76%	84,00%	80,70%
%Präzission	76,00%	83,78%	73,21%	84,42%	74,29%	84,78%
%Richtige	45,24%	67,39%	59,42%	63,11%	62,40%	68,42%

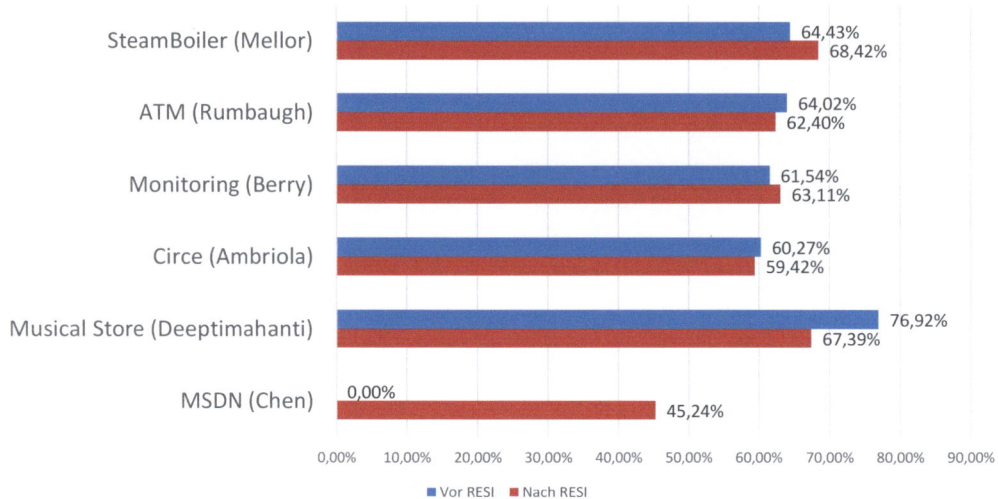

Abbildung 7.12: Richtige Annotierungen durch AutoAnnotator vor/nach RESI im Vergleich.

7.5.2 Direktvergleich mit SUGAR/UMGAR

Deeptimahanti et al. [DS09] arbeiten mit ihren Werkzeugen SUGAR/UMGAR (siehe Abschnitt 4.3.2.7) mit der Spezifikation von Anhang E.2. Der Text wurde zuvor von den Autoren auf eine Subjekt-Prädikat-Objekt-Struktur umgeschrieben, so dass die automatische Verarbeitung durch SUGAR/UMGAR möglich ist. Die einfache Subjekt-Prädikat-Objekt-Struktur vereinfacht den Ansatz von Deeptimahanti, hilft aber auch der Qualität der Annotierung durch AUTOANNOTATOR.

Tabelle 7.12 zeigt die erkannten Satzobjekte von SUGAR/UMGAR im direkten Vergleich zu AUTOANNOTATOR. AUTOANNOTATOR findet dieselben 6 Klassen, wie das Werkzeug SUGAR/UMGAR. Wie die Tabelle zeigt, findet AUTOANNOTATOR weitere zehn Klassen, die von SUGAR/UMGAR nicht erkannt werden. Es ist in [DS09] nicht ersichtlich, ob SUGAR/UMGAR die erkannten Parameter in UML-Methoden extrahiert. AUTOANNOTATOR erkennt zusätzlich folgende Beziehungen die SUGAR/UMGAR fehlen:

- tape $\xrightarrow{\text{has}}$ availability

- tape $\xrightarrow{\text{has}}$ price

- Store_assistant $\xrightarrow{\text{has}}$ address

SUGAR		AutoAnnotator	
Klassenname (Attribut)	Methode	Klassenname (Attribut)	Methode(Parameter)
customer	borrow request	customers	borrow request(tape)
main office (main)	sends	Main_office	sends(notices)
musical store(musical)	sends receives	store(musical)	sends(notices) receives(tapes) receives(tape_requests)
store administration	produces	Store_administration	produces(reports)
store assistant	takes records checks update searches	Store_assistant	takes(care) records(rental) checks(availability) update(list) searches(tape) searches(price) ask(customer)
store management	submits	Store_management	submits(price_changes) submits(tapes)
		address	
		care	
		delay	
		tape (available, new, other, requested)	
		list(rental)	
		notice(overdue)	
		price(rental)	
		price_changes	
		reports(rental)	
		return	

Tabelle 7.12: AutoAnnotator identifiziert mehr Klassen in der textuellen Spezifikation als SUGAR/UMGAR

7.5.3 Skalierung

Die Verarbeitungszeit des AUTOANNOTATOR ist wie bei RESI zum Großteil den An-
fragezeiten und Nutzerantwortzeiten bei der Verwendung von Ontologien geschuldet.
Die Laufzeittests wurden auf einem HP8540w mit Intel i7 Q720 ausgeführt. Es handelt sich hierbei um einen Rechner mit 4-Kern-Prozessor der 2. Generation mit 16GB
Hauptspeicher. Als Betriebssystem kam Windows 7 Enterprise in der 64bit Version zum
Einsatz. Betrachtet man die gemessenen Zeiten aus Tabelle 7.10, so sieht man, dass
die Initialisierungsphase von AUTOANNOTATOR durchschnittlich 3 Sekunden beträgt.
Die Initialisierungsphase ist unabhängig von der Länge und Komplexität des gemessenen Textes. Man sieht, dass das Verhältnis von Rechenzeit zu Textgröße nicht linear zur
Wortanzahl der Texte ist, da die Rechenzeit stark von der Qualität der Texte abhängt. Ge-
messen über alle Spezifikationen ergibt sich eine durchschnittliche Berechnungszeit von
gemittelten $0,120s$ pro Wort in der Spezifikation. Für die Verarbeitungsgeschwindigkeit
gibt es Grenzen, da die verfügbaren Parser und Werkzeuge aktuell nicht mehrkernfä-
hig sind. Somit wird die verfügbare Rechenleistung aktueller Maschinen nicht genutzt.
Eine deutliche Steigerung in der Verarbeitungsgeschwindigkeit durch mehrkernfähigen
Programmcode ist zu erwarten.

Beim Durchführen der Evaluierung fiel auf, dass der Speicherbedarf für die Verarbeitung von Spezifikationen durchaus eine Rolle spielen kann. Die großen Spezifikationen von Berry, Rumbaugh und Mellor können mit den Standard-Einstellungen
der Java-Virtual-Machine Prozesse nicht durchgeführt werden; der Java Heap-Space
wird überschritten und das Programm bricht ab. Eine Vergrößerung des Heap-Space auf
1024MB löst diese Problem und erlaubt die Verarbeitung von größeren Spezifikationen.
Für den Test der Dokumente mit 17 bzw. 34 Seiten Umfang benötigte AUTOANNO-
TATOR 402MB bzw. 554MB Speicher. Es zeigt sich, dass das Aufspannen der Parse-
Bäume bei langen Sätzen mehr Speicher benötigt, als einfach strukturierte, kurze Sätze.
In Hinblick auf die weit verbreitete Verwendung von 64bit Betriebssystemen ist aber die
Zuweisung von mehr als 2GB Heap-Space für Java-Anwendungen möglich. Eine kapi-
telweise Verarbeitung (<100 Seiten) von langen Spezifikationen erscheint möglich. Die
durchschnittliche Länge von Spezifikationen variiert je nach Projekt so stark, dass hier
keine allgemeingültige Aussage möglich ist. Es ist aber möglich, auch Spezifikationen
mit 100.000 und mehr Seiten [4] auf entsprechende Kapitel oder Teilkapitel herunter zu
brechen.

---

[4]Beispiel: TollCollect, Spezifikation Daimler Baureihe W204

7.5.4 Limitierungen

AUTOANNOTATOR funktioniert nicht uneingeschränkt. AUTOANNOTATOR darf nicht als Werkzeug für den Endkunden angesehen werden. Liefert RESI noch mögliche Vorteile für den Kunden als auch für den Anfordeungsanalysten, so ist AUTOANNOTATOR nur für die Modellerzeugung interessant. Diese übernimmt der Analyst während der Prüfung der Anforderungen und der Planung für das eigentliche Software-Projekt. Die Qualität der Texte beeinflusst nicht nur die Laufzeit bei der Verarbeitung, sondern auch die Qualität der Ergebnisse. Dies ist v.a. deshalb der Fall, da die Qualität der in der Verarbeitungskette eingesetzten NLP-Programme entsprechend variiert. Liefert die Prozesskette falsche Ausgaben, dann arbeitet AUTOANNOTATOR unvollständig oder fehlerhaft. Die folgenden Abschnitte zeigen wie sich fehlerhafte Syntaxbäume oder Fehler im Parser auswirken.

7.5.4.1 Fehler im Parser

In *ModalWindow-Chen* kann AUTOANNOTATOR den Originaltext nicht fehlerfrei bearbeiten. AUTOANNOTATOR erkennt `modal window` und annotiert so, als würde `modal` das `window` näher beschreiben und fügt ein SAL_E-Attribut hinzu, welches mit $ gekennzeichnet wird: `$modal window`. Grund hierfür ist die Ausgabe `amod(window-3, modal-2)` (*adjective modifier*, siehe Anhang B). Folglich gibt es ein Fenster mit dem Attribut `modal`, anstatt ein Gesamtkonstrukt `modal-window` zu erhalten. Genau dies ist aber in dieser Spezifikation das Problem. Modalität ist ein Nutzeroberflächenkonzept und ein `modal window` ein zusammenhängender Begriff aus der Oberflächenentwicklung. Es gibt per MSDN-Definition keine Fenster (`window`) mit der Eigenschaft `modal`.

Die Erklärung des Parservorgehens findet sich im Handbuch zu den *Stanford Typed Dependencies* [MM11] auf Seite 6. Das `nn` steht für *noun compound modifier*. `nn` sind Nomen, die das Hauptnomen einer Nomenphrase (`NP`) modifizieren. Die Stanford Group betont, dass immer das am weitesten rechts befindliche Nomen das Hauptnomen ist. Alle anderen Nomen, die links davon stehen, gelten automatisch als Modifizierer. Der Parser der Stanford Group besitzt keine intelligente Assoziationsanalyse. Deshalb erkennt der Parser die Strukturen fehlerhaft. Eine mögliche Lösung wäre die Äste von Nomenphrasen (`NPs`) der Penn Treebank [MM08, San90] entsprechend im Parser abzubilden. Dies ist scheinbar für spätere Versionen des Parsers geplant. Seit mehr als 6 Jahren wurde diese Umsetzung aber nicht vorgenommen.

Zu einem weiteren Fehler führt der Text `application main window`. AUTOANNOTATOR erkennt über die Parserausgabe `amod(window-34, main-33)` (*adjective modifier*) zuerst `$main` als Attribut des `window`. Anschließend wird auf Grund der Satzstruktur `nn(window-34, application-32)` versucht, `application` mit `window` zu verbinden.

(`application` $\longrightarrow$ `window`) Eine Verschmelzung der Attribute ist im Satz nicht möglich, da sich das Wort `main` noch zwischen `window` und `application` befindet. Ein Auszug aus dem Parsebaum findet sich in Anhang E.1. AUTOANNOTATOR erkennt zusammengesetzte Substantive nur, wenn die Ergebnisse aus den Vorverarbeitungsschritten der Pipeline diese Information liefern. Das Ergebnis, das man als Bearbeiter erwarten würde, kann in diesem Beispiel nur erreicht werden, wenn man die Wörter durch Bindestriche zusammenfügt. So erkennt z.B. Kof [Kof05a] zusammengesetzte Substantive prinzipiell nur, wenn diese durch Bindestriche verbunden sind. Im normalen Spezifikationstexten ist dies selten der Fall. Deshalb sehen wir dies als Limitierung der Lösung an. Folgende Anpassungen im Text sind notwendig, um die Fehler im Parser zu umgehen und AUTO-ANNOTATOR laufen zu lassen.

- `modal windows` wird korrigiert zu `modal-window`

- `application main window` wird korrigiert zu `application-main-window`

Nach der Anpassung generiert AUTOANNOTATOR den unten aufgeführten Text. Die Annotierung ist dennoch nicht vollständig korrekt.

```
1   [ #{A} modal-window|FIN(S1) #{is a} child_window|FIC(S1)
2     [ that|AG(S2) requires|METHODROLE(S2) #{the} user|PAT(S2)
3     #to #interact #{with} it|OBJECTROLE they|AG(S3) #can
4     return|METHODROLE(S3) #to operating|ADJ #{the}
5     parent_application|OBJECTROLE, $thus<<2 #preventing
6     *any work|OBJECTROLE #{on the}
7     application-main-window|OBJECTROLE ]|SP.
8   #{empty SaleSentenc ].
9
10  [ @it|EQD @user|EQK ].
```

Listing 7.1: MSDN-Beispiel: Modal Windows annotiert.

Die mit OBJECTROLE beschrifteten Rollen sind Platzhalter für nicht gefundene Rollen. Des Weiteren wird fälschlicherweise ein nicht existierendes Synonym erkannt und in Zeile 10 ausgezeichnet: `it` bezieht sich auf das `child_window`; laut AUTOANNOTATOR wird es aber mit `user` gleichgesetzt.

7.5.4.2 Fehlerhafte Syntaxbäume

Ein Satz des *Circe-Ambriola* Beispiels (E.3) zeigt die Folgen von fehlerhaften Syntaxbäumen beim Parsen der natürlichsprachlichen Texte. Der siebte Satz der Spezifikation lautet *If the project is cooperative, Cico requests team data from the repository*. AU-TOANNOTATOR setzt die Konstituenten bei der automatischen Verarbeitung falsch zusammen. Der Syntaxbaum ist in Anhang G.4.1 abgedruckt. `Team` wird falsch als *VP*, also Verb-Phrase gekennzeichnet. Deshalb wird daraus ein Verb und es wird mit der Rolle *actus* markiert. Die eigentliche Handlung ist aber `requests`. Das Wort `requests` selbst wird aber als Teil des Subjekts, nämlich als `Cico requests` (*agens*) erkannt. Eine Möglichkeit, solche Fehler zu vermeiden ist die Bearbeitung von Texten mit mehreren Parsern. Durch die mehrfache Auswertung der selben Textstellen durch verschiedene Parser könnten über Konfidenz-Zuweisungen bessere Ergebnisse erzielt werden. Dies hätte längere Laufzeiten der automatischen Annotierung zur Folge.

7.5.4.3 Sprache als Limitierung

AUTOANNOTATOR ist aktuell auf die englische Sprache beschränkt. Dies liegt hauptsächlich daran, dass die in der Verarbeitungskette verwendeten Werkzeuge nur für die englische Sprache zur Verfügung stehen. Für einzelne Anwendungen sind Module für Deutsch, Chinesisch, Italienisch und Japanisch verfügbar. Eine Prozesskette, wie sie von AUTOANNOTATOR benötigt wird, ist hiermit aber nicht möglich. Des Weiteren existieren keine umfangreichen Ontologien in anderen als der englischen Sprache, die für die Verarbeitung von semantischen, lexikographischen oder grammatikalischen Anfragen benutzt werden könnte. Wäre die Anpassung an eine neue Sprache für RESI mit neuen Ontologien noch ausreichend, müsste für AUTOANNOTATOR die Parametrisierung und Annotationsheuristiken für neue Sprachen neu entwickelt werden. Es müsste geprüft werden, in wie weit die hier verwendeten Ansätze auf andere Sprachen übertragbar sind.

7.6 REFS Evaluierung

Das folgende Kapitel beschreibt die Evaluierung von REFS. Die dritte These (siehe Abschnitt 2.3) wird hiermit gezeigt. Die Evaluierung zeigt, dass Löschungen im Modell zu Restartefakten im Text führen können. Neuerstellungen bei Modellen sind hingegen unproblematisch: hier werden nach Textschablonen einfache Satzstrukturen aus den neu hinzugefügten Modellelementen erzeugt. Viel interessanter und realistischer ist die Kombination von Löschungen und Änderungen an Spezifikationen und deren Rückkopplung in die Spezifikationstexte. Um REFS zu evaluieren, wurden an den verwendeten Modellen zufällig erzeugte Änderungen und Löschungen vorgenommen.

7.6.1 Löschungen (Deletions)

Löschungen von Methoden, Attributen, Klassen und Assoziationen im Modell werden von REFS erkannt und im Unterschiedsprotokoll festgehalten. Das Ergebnis der Rückkopplung der gelöschten Modellelemente zeigt sich in der Spezifikation. Der Spezialfall der Löschung und der damit einhergehende Restartefakte im Text wurde bereits in der

Implementierung (Kapitel 6.4.3) erläutert. Vergleicht man die ursprüngliche und neue Spezifikation in einem Textbearbeitungsprogramm, so werden die Änderungen sichtbar.

7.6.2 Neuerstellungen (Creations)

Der Ansatz der Neuerstellungen ist problemlos, da es beim Hinzufügungen neuer Modellelemente (Creations) eine 1:1 Rückkopplungsrate gibt. D.h. jedes neue Element im Modell ist auch ein neuer Konstituent im Text. Für jedes neu definierte Modellelement gibt es eine Textstelle in der Spezifikation. Werden z.B. einer Klasse A im Modell mehrere Unterklassen B, C und D hinzugefügt, so wird der Text durch REFS folgendermaßen erweitert: B is a A. C is a A. D is a A.

7.6.3 Änderungen (Updates)

Durch Updates entstehen keine neuen Textstellen, sondern direkte Änderungen vorhandener Konstituenten. Wenn ein Modellelement mehrere Konstituenten im Text hat, also mehrmals erwähnt wird, so werden alle Konstituenten des Modellelements geändert. Namensänderungen von Klassen, Operationen und Parametern werden 1:1 in den Text übertragen. Hierbei ist zu beachten, dass z.B. „Änderungen" von Parametern in Operationen als Erzeugungen gelten (Creations) und keine Änderungen im eigentlichen Sinne sind. Die textuelle Struktur der Spezifikation bleibt bei der Rückkopplung von Änderungen erhalten, somit ist es einfach, die Änderungen in Word grafisch darzustellen.

7.6.4 Kombination von Löschungen, Änderungen und Neuerstellungen

Der realistischte Anwendungsfall bei Modell- und Textänderungen ist die Kombination von Löschungen, Änderungen und Neuerstellungen. Neuerstellungen werden bei dieser Evaluierung ignoriert, da es nicht sinnvoll ist, zufällig neue Modellelemente zu erzeugen: die Erzeugung von unzusammenhängenden Textstellen ist kein realistischer Anwendungsfall. Selbst definierte Neuerstellungen werden entsprechend der im Konzept gezeigten Schablonen erzeugt. Eine Evaluierung hierfür ist hinfällig. Löschungen und Änderungen auf Modellobjekten hingegen können zufällig erzeugt werden. Hierzu werden Zufallszahlen erzeugt, die die Gesamtanzahl der Anpassungen im Text (abhängig von der Textlänge) und die Position des zu ändernden Wortes im Text (zwischen 1 und <Textlänge>) bestimmen. Die zufällige Auswahl von Löschungen und Änderungen schließt ein mögliches *Overfitting* von REFS an die entsprechenden Texte aus. Die Konsequenz ist aber auch, dass die von REFS geänderten Texte nicht auf inhaltliche

Relevanz und Didaktik beurteilt werden dürfen. Zuerst werden die Löschungen durchgeführt, dann die Änderungen. Tabelle 7.13 zeigt die Ergebnisse.

Die Anzahl der zufällig definierten Löschungen (*L*) und Änderungen (*Ä*) sind in Spalte 3 und 4 aufgeführt. Bis auf einen Text, werden alle Änderungen und Löschungen vollständig im Unterschiedsprotokoll vermerkt. Spalte 5 und 6 zeigen die Menge der erkannten Änderungen in Prozent. Im *Circe-Ambriola* Text wird eine Änderungen nicht richtig erkannt: sie wird als Löschung und Neuerzeugung protokolliert. Hierbei werden die Änderungen trotzdem passend in den Spezifikationstext zurückgeschrieben, da Änderungen in REFS intern wie Löschungen und Erstellungen behandelt werden. Die Spalten 7 und 8 zeigen die Anzahl der übernommenen Löschungen und Änderungen bei der Rückführung zum Text. Die Rückkopplungen zum Text sind vollständig, in Spezialfällen aber teilweise fehlerhaft (+*andere*), d.h. es wurden mehr Satzelemente im Text gelöscht und verändert als erwartet. Hier gilt es die Rückkopplung zu Text in Zukunft zu optimieren. Die Texte inklusive aller Änderungen durch die Rückkopplungen sind im Anhang H aufgeführt.

7.6.5 Bewertung der Rückführungen von Modelländerungen in den Text

Die Messergebnisse aus Tabelle 7.13 zeigen eine sehr gute Erkennung der Modelländerungen auf Basis des für diese Arbeit implementierten Unterschiedsprotokolls. Insgesamt wird nur eine Änderungen nicht richtig erkannt, diese bleibt ohne Konsequenz, da das Element nicht übersehen, sondern folglich eine Löschung und eine Neuerzeugung gefunden wurde. Die Rückführung der durch das Unterschiedprotokoll gefundenen Änderungen in die textuelle Spezifikation wird unter zu Hilfenahme von Gelhausens SAL_E **MX**-Implementierung durchgeführt. Hierbei werden die Satzteile des SAL_E-Modells wieder in Text ausgegeben. Die Evaluierung zeigt im Folgenden, dass die Rückkopplung zu Text bei Mengen und Aufzählungen nur unzureichend funktioniert.

7.6.5.1 Zufällige Änderungen und Löschungen

Um REFS zu evaluieren, wurden Änderungen (`Updates`) und Löschungen (`Deletions`) betrachtet. Hierbei wurden auf dem jeweiligen Text zufällig Wörter geändert und gelöscht. Der Anteil an Änderungen beträgt dabei 10%, der Anteil der Löschungen 5%. Da Neuerstellungen ohne menschlichen Eingriff nicht zufällig erzeugt werden können, bzw. die Bedeutung der Satzes ad absurdum führen können, wurden diese für die Evaluierung nicht betrachtet. Manuelle Neuerzeugungen wurden getestet: es zeigte sich, dass REFS alle Neuerstellungen findet. Die folgenden Abbildung zeigt die Änderungen und Löschungen. Die Wörter im Text sind in Gelhausens SAL_E-Modell mit numerischen Bezeichnern markiert und in Abbildung 7.13 aufgeführt. Die grau markierten Nummern sind bereits in einer Änderung oder Löschung davor beinhaltet gewesen. Die blau markierten Nummern sind Kollaterallöschungen, d.h. Kindknoten von gelöschten Knoten im SAL$_E$-Modell. Die detaillierten Änderungen und Löschungen an den Texten sind im Anhang H aufgeführt.

7.6.5.2 Evaluierung der Texte im Detail

ModalWindow und MusicalStore   Die durchgeführten Änderungen und Löschungen bei *ModalWindow-Chen* und *MusicalStore-Deeptimahanti* wurden fehlerfrei und vollständig im Dokument übernommen (siehe Textausgabe in Abbildung H.1 und H.2). REFS entfernt nach den Löschungen ein Satzartefakt `Store_management the.` korrekt.

Circe-Ambriola mit Fehlern   Im geänderten *Circe-Ambriola* Modell wurden bis auf eine Änderung zwar alle Anpassungen im Text richtig erkannt, die Anpassungen im Circe Text werden aber fehlerhaft übernommen. Theoretisch müsste die falsch erkannte Änderung auch in den Text zurückgeführt werden können, da sie als Löschung und Neuerzeugung erkannt wurde. Die teilweise unvollständige Annotierung durch AUTO-ANNOTATOR führt dazu, dass REFS Mengen (Aufzählungen) und Subphrasen (Nebensätze, Schachtelsätze) nicht immer fehlerfrei in den ursprünglichen Text zurückkoppelt. Das *Circe-Ambriola* Beispiel besteht aus vielen Aufzählungen. Bei der Anwendung der erkannten Änderungen auf den ursprünglichen Spezifikationstext gehen die Aufzählungen in 6 verschiedenen Sätzen teilweise verloren und die Sätze sind unvollständig. REFS entfernt das Satzartefakt `The the to the view_selector.` korrekt aus der Spezifikation. Die Textausgabe in Abbildung H.3 veranschaulicht dies.

MonitoringPressure-Berry   Die Änderungen werden korrekt übernommen und im Text eingefügt. Abbildung H.4 veranschaulicht dies.

ATM-Rumbaugh mit Fehlern   Die Rückkopplung der Löschungen und Änderugen im ATM-Rumbaugh Text ist fehlerhaft. Zum einen wird eine Menge (siehe auch Circe oben) nach der Annotierung durch AUTOANNOTATOR unvollständig in den Text zurückgeführt, so dass der Satz `ATM reads the cash card` in der Mitte abbricht und unvollständig ist. Auch Teile des letzten Satzes werden von REFS in der Spezifikation fälschlicherweise gelöscht: `their computers` und `contractor shall design the software for the ATMs and the network.` Abbildung H.5 veranschaulicht dies.

SteamBoiler-Mellor   Die Rückkopplung aller im Text gefundenen Änderungen und Löschungen ist fehlerhaft. In Satz drei ignoriert REFS eine Aufzählung und beendet

Spezifikation	#Wörter	#Löschungen	#Änderungen	Modelländerungen Löschungen	Modelländerungen Änderungen	Löschungen Gefunden	Löschungen Übersehen	Löschungen %	Änderungen Gefunden	Änderungen Übersehen	Änderungen %
ModalWindow-Chen	30	2	3	53,42	52,63,48	alle	0	100	alle	0	100
MusicalStoreT (Deeptimahant)	131	7	13	311,352,234, 347,354	230,273,286,3 41,246,332,34 237,308,349,3	alle	0	100	alle	0	100
CirceT (Ambriola)	132	7	13	288,225,327, 2,306,344,303, ,265,271,342,	37,219,230,34 344,339,269 306,344	alle	0	100	alle außer 219	1	90
MonitoringPressureT (Berry)	89	4	9	116,80,94,10	142,118,129,1 02,104,82,83, 189,250,308,1	alle	0	100	alle	0	100
ATM (Rumbaugh)	110	6	11	240,191,215, 285,298,210, 220, 235,	98,219,256,27 3,196,220,184 260,252,191,2	alle	0	100	alle	0	100
SteamBoilerT (Mellor)	163	8	16	168,218,178, 200,174,188	00,257,254,18 9,194,248,161	alle	0	100	alle	0	100

Abbildung 7.13: Übersicht der zufälligen Änderungen und Löschungen aller Spezifikationen

Tabelle 7.13: Erkennungsraten von zufälligen Änderungen im Modell mit dem Unterschiedsprotokoll und deren Rückkopplung in die textuelle Spezifikation nach (L)öschungen und (Ä)nderungen

Text	#Wörter	Zufällige		Erkannte		Text übern.	
		L	Ä	L	Ä	L	Ä
ModalWindow	30	2	3	100%	100%	2	3
Mus.Store	131	7	13	100%	100%	7	13
Circe	132	7	13	100%	90%	7 +andere	3 +andere
Mon.Pres.	89	4	9	100%	100%	4	9
ATM	110	6	1	100%	100%	6 +andere	1 +andere
SteamBoiler	163	8	16	100%	100%	8 +andere	16 +andere

den Satz. Das Satzartefakt During operation besteht, da die folgende Subphrase von REFS nicht zurück in den Text geführt wird. Die Elemente des fehlenden Restsatzes befinden sich nach wie vor im Modell und müssten in der Spezifikation auftauchen. Ein Folgefehler tritt im Satz Even with two measuring_device broken auf: hier könnte das Satzartefakt gelöscht werden, wenn der zuvor genannte Satz During operation [..] im Text verblieben wäre und nicht gelöscht worden wäre. Zudem müssten die Teile SBS transfers control to the operator desk und the operator can stop the SBS at any time via the operator desk im Text verbleiben und dürften nicht gelöscht werden. Abbildung H.6 veranschaulicht dies.

7.6.6 Spezielle UML-Markierungen durch UML-Werkzeuge

Bei der Nutzung von UML-Werkzeugen stellten wir fest, dass Altova UMLSpy [Alt08] für optimierte UML-Modell-Ansichten neue UML-Pakete erstellt und dem bestehenden Klassendiagramm hinzufügt (siehe auch Kapitel 6.4.2). Diese Pakete befinden sich anschließend in der XML-Beschreibung (XMI-Datei) des eigentlichen UML-Modells. Da das REFS Unterschiedprotokoll die durch Werkzeugzusätze erweiterte Datei mit der Originaldatei vergleicht, erkennt REFS fälschlicherweise neue Elemente. Diese Elemente sind interne Vermerke von Altova und nicht Teil des eigentlichen Modells. Um einen automatischen Abgleich von Modelländerungen zu ermöglichen, müssen diese automatisch erzeugten Inhalte entfernt werden.

7.6.7 Limitierungen

REFS funktioniert aktuell nur für Klassendiagramme. Gelhausens [Gel10] Ansatz zur Modellerzeugung betrachtet aber auch Kontrollflussmodelle und Aktivitätsdiagramme. Das Unterschiedprotokoll von REFS kann diese Arten von Modellen verarbeiten. Es überträgt sogar Auswirkungen von Klassendiagramm-Änderungen auf andere Modelltypen. So werden z.B. Elemente in Zustandsdiagrammen als *zu löschen* markiert, wenn die dazugehörige Klasse zuvor entfernt wurde.

7.7 nlrpBench

Da für die Anforderungsermittlung in der Softwaretechnik keinerlei Vergleichsmöglichkeiten der einzelnen Forschungsergebnissen bereitstehen, hat das IPD Tichy beschlossen, den Natural Language Requirements Processing Benchmark [TKL12] *nlrpBench* zu erstellen. Frei nach Wittgensteins [Wit22] (1889-1951) „Wovon man nicht sprechen kann, darüber muss man schweigen" soll hier eine Plattform geschaffen werden, auf der über Ergebnisse im Bereich der natürlichsprachlichen Verarbeitung von Anforderungen diskutiert und Informationen ausgetauscht werden können. nlrpBench soll es ermöglichen, Forschungsergebnisse weltweit zu teilen und neue Ideen aufzudecken. Bisher wurden Beiträge für den Benchmark von Daimler, Accenture USA, der Universität Politécnica de Madrid und The Open University UK geliefert. Insgesamt befinden sich auf nlrpBench aktuell 51 Spezifikationen [5] mit ihren entsprechenden Lösungsansätzen. Es ist geplant, den Benchmark die kommenden Jahre auf den Konferenzen zur Anforderungsermittlung voranzutreiben.

7.7.1 Hintergrund

Den Analysten im Bereich der Anforderungserhebung mangelt es an Werkzeugunterstützung. Die Herausforderungen, die bei der Automatisierung diverser Teilbereiche der Anforderungserhebung bestehen, beschäftigen zahlreiche Forschungsprojekte weltweit. Um die Ergebnisse dieser Arbeiten zu vergleichen, bzw. vergleichbar zu machen und um einen gemeinsamen Vergleichsstandard zur Verfügung zu haben, sind Benchmarks notwendig. Sie geben einen schnellen Überblick über mögliche Tests für neu entwickelte Ansätze und liefern direkte Vergleichszahlen. Wir fordern mit *nlrpBench* eine Menge an Benchmarks, die der Forschungsgemeinschaft helfen, ihre Ergebnisse untereinander zu überprüfen. Benchmarking bedeutet die nachvollziehbare Vermessung von Ausbeute und Präzision mit der ein Computersystem eine Aufgabe ausführt. Dies erlaubt den Vergleich zwischen verschiedenen Software- und Hardware-Kombinationen.

---

[5]Stand Februar 2014

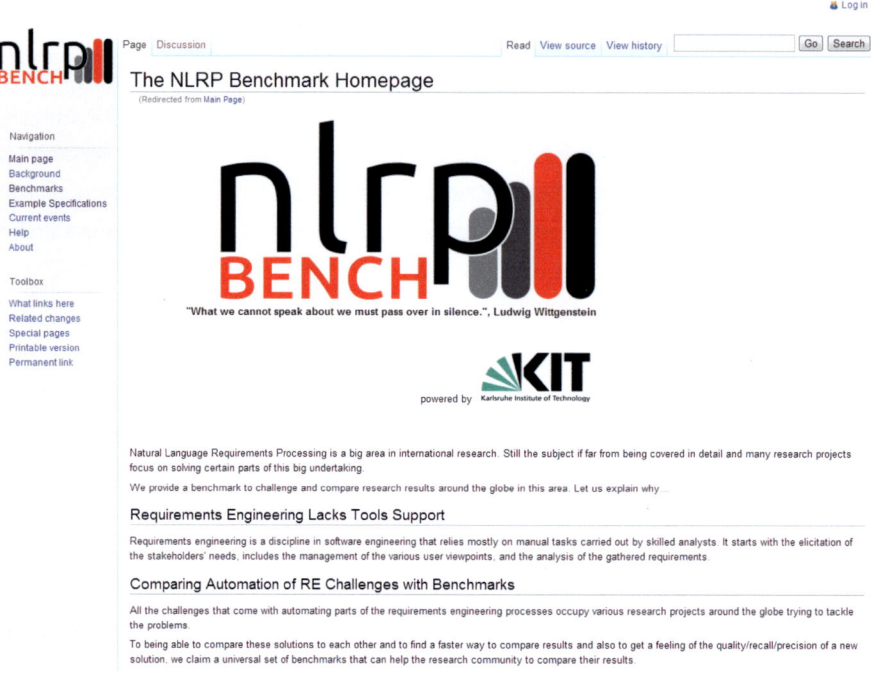

Abbildung 7.14: Der NLRP-Benchmark: eine Website zum Austausch von
Forschungsergebnissen im Bereich der Anforderungsverarbeitung in
der Softwaretechnik

7.7.2 Benchmarks

Benchmarks bestehen aus einer Menge an Problemen mit einer Qualitätsmetrik für mögliche Lösungen. Unabhängige Forschergruppen können ihre automatisierten Lösungen
auf das Problem anwenden und ihre Ergebnisse direkt vergleichen. Benchmarks haben
auch große Vorteile gegenüber Experimenten mit Menschen, da sie beliebig oft und
preiswert wiederholt werden können. Zu beachten ist, dass Benchmarks im Laufe der
Zeit angepasst werden müssen, um eine zu starke Anpassung (*Overfitting*) der Lösungen an den Benchmark zu vermeiden.

Wir glauben, dass Benchmarks den Fortschritt in den gemeinsamen Forschungsbereichen wesentlich beschleunigen können. In verschiedenen Bereichen der Informatik haben Benchmark bereits entscheidende Fortschritte ermöglicht. In der Computer-
Architektur haben diverse Benchmarks den Vergleich für die Rechenleistung von Prozessoren ermöglicht. Zum Beispiel veröffentlicht die SPEC (Standard Performance Evaluation Corporation) eine ganze Reihe von Benchmarks zur Leistungsmessungen bei
Computersystemen; darunter u.a. CPU, Web-Server, AppServer, Leistungsaufnahme,

usw. Ein Beispiel für die Amortisierung von Benchmarks ist der Einsatz von Simulationen beim Architektur-Entwurf von Prozessoren. Hier sparen Benchmark Entwicklungskosten und -Zeit. Weitere Benchmark beschäftigen sich mit Datenbanken (Transaction Processing Performance Council - TCP): sie ermöglichen eine Vergleich der Leistungsfähigkeit verschiedener Produkte in bestimmten Bereichen, wie z.B. Verarbeitungsgeschwindigkeit, Datentransferraten, usw. Benchmarks für Robotik (DARPA Grand Challenge, DARPA Urban Challenge) erlauben trotz unterschiedlicher Ansätze und Technologien die Prüfung, ob ein Roboter die gewünschte Anforderung erbringen kann. In diesem konkreten Fall ist es die autonome Durchquerung eines Wüstenabschnitts ohne manuelle Eingriffe.

Bei nlrpBench versprechen wir uns somit Lösungsansätze für Herausforderungen, die bisher nur manuell gelöst werden können. Da die Ansätze vielfältig sind, ist es wichtig, die Ergebnisse zu überprüfen und auf dieser Basis zu diskutieren, anstatt die Implementierung und Ansätze der Lösungen zu betrachten. Wir glauben, dass dies schneller zu einer Lösung führt und der dadurch entstehende Wettbewerb die Entwicklung beschleunigt.

Kapitel 8

Zusammenfassung und Ausblick

8.1 Zusammenfassung

Diese Arbeit beschäftigt sich mit der Automatisierung der bislang manuellen Prozesse in der Anforderungserhebung und -verwaltung. Hierbei nutzt diese Arbeit eine Kombination von bestehenden Werkzeugen für die Verarbeitung von Texten (NLP), kombiniert diese mit semantischen Zusatzinformationen durch Ontologien und weitere Wissensbasen und beachtet hierbei die in theoretischen Arbeiten behandelten linguistischen Konzepte zur Fehlerfindung in Texten. Die in dieser Arbeit erstellte Werkzeugkette RECAA erlaubt zudem das iterative Vorgehen beim Arbeiten mit natürlichsprachlichen Anforderungen und der daraus erstellten Modelle, was bislang von keinem anderen Werkzeug aus Industrie oder Forschung unterstützt wird. Die Evaluierung zeigt, dass die für diese Arbeit aufgestellten Thesen aus Kapitel 2.3 konzeptionell als auch prototypisch belegt werden konnten. Im Zuge dieser Arbeit haben wir weitere Herausforderungen im Bereich der Textverarbeitung für Anforderungen gefunden, welche im Kapitel 8 erwähnt sind.

RESI [1] ist das erste Werkzeug in der Kette von RECAA und findet potentielle Mängel in Spezifikationen aus 10 verschiedenen Fehlerklassen, wie z.B. Mehrdeutigkeiten, Unvollständigkeiten, falsche benutzte Quantoren, etc. In der Evaluierung zeigt sich, dass RESI gleich viele Fehler findet wie der ideale manuelle Prozess. Der Vorteil von RESI ist, dass die Qualität nicht vom Analysten abhängt, sondern das Werkzeug alle Mängel selbst findet und mit dem Nutzer interagiert und entsprechende Lösungsvorschläge macht. Eine Studie mit verschiedenen Nutzergruppen (Softwareentwickler, Doktoranden der Informatik und Nicht-Informatiker) zeigte zudem, dass RESI nicht nur für Spezialisten geeignet scheint, sondern auch von Personen und softwaretechnische Ausbildung genutzt werden kann. Die Qualität der Fehlerfindung in RESI ist hauptsächlich abhängig von der genutzten Ontologie. RESI bestätigt die erste These, dass potentielle Mängel Texte automatisiert durch ein Werkzeug gefunden werden können.

---

[1]Requirements Engineering Feedback System

Das zweite Werkzeug in der Kette ist AUTOANNOTATOR, welches implizite semantische Informationen von Texten explizit annotiert. Hierbei zeigte sich, dass die Nutzung von grammatikalischen Strukturen und Syntax allein nicht ausreicht, sondern dem Werkzeug eine Art „gesunder Menschenverstand" gegeben werden muss. Bei AUTO-ANNOTATOR wurde dies u.a. durch die Kombination von Ontologien und diversen NLP-Werkzeugen gelöst. Letztendlich automatisiert AUTOANNOTATOR die semantische Annotierung und die darauf aufbauende werkzeuggestützte Erzeugung von UML-Modellen. AUTOANNOTATOR annotiert abhängig von der Qualität der Anforderung 60%-80% der Texte korrekt und liefert die Möglichkeit auf Knopfdruck initiale Modelle von textuellen Anforderungen zu erstellen. Es ist unklar, ob fehlende oder falsche Modellelemente für den Softwareentwicklungsprozess große, kleine oder gar keine Auswirkung gehabt hätten. AUTOANNOTATOR bestätigt die zweite These dieser Arbeit, die besagt, dass inhärente semantische Informationen aus Texten automatisch erkannt werden können. Dies ist ein Vorgang, der bisher dem menschlichen Analysten vorbehalten blieb; und abhängig von dessen Fachkompetenz gestaltet sich die Qualität der daraus entstehenden Modelle. In die Werkzeugkette RECAA integriert ist die Dissertation von Gelhausen [Gel10], welche aus den annotierten Texten UML-Modelle erzeugt.

Anschließend kommt das dritte in dieser Arbeit erstellte Werkzeug zum tragen: REFS[2]. REFS synchronisiert Änderungen am Software-(UML-)Modell mit dem ursprünglichen Spezifikationstext und erlaubt es dem Kunden und Auftraggeber, direkt zu überprüfen, ob das aktuell verwendete Modell auch noch seinen Anforderungen entspricht. REFS ist somit das letzte Glied in der Kette, dass das in dieser Arbeit geforderte *Round-Trip Engineering* möglich macht. Die Evaluierung bestätigt hierbei die dritte These, dass Spezifikationstexte und deren Modellrepräsentation automatisch synchron gehalten werden können. Die Rückführung der Änderungen durch REFS in den eigentlichen Spezifikationstext ist teilweise unvollständig. Die Synchronisierung dieser beiden Artefakte (Text und Modell) der Softwareentwicklung ist aber bis heute manuell und deshalb sehr aufwändig und teuer. Oft werden Änderungen im Modell, die sich dann in der Software niederschlagen, deshalb überhaupt nicht in die Spezifikation zurück geführt. Dies führt dazu, dass Softwareprojekte vom Kunden nicht akzeptiert oder als mängelbehaftet empfunden werden.

Zusammenfassend betrachtet RECAA den kompletten Prozess der Anforderungserhebung, -verwaltung und -änderung und zeigt, dass die manuellen Prozesse automatisiert werden können.

Eine der größten Herausforderungen in dieser Arbeit war die konzeptionelle Einbettung der Ontologien. Herauszufinden, welche Schlussfolgerungen ein menschlicher Analyst auf Grund seines Verständnisses des Textes durchführt, war schwierig. An-

---

[2]Requirements Engineering Feedback System

schließend war die Herausforderung zu Erkennen, welche Anfragen an welcher Stelle der Kette an die Ontologie gestellt werden müssen und was mit den zurückgelieferten Ergebnissen in der weiteren Verarbeitungskette geschehen muss. Um sicher zu stellen, dass diese Arbeit keine *self-fulfilling-prophecy* darstellt, wurden bekannte Anforderungstexte und bestehende Ontologien benutzt. Hierbei ist wichtig zu erwähnen, dass das Problem und die Herausforderungen in den Texten zuvor bekannt war und RECAA letztendlich die Lösung hierfür aufzeigt.

8.2 Ausblick

Wie die Evaluierung zeigt, gibt es vielversprechende Ergebnisse im Bereich der automatischen Optimierung von Texten (RESI) und der Verarbeitung von inhärenter Semantik von Texten (AUTOANNOTATOR). Großes Optimierungspotential liegt im Bereich der benutzen Ontologien, bzw. deren Erweiterungen für spezifische Anwendungsgebiete. Für einen Einsatz in der Industrie müssen größer angelegte Studien durchgeführt werden, um zu zeigen, welche Potentiale sich hier heben lassen. Domänen- und nutzerspezifische Ontologien versprechen hier Verbesserungen. Für eine bessere Nutzerakzeptanz und die Überführung der Werkzeuge heraus aus akademischen Anwendungsfällen und Fallstudien ist die Überarbeitung der Oberflächen und der Verarbeitungsprozesse notwendig. Erste Gespräche mit Industrievertretern im Bereich der Anforderungserhebung in der Automobilindustrie zeigen die Möglichkeiten im Bereich der Lastenhefterstellung. Hier ist der Fokus zunächst auf der Erkennung von Spezifikationsmängeln und deren rechtzeitige Beseitigung aus der Spezifikation. Gemeinsame Projekte und der Einsatz der oben genannten Werkzeuge in der Industrie werden aktuell geplant.

Im Bereich der UML-Modell-zu-Text-Kohärenz zeigt diese Arbeit, dass textuelle Spezifikationen mit Werkzeugen und deren Modelle konsistent gehalten werden können. Um die Validierung von REFS vervollständigen zu können, ist es notwendig, umfangreichere Beispiele von echten (Software-)projekten zu bekommen. Hier gilt es, die Zusammenarbeit mit Industriepartnern zu suchen.

Das Unterschiedsprotokoll von REFS kann alle Arten von UML-Modellen verarbeiten. Es überträgt dabei sogar Auswirkungen von Klassendiagramm-Änderungen auf andere Modelltypen, wie z.B. Zustandsdiagramme oder Sequenzdiagramme. So markiert es z.B. Elemente in Zustandsdiagrammen als *zu löschen*, wenn die dazugehörige Klasse im Klassendiagramm entfernt wurde. Für diese Dissertation wurde auf UML-Klassendiagramme fokussiert. Texte, die auch Abläufe bzw. Zustandsdiagramme beschreiben wurden nicht evaluiert. Es gilt zu prüfen, ob eine Ausweitung der Rückkopplungen durch REFS für solche Texte für den Nutzer sinnvoll ist und in welcher Form diese Auswirkungen dem Nutzer präsentiert werden sollten.

Unterstützend wurde der NLRP-Benchmark [TKL12] ins Leben gerufen. Um den Erfolg des Benchmark zu gewährleisten, ist es notwendig, den Benchmark auf den einschlägigen Konferenzen bekannt zu machen. Somit kann man die Datenbasis durch Mitwirken anderer Forscherteams erweitern. Das IPD Tichy sollte hierbei die Rolle der Moderation und Verwaltung des Benchmarks übernehmen. Mit Blick auf andere Forschungsprojekte im Gebiet der NLP (*natural language processing*) zeigt sich, dass manche Projekte eingestellt wurden [Kof04, Kof05b, Kof09, Kof10]. Andere Projekte haben Konsortien gebildet, um gemeinsam an der Optimierung und Verarbeitung von Anforderungen und dazugehörigen Prozessen zu arbeiten [NKF93, NE00], allen voran das MATReX [NRY$^+$12] Projekt. Auch hier versprechen wir uns durch die Einführung von NLRPBench eine verbesserte Zusammenarbeit. Mittelfristig (3-5 Jahre) sollte das IPD/KIT einen Workshop für diesen Benchmark veranstalten, bei dem die Mitarbeiter im Bereich der Sprachverarbeitung als Referenten tätig sind. Dies erhöht die Akzeptanz und Qualität und treibt die Forschung im Bereich der Verarbeitung von natürlicher Sprache auf Textbasis voran. Ein Konsortium um den NLRPBenchmark könnte als eines der Steuermedien für die Forschung im Bereich *Requirements Engineering* dienen.

Auf Grund der Modellerzeugung aus Texten, erscheint eine engere Zusammenarbeit mit der modellgetriebenen Architektur (MDA) sinnvoll. Hierbei gilt es heraus zu finden, ob die aus Text erzeugten Modelle entsprechend in Quellcode gewandelt werden können und ob die daraus resultierenden Funktionen den ursprünglichen Anforderungen der Nutzer genügen. Ein interessanter Aspekt hierbei ist auch die Granularität von Modellen, deren Ausprägung für den jeweiligen Anwendungsfall anders geartet sein muss. Hier wäre interessant zu prüfen, welche Abstraktionsniveau für welchen Teil des Entwicklungsprozesses notwendig, gewünscht und sinnvoll ist. Im Zuge dieser Arbeit wurden weitere Aspekte bei der Wandlung von Text nach Programmcode entdeckt, die an der Forschungsgruppe bearbeitet werden. Hierbei zeigt sich u.a. die Chronologie von textuellen Beschreibungen als Problem, da sich Menschen bei der Formulierung von Texten laut unseren Studien nicht an chronologische Abfolgen halten, bzw. diese mit Rückwärtsverweisen formulieren. Unsere Studien zeigen auch, dass wir Menschen täglich lernen, Synonyme zu nutzen und wir dies selbst dann tun, wenn wir darauf hingewiesen werden, dies zu unterlassen. Der Mensch lernt aber von Anfang seines Lebens *nicht langweilig* zu formulieren. Ein weiteres Thema, das in Kombination mit der MDA betrachtet werden muss ist das verwendete Abstraktionsniveau (Vgl. Vollständigkeit und Überflüssigkeit) und der entsprechende Detaillierungsgrad einer textuellen Beschreibung. Zusätzlich stellten wir in der Arbeit mit Anforderungen zu Software fest, dass die Koreferenzanalyse deutlich komplexer ist, als ursprünglich angenommen. Im allseits bekannten Fall beschäftigt sich die Koreferenzanalyse hauptsächlich mit der Auflösung von Personalpronomina und den dazugehörigen Bezeichnern/Namen. Bei der Arbeit mit

Anforderungen gilt es diese Analyse auf durchgeführte Aktionen zu erweitern und entsprechend zu erkennen. Ein Beispiel ist: "Michael Schuhmacher fuhr 5 Runden. Nach 5 Runden wurde er überholt." Jetzt stellt sich die Frage, ob Michael Schumacher (höchstwahrscheinlich) nach 5 Runden überholt wurde, oder doch nach 10 Runden (5+5 Runden). Dies ist ein weiteres, spannendes Thema.

Betrachten wir die automatische Erzeugung von Sequenz- und Ablaufdiagrammen direkt aus Texten: diese Art von Modellerzeugung ist auch mit Gelhausens [Gel10] Ansatz noch manuell. Automatisch erzeugte Modelle könnten dann von bestehenden Softwarelösungen automatisch geprüft und Fehler im Ablauf erkannt werden. Eine Steigerung wäre dann die rechtzeitige Entdeckung von möglichen Parallelisierungssträngen: dies könnte sowohl als Hinweis für die Entwicklung dienen, als auch die mit der Parallelisierung einhergehende Probleme bereits nach Bearbeitung der textuellen Spezifikation aufzeigen. Beispielhaft könnten Bereiche von Spezifikationen als Hotspot für Wettlaufsituationen (*race condition*) markiert werden.

Werden die Modelle entsprechend erzeugt, ist auch deren Nachverarbeitung in einer passenden Softwarelösung für den Anwender wichtig. Hierbei muss eine Integration in die Industriestandards wie IBM Doors, etc. angestrebt werden. Nur so ist es möglich, größere Nutzergruppen anzusprechen und gleichzeitig entsprechende Daten für und über die Nutzung einer solchen Software zu sammeln.

Das große Ziel bleibt das *Programmieren für Jedermann*. Wenn die RECAA-Prozesskette umfangreiche und fehlerfreie Modelle für Domänen liefert, könnten diese in die Modellgetriebene Entwicklung (MDA [3]) übergeben werden und automatisch Quellcode generiert werden. Dies könnte die Erstellung von Prototypen beschleunigen. Ein erster Schritt ist hierbei die Verarbeitung von natürlichsprachlichen Texten von Maschinen. Diese Arbeit und die Dissertation von Gelhausen [Gel10] schaffen hierfür einige der Voraussetzungen.

---

[3]Model Driven Architecture

Anhang A

Das Penn-Tagset

CC	Coordinating conjunction	TO	*to*
CD	Cardinal number	UH	Interjection
DT	Determiner	VB	Verb, base form
EX	Existential *there*	VBD	Verb, past tense
FW	Foreign word	VBG	Verb, gerund or present participle
IN	Preposition or subordinating conjunction	VBN	Verb, past participle
JJ	Adjective	VBP	Verb, non-3rd person singular present
JJR	Adjective, comparative	VBZ	Verb, 3rd person singular present
JJS	Adjective, superlative	WDT	*wh*-determiner
LS	List item marker	WP	*wh*-pronoun
MD	Modal	WP$	Possessive *wh*-pronoun
NN	Noun, common, singular or mass	WRB	*Wh*-adverb
NNS	Noun, plural	#	Pound sign
N(N)P	Proper noun, singular	$	Dollar sign
N(N)PS	Proper noun, plural	.	Sentence-final punctuation
PDT	Predeterminer	,	Comma
POS	Possessive ending	:	Colon, semi-colon

P(R)P	Personal pronoun	(	Left bracket character
P(R)P$	Possessive pronoun	)	Right bracket character
RB	Adverb	"	Straight double quote
RBR	Adverb, comparative	'	Left open single quote
RBS	Adverb, superlative	"	Left open double quote
RP	Particle	'	Right close single quote
SYM	Symbol	"	Right close double quote

Anhang B

Typenabhängigkeiten

Die Typenabhängigkeiten (*Typed Dependencies*) von Stanford [The09b] werden im Handbuch [MM11] näher erklärt.

dep	dependent	**amod**	adjectival modifier
aux	auxiliary	**appos**	appositional modifier
auxpass	passive auxiliary	**advcl**	adverbial clause modifier
cop	copula	**purpcl**	purpose clause modifier
arg	argument	**det**	determiner
agent	agent	**predet**	predeterminer
comp	complement	**preconj**	preconjunct
acomp	adjectival complement	**infmod**	infinitival modifier
attr	attributive	**partmod**	participial modifier
ccomp	clausal compl. with int. subj.	**advmod**	adverbial modifier
xcomp	clausal compl. with ext. subj.	**neg**	negation modifier
compl	complementizer	**rcmod**	relative clause modifier
obj	object	**quantmod**	quantifier modifier
dobj	direct object	**tmod**	temporal modifier
iobj	indirect object	**measure**	measure-phrase modifier
pobj	object of preposition	**nn**	noun compound modifier
mark	marker (word introd. an advcl)	**num**	numeric modifier
rel	relative (word introd. a rcmod)	**number**	element of compound number
subj	subject	**prep**	prepositional modifier
nsubj	nominal subject	**poss**	possession modifier
nsubjpass	passive nominal subject	**possessive**	possessive modifier ('s)

csubj	clausal subject	**prt**	phrasal verb particle
csubjpass	passive clausal subject	**parataxis**	parataxis
cc	coordination	**punct**	punctuation
conj	conjunct	**ref**	referent
expl	expletive (expletive there)	**sdep**	semantic dependent
mod	modifier	**xsubj**	controlling subject
abbrev	abbreviation modifier		

Anhang C

Die thematischen Rollen von SAL$_E$

Die von AUTOANNOTATOR abgebildeten Rollen sind fett markiert.

ACT	*actus*	eine Handlung
AG	*agens*	ein Handelnder
BEN	*beneficiens*	der Nutznießer einer Handlung
CAU	*causa*	ein Grund
COM	*comes*	ein Begleiter
COMP	*comparand*	etwas, mit dem verglichen wird
COMPII	*compariens*	etwas, das verglichen wird
CONS	*consequentia*	das, was gilt, wenn eine Bedingung erfüllt ist
CONT	*contrarius*	ein Gegner
CONTII	*contrariens*	jemand, der einen Gegner hat
CREA	*creator*	Synonym für *agens*, vor allem im Zusammenhang mit *opus*
CRIT	*criterium*	ein Vergleichskriterium
CUR	*currens*	das Gegenwärtige, Laufende
DON	*donor*	jemand, der etwas gibt
DUX	*dux*	jemand, der begleitet wird
EQD	*equal-drop*	technische Rolle
EQK	*equal-keep*	technische Rolle
EXP	*experior*	jemand, der etwas erfährt
FAU	*fautor*	jemand, der einem einen Vorteil verschafft
FAV	*favor*	ein Vorteil
FIC	*fictum*	eine Funktion oder Rolle, die jemand oder etwas spielt
FIN	*fingens*	jemand, der eine Rolle oder Funktion einnimmt
FREQ	*frequens*	eine zeitlich Häufigkeit
HAB	*habitum*	etwas, das jemand hat oder das ihm gehört
INST	*instrumentum*	ein Hilfsmittel bei einer Tätigkeit
INT	*intentio*	eine Absicht
IUS	*ius*	ein Recht (Anrecht), das jemand hat
IUSII	*iurens*	jemand, der ein Recht hat, der etwas darf
LDEST	*locus destinatio*	ein Ort, wo etwas hin geht oder bis zu dem es reicht

LDIM	*locus dimensio*	eine Strecke (Länge, Höhe, Breite)
LIM	*limes*	ein Pfad, ein Weg, den etwas nimmt
LOC	*locus*	ein Ort
LORIG	*locus origo*	ein Ort, wo etwas herkommt oder wo es anfängt
LTRANS	*locus transitum*	etwas, das sich durch dem Raum bewegt (oder bewegt wird)
MAG	*magister*	ein Lehrer, jemand, der einen anderen in die Lage versetzt, etwas zu tun
MOD	*modus*	die Art, wie jemand etwas tut
NOT	*notio*	eine Erfahrung oder eine Empfindung, die jemand macht
OBL	*obligens*	jemand, der jemand anderen verpflichtet, etwas zu tun
OMN	*omnium*	ein/das Ganze
OPUS	*opus*	ein Werk, etwas, das geschaffen (+) oder zerstört (-) wird
PAR	*pars*	ein Teil eines Ganzen
PAT	*patiens*	ein Behandelter, das Ziel einer Handlung
PERM	*permitens*	jemand, der etwas erlaubt
POSS	*possesor*	der Besitzer einer Sache, der Halter, der „Haber"
POT	*potentia*	ein Können, eine Fähigkeit
POTII	*potens*	jemand, der etwas kann
PRAE	*praecedens*	der Vorgänger, Vorläufer, was zuvor war
PROP	*proportiens*	ein Kriterium, an dem die Größe eines Vergleichskriteriums bestimmt wird
QUAL	*qualitas*	eine Qualität, eine Beschaffenheit
QUALII	*qualificatus*	ewas, das eine Qualität hat, dessen Beschaffenheit beschrieben wird
RECP	*recipient*	jemand, der etwas bekommt oder erhält
REQ	*requisitum*	eine Anforderung, eine Pflicht
REQII	*requirens*	jemand, der eine Pflicht hat, an den eine Anforderung gestellt ist
STAT	*status*	ein Zustand
STIM	*stimulus*	jemand oder etwas, das eine Erfahrung oder Empfindung stimuliert
SUB	*substituens*	etwas, das ersetzt wird
SUBII	*substitutus*	etwas, das etwas anderes ersetzt
SUCC	*succedens*	der Nachfolger, etwas, das danach kommt
SUM	*sumtio*	eine Bedingung, eine Voraussetzung
TDEST	*tempus destinatio*	ein Zeitpunkt bis zu dem etwas ist, etwas war oder sein wird
TDIM	*tempus dimensio*	eine Zeitspanne, ein Zeitraum
TEMP	*tempus*	ein Zeitpunkt
THE	*thema*	ein Thema, der Inhalt
THEII	*thematus*	etwas, das ein Thema hat

TORIG	*tempus origo*	ein Zeitpunkt, seit dem etwas ist oder ab dem etwas war oder sein wird
TRANS	*transitus*	ein Zustandsübergang
TTRANS	*tempus transitum*	etwas, das sich durch die Zeit bewegt oder eine zeitliche Erstreckung hat
VOL	*voluntas*	ein Wille, etwas, das jemand will
VOLII	*volens*	jemand, der etwas will

METHODROLE	Platzhalterrolle für Methoden/Aktionen, welche entsprechend der Anfragen an den Ontologien durch thematische Rollen ersetzt werden
OBJECTROLE	Platzhalterrolle für Objekte/Elemente, welche entsprechend der Anfragen an den Ontologien durch thematische Rollen ersetzt werden
INSTMODP	Platzhalterrolle, die nach Abfrage der Ontologie in INSTP oder MOD gewandelt wird
INSTMODM	Platzhalterrolle, die nach Abfrage der Ontologie in INSTM oder MOD gewandelt wird

Anhang D

Ontologieanfragen

In diesem Anhang werden die Anfragen vorgestellt, die von RESI an die externen Ontologien gestellt werden, unterteilt nach Ontologien und Regeln. Die Anfragen werden anhand von konkreten Beispielen gezeigt, wobei die beispielhaft eingefügten Werte in blau dargestellt werden. Als Spezifikation, aus dem die Werte stammen, dient unser Beispielsatz aus Abschnitt 5.4.3:

```
Every pallet is returned after transport.
```

D.1 ResearchCyc

Anfragen an ResearchCyc werden in CycL [Cyca] gestellt. Dabei werden feste Begriffe beziehungsweise Prädikate durch ein vorgestelltes #$ und Variablen durch ein vorgestelltes ? gekennzeichnet. Das in ResearchCyc gespeicherte Wissen ist in Domänen aufgeteilt, sogenannte Microtheories. Alle für RESI relevanten Anfragen werden in der Microtheory *GeneralEnglishMt* gestellt. Für einige Anfragen wird die Bedeutung der Wörter aus dem Satz benötigt. Falls die Bedeutung noch nicht ermittelt wurde, wird sie vorher durch Benutzerauswahl aus einer Liste von Bedeutungen bestimmt. Die Liste wird nach der Methode ermittelt, die in Abschnitt D.1.4 beschrieben wird.

D.1.1 Ermittlung von Verben zu Nominalisierungen

Zur Ermittlung von Nominalisierungen wird zuerst überprüft, ob es ein Wort gibt, für das die potenzielle Nominalisierung (im folgenden Beispiel transport) die Singularform ist:

```
(#$singular ?THEWORD "transport")
```

Dadurch erfährt man, dass transport die Singularform von #\$Transport-TheWord ist.

Zusätzlich wird überprüft, ob ein Wort existiert, für das die potenzielle Nominalisierung ein Singularetantum[1] ist:

```
(#$massNumber ?THEWORD "transport")
```

---

[1]Ein Singularetantum ist ein Substantiv, das ausschließlich im Singular gebräuchlich ist wie zum Beispiel Müll oder Laub.

Für unser Beispiel liefert ResearchCyc keine Ergebnisse. Wäre das Ergebnis ein Singularetantum, würde die Untersuchung hier abgebrochen, da diese eine Ausnahmeerscheinung sind und nicht als Nominalisierungen gelten.

Für unser Beispiel (und alle Wörter, die kein Singularetantum sind) wird nun überprüft, ob es ein Verb mit der selben Bedeutung gibt, das diese potenzielle Nominalisierung hat. Wenn solche Verben gefunden werden, liegt eine mögliche Nominalisierung vor. In Cyc nutzt man hierfür SENSECOUNTER. Es stellt sich heraus, dass das Ontologie-Ereignis #\$TransportationEvent diese Nominalisierung hat:

```
(#$denotation #$Transport-TheWord #$Verb ?SENSECOUNTER
   #$TransportationEvent)
```

Wenn die zurückgegebene Liste nicht leer ist, kann der Infinitiv des Vollverbs ermittelt werden, der dann zurückgeliefert wird:

```
(#$infinitive #$Transport-TheWord ?RESULT)
```

D.1.2 Ermittlung von Argumentlisten zu Prozesswörtern

Die Argumentlisten können über eine einzige Anfrage ermittelt werden. Allerdings muss dafür vorher aus dem Prozesswort (im Beispiel return) eine Wortkonstante gebaut werden, indem nur der erste Buchstabe groß geschrieben und -TheWord angehängt wird:

```
(#$verbSemTrans #$Return-TheWord ?SENSECOUNTER ?FRAMETYPE
   ?FRAME)
```

In der Variable ?FRAME steht dann die Argumentliste im folgenden Format:

```
(#$and
   (#$objectGiven :ACTION :OBJECT)
   (#$isa :ACTION #$ReturningSomething)
   (#$giver :ACTION :SUBJECT)
   (#$givee :ACTION :OBLIQUE-OBJECT))
```

Die Zeile mit dem Prädikat #\$isa gibt die Bedeutung an, die das Wort in diesem Zusammenhang hat. Nur wenn diese Bedeutung mit der Bedeutung des Prozessworts übereinstimmt, wird die Argumentsliste zurückgegeben. In den anderen Zeilen stehen die Argumente mit ihren semantischen (zum Beispiel #\$objectGiven) und ihren syntaktischen (zum Beispiel :OBJECT) Rollen.

Um die semantischen Rollen für den Benutzer von RESI verständlicher zu machen, werden auch die Erklärungen für die semantischen Rollen ermittelt:

```
(#$comment #$giver ?COMMENT)
```

Um die aus diesen Informationen generierten Argumentlisten noch mit Vorschlägen aus dem entsprechenden Satz zu füllen, wird für jedes Argument ermittelt, womit es gefüllt werden kann:

```
(#$arg2Isa #$objectGiven ?WHATFITS)
```

Dadurch erfährt man zum Beispiel, dass ein #$objectGiven jedes #$SomethingExisting sein kann.

Abschließend wird für jedes Wort des Satzes getestet, ob es als eines der Argumente dienen kann. Dazu wird überprüft, ob das, was als Argument verwendet werden kann (#$SomethingExisting) eine Verallgemeinerung der Bedeutung des Wortes aus dem Satz (#$Pallet-TransportationConstruct für pallet) ist:

```
1  (#$genls #$Pallet-TransportationConstruct
2     #$SomethingExisting)
```

Wenn diese Abfrage als wahr angegeben wird, wird das entsprechende Wort als Vorschlag in die Argumentliste eingetragen. Nach Überprüfung aller Argumente und aller Wörter wird die Liste zurückgeliefert.

D.1.3 Ermittlung von Bedeutungen von Artikeln und Quantoren

Nach Bildung einer Wortkonstante (ersten Buchstaben groß schreiben und -TheWord anhängen) aus dem Artikel oder Quantor (im Beispiel Every) kann durch folgende Anfrage die Bedeutung ermittelt werden:

```
1  (#$denotation #$Every-TheWord ?DETERMINERTYPE ?SENSECOUNTER
2     ?CONSTANTORNUMBERVALUE)
```

In der Variable ?DETERMINERTYPE steht anschließend, von welchem Typ der Artikel oder Quantor ist:

- #$Determiner-Definite für bestimmte Artikel

- #$Determiner-Indefinite für unbestimmte Artikel

- #$Determiner-Central für Quantoren, wobei hier in ?CONSTANTORNUMBERVALUE die Bedeutung angegeben wird:
    - #$No-NLAttr für *0*
    - #$Each-NLAttr oder #$Each-NLAttr für *Alle*
    - sonstige Konstanten für *Beliebig*

- #$Number-SP für Zahlen, wobei hier in ?CONSTANTORNUMBERVALUE der Wert als Ganzzahl angegeben wird

D.1.4 Ermittlung von möglichen Wortbedeutungen

Zur Ermittlung aller möglichen Wortbedeutungen wird eine normale Suchanfrage an Research-Cyc gestellt, wie sie auch über das Suchformular gestellt wird, wenn mit einem Browser auf ResearchCyc zugegriffen wird. Für jede gefundene Bedeutung wird noch die Beschreibung über folgende Anfrage ermittelt (im Beispiel für #$Transportation-Event):

```
1  (#$comment #$TransportationEvent ?COMMENT)
```

D.1.5 Ermittlung von Wortähnlichkeiten

Wortähnlichkeit wird ermittelt durch die Fragestellung, ob das eine Wort eine Verallgemeinerung des anderen Wortes ist. Dazu dient folgende Anfrage mit den Bedeutungen der beiden Wörter (im Beispiel #$Pallet-TransportationConstruct für pallet und #$TransportationEvent für transport):

```
1  (#$genls #$Pallet-TransportationConstruct
2     #$TransportationEvent)
```

Wenn diese Abfrage als wahr zurückgegeben wird, wird eine Ersetzung des spezifischeren Begriffs mit dem allgemeineren mit einem Konfidenzwert von 100% vorgeschlagen. Ansonsten wird die Abfrage mit den gleichen Worten in umgekehrter Reihenfolge wiederholt, um herauszufinden, ob eine Verallgemeinerung in der anderen Richtung vorliegt.

D.2 WordNet

WordNet wird über eine Java-Schnittstelle angesprochen. Nachfolgend werden die Anfragen an das Kommandozeilenprogramm angegeben, die die Ergebnisse liefern, die denen der Anfragen an die Java-Schnittstelle in RESI entsprechen.

D.2.1 Ermittlung von möglichen Wortbedeutungen

Zur Ermittlung der Wortbedeutungen werden alle möglichen Bedeutungen mit Beschreibungen angefragt. Dabei wird nach der passenden Wortart gefiltert. Das Kommandozeilenprogramm kann diese Filterung nicht automatisch vornehmen, aber der folgende Befehl liefert alle Bedeutungen für ein Wort mit Beschreibungen (hier für das Wort transport):

```
1  wordnet transport -over
```

D.2.2 Ermittlung von Wortähnlichkeiten

Die Wortähnlichkeit wird in WordNet darüber ermittelt, ob ein Wort ein Oberbegriff des anderen ist. Um alle Oberbegriffe eines Wortes zu ermitteln, kann man den folgenden Kommandozeilenbefehl verwenden (für das Wort pallet):

```
1  wordnet pallet -hypen
```

Wenn das andere Wort in dieser Liste als Oberbegriff auftaucht, wird vorgeschlagen, den Unterbegriff mit dem Oberbegriff zu ersetzen. Der Konfidenzwert wird dabei über die „Verzweigung" bestimmt. Auf dem Weg vom Unterbegriff zum Oberbegriff wird auf jeder Ebene überprüft, wie viele direkte Oberbegriffe dieses Wort hat. Der Prozentwert dieser Ebene wird durch

$$\frac{1}{\text{Anzahl der Bedeutungen}}$$

berechnet. Der gesamte Konfidenzwert ergibt sich durch Multiplikation der Prozentwerte der einzelnen Ebenen.

D.3 ConceptNet

Auf ConceptNet wird ausschließlich über den eigenen Server zugegriffen, der die Anfragen an die mit ConceptNet mitgelieferte Python-Schnittstelle weiterreicht.

D.3.1 Ermittlung von Wortähnlichkeiten

Zur Ermittlung der Wortähnlichkeiten wird überprüft, ob ein Wort der Oberbegriff des anderen ist. Dazu wird die Funktion `get_fwd_relations` wiederholt mit `IsA` als zweitem Argument aufgerufen. Als erstes Argument dient das Wort, das der potentielle Unterbegriff ist. Die zurückgegebenen Verbindungen werden dann weiter verwendet. Sie zeigen auf jeweils einen direkten Oberbegriff, der wieder als erstes Argument für die Funktion verwendet wird. Dies wird immer wiederholt, bis entweder ein direkter Oberbegriff mit dem potentiellen Oberbegriff übereinstimmt oder die maximale Suchtiefe (die konfigurierbar ist) erreicht wurde. Bei Erfolg wird auf jeder Ebene ein Prozentwert durch

$$\frac{\text{Qualitätsmaßzahl der richtigen Verbindung}}{\sum \text{Qualitätsmaßzahlen aller Verbindungen}}$$

berechnet. Das Produkt dieser Prozentwerte ist der zurückgegebene Konfidenzwert.

D.4 YAGO

Zur Kommunikation mit YAGO wird die mitgelieferte Java-Schnittstelle verwendet. Dabei besteht eine Anfrage aus einem oder mehreren sogenannter Templates, die einer Zeile der Anfrage entsprechen. Ein Template besteht aus vier Teilen: der Template-ID (einer Variable), einem Prädikat und zwei Argumenten. Variablen werden mit vorangestelltem ? gekennzeichnet und gelten templateübergreifend. Nach einer erfolgreichen Abfrage ist jede Variable mit einem Wert gefüllt.

D.4.1 Ermittlung von Wortähnlichkeiten

Auch mit Hilfe von YAGO wird Wortähnlichkeit über Oberbegriffe ermittelt. Dabei findet folgendes Abfrageschema Anwendung (im Beispiel ist `tape` ein potentieller Oberbegriff von `video`):

```
1  ?id0 IsA     video ?x1
2  ?id1 subClassOf   ?x1 ?x2
3  ?id2 subClassOf   ?x2 tape
```

Es wird begonnen ohne Hilfsvariablen (im Beispiel beginnen sie mit `?x`) und nur mit einem Template (ohne die Templates mit dem Prädikat `subClassOf`). Solange kein Ergebnis gefunden wird, wird die Anfrage wiederholt mit steigender Zahl von Hilfsvariablen und Templates mit dem Prädikat `subClassOf` bis zu einer konfigurierbaren maximalen Suchtiefe. In jedem Durchlauf wird dabei das Prädikat des ersten Templates variiert mit den Werten `isA`, `type` und `subClassOf`, das Prädikat der anderen Templates bleibt `subClassOf`.

Anhang E

Evaluierung - Verwendete Spezifikationen

E.1 ModalWindow-Chen

Raymond Chen [Che11] beschäftigt sich in seinem MSDN-Blog *How can I tell that a window is modal* mit folgender Spezifikation. Er erklärt die vier großen Fehler des kurzen Beispiels, das aus nur einem Satz besteht.

```
1  A modal window is a child window that requires the user to
2    interact with it before they can return to operating the parent
3    application, thus preventing any work on the application main
4    window.
```

Listing E.1: MSDN-Beispiel: Modal Windows

Ein Auszug aus dem Parse-Baum [The09c] zeigt die Verschachtelungskomplexität und -Tiefe des Satzes.

```
1  (ROOT
2    (S
3      (NP (DT A) (JJ modal) (NN window))
4      (VP (VBZ is)
5        (NP
6          (NP (DT a) (NN child) (NN window))
7          (SBAR
8            (WHNP (WDT that))
9            (S
10             (VP (VBZ requires)
11               (NP (DT the) (NN user)
12                 (S
13                   (VP (TO to)
14                     (VP (VB interact)
15                       (PP (IN with)
16                         (NP (PRP it)))
17                       (SBAR (IN before)
```

```
18                              (S
19                                (NP (PRP they))
20                                (VP (MD can)
21                                  (VP (VB return)
22                                    (PP (TO to)
23                                      (S
24                                        (VP
25                                          (VP (VBG operating)
26                                            (NP (DT the) (NN parent)
27                              (NN application)))
28                                          (, ,)
29                                          (ADVP (RB thus))
30                                          (VP (VBG preventing)
31                                            (NP
32                                              (NP (DT any) (NN work))
33                                              (PP (IN on)
34                                                (NP (DT the)
35                              (NN application)
36                                (JJ main)
37                                  (NN window)
38                              ))))))))))))))))))))
39      (. .)))
```

Listing E.2: Parse-Baum des MSDN Beispiels.

E.2 MusicalStore-Deeptimahanti

Deeptimahanti nutzen für ihr Werkzeug SUGAR/UMGAR (siehe 4.3.2.7) eine vereinfachte Spezifikation eines Musikladens.

```
1   The musical store receives tape requests from customers.
2   The musical store receives new tapes from the Main office.
3   Musical store sends overdue notice to customers.
4   Store assistant takes care of tape requests.
5   Store assistant update the rental list.
6   Store management submits the price changes.
7   Store management submits new tapes.
8   Store administration produces rental reports.
9   Main office sends overdue notices for tapes.
10  Customer request for a tape.
11  Store assistant checks the availability of requested tape.
12  Store assistant searches for the available tape.
13  Store assistant searches for the rental price of available tape.
14  Store assistant checks status of the tape to be returned by
15    customer.
16  Customer can borrow if there is no delay with return of other
```

```
17 tapes.
18 Store assistant records rental by updating the rental list.
19 Store assistant asks the customer for his address.
```

Listing E.3: SUGAR/UMGAR Beispiel.

E.3 CIRCE-Ambriola

Ambriola et al. [AG97, AG06] nutzen für ihr Werkzeug CIRCE folgende Spezifikation.

```
1  The system is made of the Web interface, of Cico, of the view
2    modules, and of the view selector.
3  The Web interface receives from the user requirements and glossary.
4  Requirements contain data on the team, on the author and on the
5    revision.
6  The Web interface transmits to Cico requirements and glossary.
7  If the project is cooperative, the Web interface sends requirements
8    and glossary to the repository, too.
9  Cico computes abstract requirements using requirements, glossary,
10   MAS-rules, predefined glossary and team data.
11 If the project is cooperative, Cico requests team data to the
12   repository.
13 The view modules receive abstract requirements from Cico.
14 The view modules can be dedicated to modeling, validation or
15   metrication.
16 From abstract requirements, view modules compute a view.
17 The view module sends the view to the view selector.
18 The user requests a view to the view selector.
```

Listing E.4: CIRCE Beispiel.

E.4 MonitoringPressure-Berry

Berry [BKK03] zeigt im folgenden Beispiel die Probleme von Spezifikationen auf. Kamsties es al. [KBP01] nutzten diesen Text als sie sich um Inspektionen für Anforderungstexte kümmerten. Die Probleme, die in Kamsties et al. besprochen werden, sind detailliert gelistet und erklärt.

```
1  The system monitors the pressure and sends the safety injection
2    signal when the pressurizer's pressure falls below a low
3    threshold.
4  The human operator can override system actions by turning on a
5    Block button and resets the manual block by pushing on a
6    Reset button.
7  A manual block is permitted if and only if the pressure is below
8    a permit threshold.
```

```
 9   The manual block must be automatically reset by the system.
10   A manual block is effective if and only if it is executed before
11     the safety injection signal is sent.
12   The Reset button has higher priority than the Block button.
```

E.5 ATM-Rumbaugh

Das Bankautomatenbeispiel von Rumbaugh [RBP+91].

```
 1   Design the software to support a computerized banking network
 2     including both human cashiers and automatic teller machines
 3     ATMs to be shared by a consortium of banks.
 4   Each bank provides its own computer to maintain its own accounts
 5     and process transactions against them.
 6   Cashier stations are owned by individual banks and communicate
 7     directly with their own bank's computer.
 8   Human cashiers enter account and transaction data.
 9   Automatic teller machines communicate with a central computer
10     which clears transactions with the appropriate banks.
11   An automatic teller machine accepts a cash card, interacts with
12     the user, communicates with the central system to carry out
13     the transaction, dispenses cash, and prints receipts.
14   The system requires appropriate record keeping and security
15     provisions.
16   The system must handle concurrent accesses to the same account
17     correctly.
18   The banks will provide their own software for their own computers;
19     you are to design the software for the ATMs and the network.
20   The cost of the shared system will be apportioned to the banks
21     according to the number of customers with cash cards.
```

E.6 SteamBoiler-Mellor

Das Steam Boiler Fallbeispiel [ABL96, Kof09].

```
 1   The general purpose of the steam boiler system, as shown
 2     in Figure 1, is to ensure a safe operation of the steam boiler.
 3   The steam boiler operates safely if the contained amount of
 4     water never exceeds a certain tolerance, thus avoiding damage
 5     to the steam boiler and the turbine driven by the
 6     produced steam.
 7   Basically, the steam boiler system consists of the steam boiler
 8     itself, a measuring device for the water level, a pump to
 9     provide the steam boiler with water, a measuring device for
```

10   the pump status, a measuring device for the amount of steam
11   produced by the steam boiler, an operator desk, and a message
12   transmission system for the signals produced.
13 During operation, the water level is kept within the tolerance
14   level as long as possible, using the measuring devices and the
15   pump and producing status information for the operator desk.
16 But even with some devices broken, the system can still
17   successfully monitor the steam boiler.
18 If no safe operation is possible any longer, control is handed
19   over to the operator desk.
20 Additionally, the operator can stop the system at any time via
21   the operator desk.

Anhang F

Evaluierung - RESI

F.1 Die RESI Fallstudie

Dieser Abschnitt beschreibt den Aufbau und Ablauf der Fallstudie, die mit RESI (Kapitel 5.4) durchgeführt wurde. Diese Fallstudie liefert einen Indikator für die Potentiale des Werkzeugs und ist eine experimentelle Untersuchung des im Rahmen dieser Dissertation erstellten Werkzeugs.

Die Auswertung der Fallstudie findet hauptsächlich über den Faktor Bearbeitungszeit statt. Hierbei wird ermittelt, in welchem Umfang und welcher Qualität die Probanden in einer vorgegebenen Zeitspanne die mögliche Fehlerquellen in den vorgelegten Texten finden. Es wird erwartet, dass die Suche mit Werkzeugunterstützung mehr Fehler in kürzerer Zeit findet und entsprechende Lösungsvorschläge/Fehlerklassifizierungen detaillierter sind.

F.2 Teilnehmer

Das Experiment wurde mit 12 Probanden durchgeführt. Um die Ergebnisse der Fallstudie in der Breite beurteilen zu können, wurde die Fallstudie mit verschiedenen Nutzergruppen durchgeführt. Die an der Fallstudie teilnehmenden Probanden sind in Tabelle F.1 aufgelistet.

Tabelle F.1: Gruppen und deren Teilnehmer. *Jede Gruppe wird unabhängig voneinander getestet. Die Vorbedingungen, Schulungen und Aufgaben sind gleich. Die Gruppen kennen sich nicht gegenseitig und haben keinen Einfluss aufeinander.*

Gruppe	Anzahl Teilnehmer
Doktoranden	4
Software-Entwickler	4
Privatpersonen	4

F.2.1 Doktoranden aus dem Bereich Softwaretechnik

- D. M., Doktorand am KIT (IPD Tichy) für Softwaretechnik

- K. M., Doktorand am KIT (IPD Tichy) für Softwaretechnik

- F. O., Doktorand am KIT (IPD Tichy) für Softwaretechnik

- T. K., Doktorand am KIT (IPD Tichy) für Softwaretechnik

F.2.2 Professionelle Software-Entwickler

- D. K., Senior Softwareentwickler + Software-Architekt

- M. J., Softwareentwickler

- T. G., Senior Softwareentwickler + Team Lead

- G. M., Senior Softwareentwickler + Software-Architekt

F.2.3 Privatpersonen ohne softwaretechnische Ausbildung

- J. K., Betriebswirtin

- S. K., Lehrerin

- M. F., Versicherungskaufmann + Vertriebsleiter

- M. K., Student Medien und Film

F.3 Experimentelles Vorgehen

Abbildung F.1 zeigt die Durchführung der Tests pro Gruppe. Jede Gruppe wurde in 2 Testgruppen geteilt, die dann über Kreuz jeweils manuell und mit RESI Spezifikationen verbesserten. Wie in Tabelle F.2 aufgeführt, wurden den Probanden bei der Fallstudie Nummern zugelost. Nach Zulosung der Nummern stand entsprechend fest, welche Spezifikation der Proband in welcher Reihenfolge zur Korrektur bekommt, und wann er manuell oder mit dem Werkzeug arbeitet.

Der genaue Ablauf der Fallstudie teilt sich in 8 Punkte und wurde für jede Testgruppe zur selben Uhrzeit durchgeführt. Tabelle F.3 zeigt den zeitlichen Ablauf. Die dabei durchgeführten Schritte waren wie folgt:

1. Ausfüllen Fragebogen Vorbildung für den Bereich Software-Entwicklung und Requirements Engineering (Anforderungserhebung).

2. Allgemeine Schulung: 30min mit Beispielen und Hinweisen für die Fehlererkennung in natürlichsprachlichen Texten. Als Vorlage dient Berrys Ambiguity Handbook [BKK03].

Abbildung F.1: Ablauf des RESI Fallstudie. *Zwei gekreuzte Versuche mit unterschiedlichen Probanden.*

Tabelle F.2: Gegenbalancierter Entwurf. *Die Probanden werden zugelost und lösen die Aufgaben mit und ohne Werkzeug.*

Person	Durchgang 1	Durchgang 2
Proband 1	Text 1, manuell	Text 2, mit RESI
Proband 2	Text 1, mit RESI	Text 2, manuell
Proband 3	Text 2, manuell	Text 1, mit RESI
Proband 4	Text 2, mit RESI	Text 1, manuell

3. Übung manuell und mit Werkzeug an Beispielen (30min) mit AutomatedTellerMachine-Example_Rumbaugh (siehe E.5) und SteamBoilerCase_Mellor (siehe E.6).

4. Zulosung der Testgruppe für gegenbalancierten Entwurf (siehe Abbildung F.1 und Tabelle F.2)

5. Verwendete Testtexte: ABC_Video (siehe F.5.1), Berry (siehe E.4).

6. Durchgang 1: Durchführung Fehlersuche auf Testtext T1 mit Werkzeug von Testgruppe 1 und manuelle Fehlersuche auf Testtext T2 ohne Werkzeug von Testgruppe 2; Zeitbeschränkung auf 15min (siehe Abbildung F.1).

7. Durchgang 2: Durchführung Fehlersuche auf Testtext T2 manuell von Testgruppe 1 und Fehlersuche mit Werkzeug auf Testtext T2 von Testgruppe 2; Zeitbeschränkung auf 15min (siehe Abbildung F.1).

8. Ausfüllen Fragebogen zur Werkzeugnutzung; subjektive Einschätzung des Werkzeugs

Der Zeitplan der Workshops gestaltete sich bei allen drei Gruppen gleich:

Tabelle F.3: Zeitplan der Fallstudie für jede Gruppe

Uhrzeit	Agendapunkt
15:00 Uhr	Ausfüllen Teilnehmer-Fragebogen
15:15 Uhr	Einweisung in allgemeine Konzepte der Anforderungsermittlung
	Werkzeug-Demo
15:45 Uhr	Übungen: manuelle und mit Werkzeug
	Auslosung der Gruppen
16:15 Uhr	Test: Fehlersuche Teil 1 (Zuteilung nach Los)
16:30 Uhr	-Pause-
16:40 Uhr	Test: Fehlersuche Teil 2 (Zuteilungswechsel)
16:55 Uhr	Ausfüllen Fragebogen zum Werkzeug
17:10 Uhr	Ende der Veranstaltung

F.4 Auswertung Teilnehmer-Fragebogen

Vor Durchführung der Studie wurden die Probanden nach Vorkenntnissen und Softwaretechnischer Ausbildung, v.a. im Bereich der Anforderungsermittlung, befragt. Eine tabellarische Auflistung der Ergebnisse findet sich in Tabelle F.4, der Fragebogen selbst in Anhang F.7.

Nach Durchführung der Fallstudie wurden die Probanden zum Werkzeug und dem Umgang damit befragt. Die Ergebnisse finden sich in Tabelle F.5. Weitere Hinweise zur Optimierung des Werkzeugs, die verbal und schriftlich nachgereicht wurden, finden sich in der folgenden Auflistung. Die Hinweise wurden nach Durchführung der Fallstudie gegeben:

- Gute Vorfilterung/Vorverarbeitung von Anforderungen

- Bessere Erkennung zusammenhängender Begriffe

- Mehrdeutige Regeln

- Oberfläche nicht selbsterklärend

- Erklärungen der Vorschläge von der Ontologie teilweise unklar

- Beschreibung der Verbesserungsvorschläge teilweise zu lang

- Detailgrad bei der Fehlerfindung zu hoch

- Beim Markieren von Worten sollen zuvor gemachte Eingaben angezeigt werden

Die Teilnehmer der Fallstudie bestanden aus drei Gruppen à vier Probanden. Die Zuweisung der Probandennummer zur Gruppe ist rein zufällig bei der Durchführung der Fallstudie gelost worden und stimmt nicht mit der Reihenfolge der Probanden in der Auflistung der Teilnehmer überein. Aus Gründen des Datenschutzes ist die Zuordnung der Probanden zu ihrer zugelosten Nummer in dieser Arbeit nicht vermerkt. Im Teilnehmerfeld zeigen sich v.a. im Bereich der softwaretechnischen Ausbildung erwartet große Unterschiede zwischen den Gruppen der Doktoranden und Entwickler und der Gruppe der Software-Laien. Zwischen den Entwicklern und Doktoranden herrscht großer Unterschied im Bereich der Projekt- und Berufserfahrung. Während die professionellen Entwickler an Projekten Arbeiten, die 50 Mannjahre Umfang besitzen, arbeiten die Doktoranden meist an ihrer eigenen Dissertation und alleine. In der Fallstudie zeigt sich, dass der Erfahrungsvorsprung aus Realweltprojekten im Bereich der Anforderungserhebung nur bedingt hilft, Fehler in Spezifikationen zu erkennen. Die in diversen Lehrbüchern erwähnten Methoden zur Findung von Spezifikationsfehlern sind auch heute noch gültig und werden selten passend angewendet. Unser Werkzeug RESI soll genau an diesem Punkt angreifen und die Analysten unterstützen.

Aus den Messergebnissen ist ersichtlich, dass die Doktoranden näher an der Theorie der Softwareentwicklung stehen und somit respektable Ergebnisse in den manuellen Tests erzielen. Die Entwickler zeigen eine deutliche Steigerung ihrer Produktivität bei der Nutzung von RESI. Teilweise ist das darauf zurück zu führen, dass es nach Angaben dieser Gruppe einfacher ist, Probleme zu lösen auf die man durch das Werkzeug hingewiesen wird, als Probleme selbst zu finden. Vergleichbar sind die Aussagen mit der Thematik „Probleme anschauen" und „Probleme sehen", wie Dan Roam [Roa08] dies beschreibt. Es zeigt sich letztlich, dass das Werkzeug entgegen unserer Erwartungen auch von Laien einsetzbar ist. Der Laie bemängelt nach der Fallstudie den Detailgrad der Anwendung, erkennt aber laut eigener Aussage deutlich die Vorteile der Sprachverbesserung der Spezifikation. Es ist denkbar, dass Analysten den Stakeholdern solche

Tabelle F.4: Ergebnisse Teilnehmer-Fragebogen und Vorkenntnisse

Gruppe	Gruppe 1				Gruppe 2				Gruppe 3			
Proband	1	2	3	4	1	2	3	4	1	2	3	4
Alter	31	30	27	31	33	40	33	33	33	23	29	30
Aktuelles Softwareprojekt in Jahren												
Dauer	3	3	0	2	6	7	6	7	0	0	1	0
Größe Team	1	4	0	10	10	10	10	10	0	-	0	0
Dauer Teilnahme	3	3	0	2	6	3	6	7	0	1	0	0
Gesamtaufwand	2	6	0	-	50	50	50	-	0	0	0	0
Techniken	RE	Agil	Java	TA	RE.TA / Agil	TA / Agil	Agil / TA / PRD	RE / TA	-	-	-	-
Industrielle Programmiererfahrung in Jahren												
Testautom.	1	1	1	1	0	0	0	2	0	0	0	0
Java	4	8	0	0	0	10	6	10	0	0	0	0
TDD	2	1	0	1	6	3	0	0	0	0	0	0
Eigene Vorlieben												
Implementierung	RE, Ins.	Agil, Java	.Net, Java	.Net	Java Agil	Java Agil	Ins. .Net	RE RM	Agil	-	-	-
Bevorzugte IDEs	VIM Ecl	Ecl	VS	VS	Ecl	Ecl	Ecl VS	Ecl VS	-	Maya	-	-
Art d. RE	-	-	-	Story	PO	UseC	-	UseC	-	-	-	-

Werkzeuge zur Verfügung stellen, um die Qualität der Spezifikationen zu erhöhen und Fehler zu vermeiden, bevor die Spezifikation vom Analysten bearbeitet wird. RESI erscheint im Test mit den Laien schnell erlernbar; die Prüfung der eigenen Spezifikation beim Kunden könnte aus Kostengründen sinnvoll sein.

Die Umfrage zu den Funktionen und der Benutzbarkeit des Werkzeugs aus Probandensicht zeigt, dass das Werkzeug durchaus für die Verbesserung von Spezifikationen außerhalb des akademischen Bereiches sinnvoll sein könnte. Die Benotung verteilt sich zwischen einem Punkt für *schwach* und 5 Punkten für *überragend*. RESI schneidet in allen Kategorien gut bis exzellent ab. Lediglich die Anzahl der Fragen, die das Werkzeug zur entsprechenden Spezifikation stellt, strapazieren die Geduld der Nutzer. Hier bekommt das Werkzeug ein *anwendbar* als Note. Dieser Makel lässt sich in folgenden Versionen der Software durch die Einführung von Schwellenwerten umgehen. Die Ergebnisse der Spezifikationsverbesserung wären dann nicht mehr vollständig, aber im Alltag besser nutzbar.

Der aktuelle Stand der manuellen Verarbeitung von textuellen Spezifikationen liefert keinesfalls bessere Ergebnisse für große Projekte, so dass ein Werkzeugeinsatz zu gleichen Ergebnissen bei kürzerem Zeiteinsatz führen kann. Ein eingeführter Schwellenwert für RESI senkt zwar den Recall (Vgl. Tabelle 7.5) bei der Fehlerfindung, kann jedoch bei kürzerem Zeitansatz trotzdem höher als manuelle Ansätze liegen. In weiteren Studien gilt es zu erkennen und zu definieren, welche Formen der Makel übergangen werden können, ohne den Aufwand der Spezifikationsverbesserung zu groß zu machen. Aktuell haben wir keine Möglichkeit, die Fehler und Fehlerklassen nach Schwere zu beurteilen, da die Auswirkung von Fehlern nicht von ihrer Fehlerklasse, sondern ihrer semantischen Bedeutung abhängt. Zum Beispiel ist eine fehlende Schraube in einer Schachtel mit 500 Schrauben nicht so kritisch, wie eine fehlende Schraube im Verbindungsstück für einen Satelliten, bei dem nur 2 Schrauben genutzt werden.

F.5 Verwendete Texte für RESI-Nutzertest

F.5.1 Berrys ABC Video Rental Beispiel

Berry und Kiyavitskaya besprechen in Ihrem Artikel [KZMB08] das Beispiel eines Videoverleihs, bei dem sie entsprechende aufzeigen und vermerken, wie diese gefunden werden können.

```
1  Customers select at least one video for rental.
2  The maximal number of tapes that a customer can have outstanding
3     on rental is 20.
4  The customer's account number is entered to retrieve customer data
5     and create an order.
6  Each customer gets an id card from ABC for identification purposes.
7  This id card has a bar code that can be read with the bar code
8     reader.
9  Bar code Ids for each tape are entered and video information from
10    inventory is displayed.
11 The video inventory file is updated.
12 When all tape Ids are entered, the system computes the total bill.
```

Tabelle F.5: Werkzeug-Fragebogen (5 - Überragend, 4 - Exzellent, 3 - Gut, 2-Anwendbar, 1 - Schwach)

Gruppe	Gruppe 1				Gruppe 2				Gruppe 3				Durchschn.
Proband/Ergebnis Fragebogen	1	2	3	4	1	2	3	4	1	2	3	4	
Gesamteindruck	3	3	4	-	3	3	3	3	3	3	3	3	3,2
Fehler in Spezifikationen													
Erkennung	5	3	4	2	3	4	4	3	5	5	5	4	3,92
Aussagekraft	2	3	2	4	3	3	3	4	3	3	4	4	3,17
Erklärung	3	2	3	3	3	3	3	2	2	4	3	3	2,92
Nutzeroberfläche													
Übersicht	3	4	4	2	3	4	4	3	4	4	3	3	3,42
Aufbau	4	4	5	2	3	4	2	3	4	3	2	3	3,25
Geschwindigkeit	5	4	4	2	4	5	4	4	4	4	4	4	3,92
Performance/Leistung des Werkzeugs													
Einfachheit	3	5	2	1	3	4	3	3	4	3	5	4	3,33
Geschwindigkeit	-	4	4	4	4	3	4	-	4	5	5	5	4,1
Fragen-Wiederholungen	3	3	5	2	4	4	2	-	3	-	4	3	3,3
Werkzeug-Fragestellungen													
Aussagekraft	2	3	3	3	4	3	3	4	3	4	4	3	3,25
Motivierende Wirkung	3	3	4	2	3	4	4	3	4	3	2	1	3,25
Fragenmenge	2	2	3	2	2	3	3	1	3	3	1	2	2,25

```
13   Money is collected and the amount is entered into the system.
14   Change is computed and displayed.
15   The rental transaction is created, printed and stored.
16   The customer signs the rental form, takes the tape(s) and leaves.
17   To return a tape, the video bar code ID is entered into the system.
18   The rental transaction is displayed and the tape is marked with
19      the date of return.
20   If past-due amounts are owed they can be paid at this time;
21      or the clerk can select an option which updates the
22      rental with the return date and calculates past-due fees.
23   Any outstanding video rentals are displayed with the amount due on
24      each tape and the total amount due.
25   Any past-due amount must be paid before new tapes can be rented.
```

F.5.2 Berrys Monitoring Pressure Beispiel

Berry [BKK03] zeigt im folgenden Beispiel die Probleme von Spezifikationen auf. Die Spezifikation ist in Abschnitt E.4 abgedruckt.

F.6 Ermittelte Vergleichswerte

Für den Vergleich ermittelte Werte aus den Fragebögen werden für die Evaluierung herangezogen. Diese Werte sind:

- Qualitative Werte Erkennung Fehler in den Texten (Anzahl erkannter Fehler)

- Korrekte Klassifikation der Fehlerklassen

- Vergleich Ergebnisse Nutzer mit Werkzeug, ohne Werkzeug

- Abhängigkeit der Ergebnisse von der Zeit

F.7 Die Fragebögen der RESI Fallstudie

Nur vom Experimentleiter auszufüllen!

Personennr. _____

Ort, Datum _____

Teilnehmer-Fragebogen

Bitte verwenden Sie Druckbuchstaben.

Kontaktdaten

Vorname _____

Nachname _____

Kontaktadresse
(optional) _____

_____

_____

Alter _____ Jahre

E-Mail (für Rückfragen) _____

Sind Sie an den über Sie gesammelten Daten interessiert? ◯ ja   ◯ nein

(Die Daten werden Ihnen nach der Auswertung per E-Mail zugeschickt.)

Beruflicher Werdegang

Art der Ausbildung _____

Dauer der Ausbildung _____ Jahre

Akademische Titel _____

Projekterfahrung als Entwickler _____ Jahre

Betriebszugehörigkeit _____ Jahre

Daten über Ihr aktuelles Projekt

Bisherige Dauer _____ Jahre

Größe des Entwicklerteams _____ Personen

Dauer eigene Teilnahme _____ Jahre

Geschätzter Gesamtaufwand _____ Mann-Jahre

Eingesetzte Techniken ○ Anforderungsermittlung

○ Anforderungsverwaltung

○ Agil: Stories/Storyboards

○ Sprachverarbeitung

○ Market Requirement Documents

○ Product Requirement Documents

○ Testautomatisierung

○ Java

○ .Net

Sonstiges

_____

Industrielle Programmiererfahrung

Paarprogrammierung _____ Jahre

Testautomatisierung _____ Jahre

Testgetriebene Entwicklung _____ Jahre

JUnit _____ Jahre

Java _____ Jahre

Eigene Vorlieben

Implementierungstechniken ○ Anforderungsermittlung

○ Anforderungsverwaltung

○ Agil: Stories/Storyboards

○ Inspektionen

○ Testautomatisierung

○ Java

○ .Net

Sonstiges

_____

Bevorzugte

Entwicklungsumgebung(en) _____

_____

Bevorzugte Art der

Anforderungsermittlung _____

_____

Danke!

RESI Survey

Please take a moment to rate the RESI tool.

Evaluation Scale: (5) Superior   (4) Excellent   (3) Good   (2) Fair   (1) Poor

Overall Experience   5   4   3   2   1

Error Detection

    Discovery of Errors   5   4   3   2   1

    Meaningfulness of Errors   5   4   3   2   1

    Explanation of Errors   5   4   3   2   1

User Interface

    Overview   5   4   3   2   1

    Layout   5   4   3   2   1

    Cleanness   5   4   3   2   1

    Speed   5   4   3   2   1

    Export of Changes   5   4   3   2   1

Startup and Configuration

    Easy to Use   5   4   3   2   1

    Easy Rule Application   5   4   3   2   1

Performance

    Speed   5   4   3   2   1

    Repetitive Questions   5   4   3   2   1

Tool Questions

    Meaningful   5   4   3   2   1

    Demotivating   5   4   3   2   1

    Too many / overwhelming   5   4   3   2   1

Abbildung F.2: Fragebogen zum Werkzeug nach der Durchführung der Fallstudie.

Anhang G

Evaluierung - AutoAnnotator

Der Anhang zur AutoAnnotator Evaluierung zeigt die bearbeiteten Texte und ihre Annotierungen mit AutoAnnotator.

G.1 Vorgehensweise beim Zählen und Auswerten der Annotierung

Folgende Vorgehensweise wurde bei der manuellen Auswertung der SAL_E-Annotierungen benutzt:

- Platzhalterrollen (`OBJECTROLE`, `METHODROLE`, `ADJ`, `COP`) zählen als fehlende Annotierung, es sei denn der Platzhalter ist aus der falschen Kategorie (z.B. `COP` statt `OBJECTROLE`).

- Semantisch „bessere" Annotierungen werden bei der Evaluierung nicht erzwungen, sofern die „schlechteren" Annotierungen die richtigen Modellelemente bei der Anwendung von SAL_E MX erzeugen.

- SAL_E-Kommentare sind richtige Annotierungen.

- Korrekte Wortverbindungen (Beispiel: `musical_store`) sind korrekte Annotierungen.

- Annotierte Worte, die auskommentiert sein sollten, werden als falsche Annotierung bzw. Fehler gewertet.

- Auskommentierte Worte, die eine Rolle haben sollten, werden als falsche Annotierung gewertet.

- Subphrasenklammern werden nur beachtet, wenn sie falsch sind. Dann werden sie als Fehler gewertet.

G.2 ModalWindow-Chen

Das Beispiel vor RESI konnte vom System nicht bearbeitet werden.

Die Annotierung nach RESI :

```
1  [ #{A} modal-window|FIN(S1) #{is a} child-window|FIC(S1)
2    [ #that #requires #{the} user|OBJECTROLE #to #interact #{with}
3    it|OBJECTROLE they|AG(S2) #can return|METHODROLE(S2) #to
4    using|ADJ #{the} parent_application|OBJECTROLE, $thus<<2
5    #preventing *any interaction|OBJECTROLE #{with the} $main
6    window|OBJECTROLE ]|SP.
7
8  [ @it|EQD @user|EQK ].
```

Listing G.1: Nach Verbesserungen durch RESI.

G.3 MusicalStore-Deeptimahanti

Die Annotierung vor RESI:

```
1  [ #{The} $musical store|AG receives|ACT tape_requests|PAT
2    #{from} customers|OBJECTROLE ].
3
4  [ #{The} $musical store|AG receives|ACT $new tapes|PAT
5    #{from the} Main_office|OBJECTROLE ].
6
7  [ $Musical store|AG sends|ACT $overdue notice|PAT #to
8    customers|RECPLDEST ].
9
10 [ Store_assistant|AG takes|ACT care|PAT #of #tape_requests ].
11
12 [ Store_assistant|AG update|ACT #{the} $rental list|PAT ].
13
14 [ Store_management|AG submits|ACT #{the} price_changes|PAT ].
15
16 [ Store_management|AG submits|ACT $new tapes|PAT ].
17
18 [ Store_administration|AG produces|ACT $rental reports|OPUSP ].
19
20 [ Main_office|AG sends|ACT $overdue notices|PAT #{for}
21   tapes|OBJECTROLE ].
22
23 [ Customer|AG request|ACT #{for a} tape|OBJECTROLE ].
24
25 [ Store_assistant|AG checks|ACT #{the} availability|PAT
26   #of $requested tape|ADJ ].
```

```
27
28  [ Store_assistant|AG searches|ACT #{for the} $available
29    tape|OBJECTROLE ].
30
31  [ Store_assistant|AG(S14) searches|ACT(S14) #{for the} $rental
32    price|HAB(S15) #of $available tape|POSS(S15) ].
33
34  [ Store_assistant|AG checks|ACT status|PAT #of #{the}
35    tape|OBJECTROLE #to #be_returned #{by} customer|OBJECTROLE ].
36
37  [ Customer|AG #can borrow|ACT
38    [ #{if there is} *no delay|OBJECTROLE #{with} return|HAB #of
39      $other tapes|POSS ]|SUM
40  ].
41
42  [ Store_assistant|AG records|ACT rental|PAT #by
43    #updating #{the} $rental list|ADJ ].
44
45  [ Store_assistant|AG(S20) asks|ACT(S20) #{the} customer|PAT(S20)
46    #{for} his|POSS(S21) address|HAB(S21) ].
47
48  [ @his|EQD @Store_assistant|EQK ].
```

Listing G.2: Vor Verbesserungen durch RESI.

Die Annotierung nach RESI:

```
1   [ #{The} music-store|AG(S1) receives|ACT(S1) tape_requests|PAT(S1)
2     #{from} customers|OBJECTROLE ].
3
4   [ #{The} music-store|AG(S2) receives|ACT(S2) $new tape|PAT(S2)
5     #{from the} Main-office|OBJECTROLE ].
6
7   [ Music-store|AG sends|ACT $overdue-notice notice|PAT #to
8     customers|RECPLDEST ].
9
10  [ Store_assistant|AG handles|ACT tape_requests|PAT ].
11
12  [ Store_assistant|AG update|STAT #{the} $rental list|PAT ].
13
14  [ Store_management|AG submits|ACT #{the} price_changes|PAT ].
15
16  [ Store_management|AG submits|ACT $new tapes|PAT #to #{the}
17    store|RECPLDEST [ #which #ordered #them ]|SP].
18
19  [ Store_administration|AG produces|ACT $rental reports|OPUSP ].
20
```

```
21  [ Main-office|AG(S11) sends|ACT(S11) $overdue-notice
22    notices|PAT(S11) #{for} tape|OBJECTROLE #to $corresponding
23    store|RECPLDEST(S11) ].
24
25  [ Customer_requests|AG tape|TRANS ].
26
27  [ Store_assistant|AG checks|ACT #{the} availability|PAT #of
28    #tape ].
29
30  [ Store_assistant|AG(S15) searches|ACT(S15) #{for the} $available
31    tape|OBJECTROLE ].
32
33  [ Store_assistant|AG(S16) searches|ACT(S16) #{for the} $rental
34    price|HAB(S17) #of $available tape|POSS(S17) ].
35
36  [ Store_assistant|AG(S18) checks|ACT(S18) status|PAT(S18) #of
37    #{the} tape|OBJECTROLE #to #be_returned #{by}
38    customer|OBJECTROLE ].
39
40  [ #Customer #is_allowed #to #rent #tape
41    [ #{if there are} *zero>>2 $overdue tapes|ADJ ]|SUM].
42
43  [ Store_assistant|AG(S19) records|ACT(S19) rental|OPUSP(S19) #by
44    #updating #{the} $rental list|ADJ ].
45
46  [ Store_assistant|AG(S20) asks|ACT(S20) #{the} customer|PAT(S20)
47    #{for} his|POSS(S21) address|HAB(S21) ].
```

Listing G.3: Nach Verbesserungen durch RESI.

G.4 CIRCE-Ambriola

Die Annotierung vor RESI:

```
1   [ #{The} system|OBJECTROLE is_made|HAB(S1) #of #{the}
2     Web_interface|{POSS(S1), HAB(S2), HAB(S3)}, #of Cico|POSS(S2),
3     #of #{the} view_modules|POSS(S3),
4     #and #{of the} view_selector|OBJECTROLE ].
5
6   [ #{The} Web_interface|AG(S4) receives|ACT(S4) #{from the}
7     user_requirements|OBJECTROLE #and #glossary ].
8
9   [ Requirements|AG(S5) contain|ACT(S5) data|PAT(S5) #{on the}
10    team|OBJECTROLE, #{on the} author|OBJECTROLE #and #{on the}
11    revision|OBJECTROLE ].
12
```

```
13   [ #{The} Web_interface|AG transmits|ACT #to
14     Cico_requirements|RECPLDEST #and #glossary ].
15
16   [ [ #{If the} project|COP #{is} $cooperative<<1 ]|SUM,
17     #{the} Web_interface|AG sends|ACT requirements|PAT #and
18     #glossary #to #{the} repository|RECPL, $too<<3 ].
19
20   [ Cico|AG(S10) computes|ACT(S10) $abstract requirements|PAT(S10)
21     #using #requirements, #glossary, #MAS-rules, $predefined
22     glossary|ADJ #and #team_data ].
23
24   [ [ #{If the} project|COP #{is} $cooperative<<1 ]|SUM,
25     Cico_requests|AG team|ACT data|PAT #to #{the} repository|RECP ].
26
27   [ #{The} view|AG(S13) modules|ACT(S13) #receive $abstract
28     requirements|ADJ #{from} Cico|OBJECTROLE ].
29
30   [ #{The} view_modules|OBJECTROLE #can
31     be_dedicated|{ACT(S14), ACT(S15), ACT(S16)} #to
32     modeling|PAT(S14), validation|PAT(S15) #or metrication|PAT(S16) ]
33
34   [ #{From} $abstract requirements|OBJECTROLE, view_modules|AG
35     compute|ACT #{a} view|PAT ].
36
37   [ #{The} view_module|AG sends|ACT #{the} view|PAT #to #{the}
38     view_selector|RECP ].
39
40   [ #{The} user|AG requests|ACT #{a} view|PAT #to #{the}
41     view_selector|RECP ].
```

Listing G.4: CIRCE Beispiel annotiert.

G.4.1 Probleme durch fehlerhaften Syntaxbaum

Der Fehlerhafte Syntaxbaum des 7. Satzes führt dazu, dass Cico nicht requests|ACT als Aktion bekommt, sondern Cico_requests zu einem Wort zusammengezogen werden (siehe Abschnitt 7.5.4.2). Dies ist falsch:

```
(ROOT
  (S
    (SBAR (IN If)
      (S
        (NP (DT the) (NN project))
        (VP (VBZ is)
          (ADJP (JJ cooperative)))))
```

```
        (, ,)
        (NP (NNP Cico) (NNS requests))
        (VP (VB team)
          (NP (NNS data))
          (PP (IN from)
            (NP (DT the) (NN repository))))
        (. .)))
```

Die Annotierung nach RESI:

```
1   [ Circe|AG(S1) comprises|ACT(S1) #{the} WebUI_interface|{PAT(S1),
2     HAB(S2)}, #of #Cico, #of #{the} view_modules|POSS(S2), #and
3     #{of the} view_selector|OBJECTROLE ].
4
5   [ #{The} WebUI_interface|AG(S3) receives|ACT(S3)
6     requirements|PAT(S3) #and #glossary #{from the} user|OBJECTROLE ].
7
8   [ Requirements|AG(S4) contain|ACT(S4) data|PAT(S4) #{on the}
9     team|OBJECTROLE, #{on the} author|OBJECTROLE #and #{on the}
10    revision|OBJECTROLE ].
11
12  [ #{The} WebUI_interface|AG transmits|ACT #to
13    Cico_requirements|RECPLDEST #and #glossary ].
14
15  [ [ #{If the} project|COP #{is} $cooperative<<1 ]|SUM, #{the}
16    WebUI_interface|AG sends|ACT requirements|PAT #and #glossary
17    #to #{the} repository|RECPLDEST, $too<<3 ].
18
19  [ Cico|AG(S9) computes|ACT(S9) $abstract requirements|PAT(S9)
20    #using #requirements, #glossary, #MAS-rules, $predefined
21    glossary|ADJ #and #team_data ].
22
23  [ [ #{If the} project|COP #{is} $cooperative<<1 ]|{SUM, SUM},
24    Cico_requests|AG team|TRANS data|PAT #to #{the}
25    repository|RECPLDEST ].
26
27  [ #{The} view|AG(S12) modules|TRANS(S12) #receive $abstract
28    requirements|ADJ #{from} Cico|OBJECTROLE ].
29
30  [ #{The} view_modules|OBJECTROLE #can be_dedicated|ACT(S13) #to
31    modeling|RECPLDEST(S13), #validation #or #metrication ].
32
33  [ #{From} $abstract requirements|OBJECTROLE, view_modules|AG(S14)
34    compute|ACT(S14) #{a} view|PAT(S14) ].
35
36  [ #{The} view_module|AG sends|ACT #{the} view|PAT #to #{the}
37    view_selector|RECPLDEST ].
```

```
38
39   [ #{The} user|AG requests|TRANS #{a} view|PAT #to #{the}
40     view_selector|RECPLDEST ].
```

Listing G.5: Nach Verbesserungen durch RESI.

G.5 MonitoringPressure-Berry

Die Annotierung vor RESI:

```
1    [ #{The} system|AG(S1) monitors|ACT(S1) #{the} pressure|PAT(S1)
2      #and #sends #{the} safety_injection_signal|OBJECTROLE [ $when>>2
3      #{the} pressurizer's_pressure|AG(S2) falls|METHODROLE(S2)
4      #{below a} $low threshold|OBJECTROLE ]|SP(S1) ].
5
6    [ #{The} $human operator|AG(S3) #can override|ACT(S3)
7      system_actions|PAT(S3) #by #turning #{on a}
8      Block_button|OBJECTROLE #and #resets #{the} $manual block|ADJ
9      #by #pushing #{on a} Reset_button|OBJECTROLE ].
10
11   [ #{A} $manual block|ADJ #is_permitted #{if} #and only|OBJECTROLE
12     [ #{if the} pressure|AG is|METHODROLE #{below a}
13     permit_threshold|OBJECTROLE ]|SUM ].
14
15   [ #{The} $manual block|COP #must #{be} $automatically $reset<<2
16     #{by the} system|OBJECTROLE ].
17
18   [ #{A} $manual block|COP #{is} $effective<<1
19     [ #{if and} $only>>2 #it #is_executed #{before the}
20     safety_injection_signal|OBJECTROLE is_sent|ADJ ]|SUM.
21     #{it refers to A manual block but one of them cannot be
22     referenced (not a SALe-word!)}
23
24   [ #{The} Reset_button|AG(S5) has|STAT(S5) $higher priority|PAT(S5)
25     #{than the} Block_button|OBJECTROLE ].
```

Listing G.6: Vor Verbesserungen durch RESI.

Die Annotierung nach RESI:

```
1    [ #{The} system|AG(S1) monitors|ACT(S1) #{the} pressure|PAT(S1)
2      #and #sends #{the} safety_injection_signal|OBJECTROLE
3      [ #when #{the} pressurizer_pressure|AG(S2) falls|METHODROLE(S2)
4      #{below a} $low threshold|OBJECTROLE ]|SP(S1) ].
5
6    [ #{The} $human operator|AG(S3) #can override|ACT(S3)
7      system_actions|PAT(S3) #by #turning #{on a}
```

```
 8    Block-button|OBJECTROLE #and #resets #{the} $manual
 9    block|ADJ #by #pushing #{on a} Reset-button|OBJECTROLE ].
10
11  [ #{A} $manual block|ADJ #is_permitted
12    [ #{if the} pressure|AG is|METHODROLE #{below the}
13    threshold|OBJECTROLE ]|SUM ].
14
15  [ #{The} $manual block|COP #must #{be} $automatically $reset<<2
16    #{by the} system|OBJECTROLE ].
17
18  [ #{A} $manual block|COP #{is} $effective<<1
19    [ #{if it} #is_executed #{the} system|AG sends|METHODROLE
20    #{the} safety_injection_signal|PAT ]|SUM.
21
22    #{it refers to A manual block but one of them cannot be
23    referenced (not a SALe-word!)}
24
25  [ #{The} Reset-button|AG(S6) has|STAT(S6) $higher priority|PAT(S6)
26    #{than the} Block-button|OBJECTROLE ].
```

Listing G.7: Nach Verbesserungen durch RESI.

G.6 Automated Teller Maschine nach Rumbaugh

Die Annotierung vor RESI:

```
 1  [ #Design #{the} software|OBJECTROLE #to #support #{a}
 2    $computerized banking_network|ADJ #{including both} $human
 3    cashiers|OBJECTROLE #and $automatic teller_machines|ADJ #to
 4    #be_shared #{by a} consortium|HAB(S1) #of banks|POSS(S1) ].
 5
 6  [ *Each bank|AG(S2) provides|ACT(S2) its|POSS(S4) $own
 7    computer|{PAT(S2), HAB(S4)} #to #maintain its|POSS(S3)
 8    $own accounts|HAB(S3) #and #process_transactions #{against}
 9    them|OBJECTROLE ].
10
11  [ @its|EQD @its|EQK ].
12
13  [ @its|EQD @bank|EQK ].
14
15  [ #Cashier_stations #are_owned #{by} $individual
16    banks|OBJECTROLE #and communicate|ADJ $directly<<1
17    #{with} their|POSS(S5) $own bank_computer|HAB(S5) ].
18
19  [ $Human cashiers|AG enter|ACT account_data|OPUSP
20    #and #transaction_data ].
```

```
21
22   [ Automatic_teller_machines|AG communicate|ACT #{with a}
23     $central computer|INSTP [ #which #clears #transactions
24     #{with the} $appropriate banks|OBJECTROLE ]|SP
25   ].
26
27   [ #{An} $automatic teller_machine|AG(S8) accepts|ACT(S8)
28     #{a} cash_card|PAT(S8), #interacts #{with the}
29     user|OBJECTROLE, #communicates #{with the} $central
30     system|OBJECTROLE #to #out_carry #{the}
31     transaction|OBJECTROLE, #dispenses #cash, #and
32     #prints #receipts ].
33
34   [ #{The} system|AG requires|ACT $appropriate record|PAT
35     $keeping<<1 #and #security_provisions ].
36
37   [ #{The} system|AG #must handle|ACT $concurrent accesses|PAT
38     #to #{the} $same account|RECPLDEST $correctly<<5 ].
39
40   [ #{The} banks|AG(S12) #will provide|ACT(S12) their|POSS(S15)
41     $own software|{PAT(S12), HAB(S15)} #{for} their|POSS(S14)
42     $own computers|HAB(S14) #; you|AG(S13) are|STAT(S13) #to
43     #design #{the} software|OBJECTROLE #{for the}
44     ATMs|OBJECTROLE #and #{the} network|OBJECTROLE ].
45
46   [ @their|EQD @their|EQK ].
47
48   [ @their|EQD @banks|EQK ].
49
50   [ #{The} cost|HAB(S17) #of #{the} $shared system|POSS(S17)
51     #will be_apportioned|ACT(S16) #to #{the} banks|RECPLDEST(S16)
52     #according #{to the} number|HAB(S18) #of customers|POSS(S18)
53     #{with} cash_cards|OBJECTROLE ].
```

Listing G.8: Vor Verbesserungen durch RESI.

Die Annotierung nach RESI:

```
1    [ *Each bank|AG(S3) provides|ACT(S3) computers|AG(S4) #to
2      maintain|ACT(S4) its|POSS(S5) $own accounts|{PAT(S4), HAB(S5)}
3      #and #process_transactions #{against} them|OBJECTROLE ].
4
5      #{them refers to transactions but one of them cannot be
6      referenced (not a SALe-word!)}
7    [ @its|EQD @bank|EQK ].
8
9    [ #Cashier_stations #are_owned #{by} *each bank|OBJECTROLE #and
```

```
10    #communicate #{with} their|POSS(S6) $bank's computer|HAB(S6) ].

11

12    #{their refers to Cashier stations but one of them cannot be
13    referenced (not a SALe-word!)}

14

15  [ Human|AG(S7) cashiers|TRANS(S7) type_account|PAT(S7) #and
16    #transaction_data #{on} keyboard|OBJECTROLE ].

17

18  [ ATMs|AG communicate|ACT #{with the} master_computer|INSTP
19    [ #which #clears #transactions #{with the} $corresponding
20    banks|OBJECTROLE ]|SP ].

21

22  [ #{An} ATM|AG(S9) reads|ACT(S9) #{the} cash_card|PAT(S9),
23    #interacts #{with the} user|OBJECTROLE, communicates|ACT(S10)
24    #{with the} master_computer|INSTP(S10) #to
25    process_transactions|RECPLDEST(S10), #dispenses #cash, #and
26    #prints #receipts ].

27

28  [ #{The} system|AG requires|ACT $detailed record|PAT $keeping<<1
29    #and #security_provisions ].

30

31  [ #{The} system|AG #must handle|ACT $concurrent accesses|PAT #to
32    #{the} $same account|RECPLDEST $correctly<<5 ].

33

34  [ #{The} banks|AG(S14) provide|ACT(S14) software|PAT(S14) #{for}
35    their|POSS(S16) computers|HAB(S16) #; contractor|AG(S15) #shall
36    design|ACT(S15) #{the} software|OPUSP(S15) #{for the}
37    ATMs|OBJECTROLE #and #{the} network|OBJECTROLE ].

38

39  [ @their|EQD @banks|EQK ].
```

Listing G.9: Nach Verbesserungen durch RESI.

G.7 SteamBoiler-Mellor

Die Annotierung vor RESI:

```
1  [ #{The} $general purpose|AG(S1) #of #{the}
2    steam_boiler_system|OBJECTROLE,
3    [ #as #shown #{in} Figure|OBJECTROLE ]|{SP(S1), SP(S1)},
4      is|STAT(S1) #to #ensure #{a} $safe operation|HAB(S2) #of
5      #{the} steam_boiler|POSS(S2) ].

6

7  [ #{The} steam_boiler|AG operates|STAT $safely<<1
8    [ #{if the} $contained amount|AG #of $ water|ADJ $never
9    exceeds|METHODROLE #{a} $certain tolerance|PAT, $thus
```

```
10   avoiding|METHODROLE #damage #to #{the} steam_boiler|RECPLDEST
11   #and #{the} turbine|OBJECTROLE #driven #{by the} $ $produced
12   steam|OBJECTROLE ]|{SUM, SUM} ].
13
14 [ $Basically>>2, #{the} steam_boiler_system|AG(S6)
15   consists|{TRANS(S6), HAB(S7)} #of #{the} steam_boiler|POSS(S7)
16   itself|PAT(S6), #{a} measuring_device|OBJECTROLE #{for the}
17   water_level|OBJECTROLE, #{a} pump|OBJECTROLE #to #provide #{the}
18   steam_boiler|OBJECTROLE #{with} water|OBJECTROLE, #{a}
19   measuring_device|OBJECTROLE #{for the} pump_status|OBJECTROLE,
20   #{a} measuring_device|OBJECTROLE #{for the} amount|HAB(S8) #of
21   steam|POSS(S8) #produced #{by the} steam_boiler|OBJECTROLE,
22   #{an} operator_desk|OBJECTROLE, #and #{a}
23   message_transmission_system|OBJECTROLE #{for the}
24   signals|OBJECTROLE #produced ].
25
26 [ @itself|EQD @steam_boiler_system|EQK ].
27
28 [ #{During} operation|OBJECTROLE, #{the} water_level|OBJECTROLE
29   is_kept|ADJ #{within the} tolerance_level|OBJECTROLE $as
30   $long<<3 #as #possible, #using #{the}
31   measuring_devices|OBJECTROLE #and #{the} pump|OBJECTROLE
32   #and #producing #status_information #{for the}
33   operator_desk|OBJECTROLE ].
34
35 [ #But [ $even>>3 #with *some devices|AG broken|METHODROLE ]|SP,
36   #{the} system|OBJECTROLE #can $still>>2 $successfully
37   monitor|ADJ #{the} steam_boiler|OBJECTROLE ].
38
39 [ [ #{If} *no>>2 $safe operation|COP #{is} $possible<<1
40   *any $longer<<2 ]|SUM, #control is_over_handed|ACT(S10) #to
41   #{the} operator_desk|RECPLDEST(S10) ].
42
43 [ $Additionally>>2, #{the} operator|AG(S11) #can stop|ACT(S11)
44 #{the} system|PAT(S11) #{at} *any time|OBJECTROLE #{via the}
45 operator_desk|OBJECTROLE ].
```

Listing G.10: Vor Verbesserungen durch RESI.

Die Annotierung nach RESI:

```
1 [ #{The} steam_boiler_system|AG(S1) (|TRANS(S1)
2   [ SBS_)|AG(S2) ensures|METHODROLE(S2) #{the} $contained
3   amount|AG(S3) #of #water $never exceeds|METHODROLE(S3) #{a}
4   tolerance_level|PAT(S3), $thus<<2 avoiding|METHODROLE(S4)
5   #damage #to #{the} steam_boiler|RECPLDEST(S4) #and #{the}
6   turbine|OBJECTROLE ]|{SP(S1), SP(S1)}.
```

```
 7
 8   [ #{The} steam|AG(S4) #produced #{by the} steam_boiler|OBJECTROLE
 9   drives|ACT(S4) #{the} turbine|PAT(S4) ].
10
11   [ #{The} SBS|AG(S5) consists|{ACT(S5), HAB(S6)} #of #{the}
12     steam_boiler|POSS(S6), #{a} measuring_device|PAT(S5) #{for the}
13     water_level|OBJECTROLE, #{a} pump|OBJECTROLE #to #provide #{the}
14     steam_boiler|OBJECTROLE #{with} water|OBJECTROLE, #{a}
15     measuring_device|OBJECTROLE #{for the} pump_status|OBJECTROLE,
16     #{a} measuring_device|OBJECTROLE #{for the} amount|HAB(S7)
17     #of steam|POSS(S7) #produced #{by the} steam_boiler|OBJECTROLE,
18     #{an} operator_desk|OBJECTROLE, #and #{a}
19     message_transmission_device|OBJECTROLE ].
20
21   [ #{During} operation|OBJECTROLE, #{the} SBS|AG(S8) keeps|ACT(S8)
22     #{the} water_level|PAT(S8) #{within the}
23     tolerance_level|OBJECTROLE #using #{the}
24     measuring_devices|OBJECTROLE #and #{the} pump|OBJECTROLE
25     [ #{while the} measuring_devices|AG(S9) produce|METHODROLE(S9)
26     status_information|PAT(S9) #{for the}
27     operator_desk|OBJECTROLE ]|TEMP(S8) ].
28
29   [ [ $Even>>3 #with *two measuring_device|AG broken|METHODROLE ]|SP,
30     #{the} SBS|AG #can $still monitor|ACT #{the} steam_boiler|PAT ].
31
32   [ [ #{If the} $contained amount|AG #of #water exceeds|METHODROLE
33     #{the} tolerance_level|PAT ]|SUM, SBS_transfers|AG control|ACT
34     #to #{the} operator_desk|RECPLDEST ].
35
36   [ $Additionally>>2, #{the} operator|AG(S15) #can stop|ACT(S15)
37     #{the} SBS|PAT(S15) #{at} *any time|OBJECTROLE #{via the}
38     operator_desk|OBJECTROLE ].
```

Listing G.11: Nach Verbesserungen durch RESI.

G.8 Mike Tyson Beispiel

Das Mike Tyson Beispiel aus [KL10].

```
1 Chillies are very hot vegetables.
2 Mike Tyson likes green chillies.
3 Last week, he ate five of them.
```

Listing G.12: Das Mike Tyson Beispiel.

Das Beispiel nach der Annotierung durch AutoAnnotator:

```
1  [ Chillies|FIN #{are} $very $hot vegetables|FIC ].
2
3  [ Mike_Tyson|AG likes|STAT $green chillies|PAT ].
4
5  [ @Chillies|EQK @chillies|EQD ].
6
7
8  [ $Last week|TEMP, he|AG ate|ACT *five #of them|PAT ].
9
10 [ @them|EQD @chillies|EQK ]. [ @he|EQD @Mike_Tyson|EQK ].
```

Listing G.13: Mike Tyson

G.9 Fillmores Türenbeispiel

Fillmore [Fil69] zeigt, wie vier verschiedene Sätze, das selbe ausdrücken können. Hierbei ist die Semantik die selbe. Die Annotierung der Objekte stellt für AutoAnnotator eine Herausforderung dar, da Objekte und Subjekte durchwechseln.

```
1 The door will open.
2 The janitor will open the door.
3 The janitor will open the door with this key.
4 This key will open the door.
```

Listing G.14: Fillmores Türenbeispiel.

Das Beispiel nach der Annotierung durch AutoAnnotator:

```
1  [ #{The} door|AG #will open|ACT ].
2
3  [ #{The} janitor|AG #will open|ACT #{the} door|PAT ].
4
5  [ #{The} janitor|AG #will open|ACT #{the}door|PAT #with
6    #{this} key|INSTP ].
7
8  [ #{This} key|AG #will open|ACT #{the} door|PAT ].
```

Listing G.15: Fillmores Türenbeispiel annotiert.

Anhang H

Evaluierung - REFS

H.1 ModalWindow-Chen

Folgende Änderungen und Löschungen wurden zufällig ausgewählt und in ModalWindow-Chen durchgeführt:

H.1.1 Löschungen

```
1  G-53      <packagedElement xmi:type="uml:Activity" xmi:id="G-53"
2            name="Activity␣Diagram" visibility="public">
3  G-42      inkludiert in G-53
```

H.1.2 Änderungen

```
1  G-52      name="Region" nach name="RegionUpdate"
2  G-63      name="user" nach name="userUpdate"
3  G-48      inkludiert in G-53
```

H.1.3 Änderungen im Text

Abbildung H.1 zeigt die Rückkopplung der Änderungen in den Text.

A modal_ -window is a child_ -window that requires the userUpdateuser to interact with ~~it before they can return to using the parent application, thus preventing any interaction with the main window~~.

Abbildung H.1: Änderungen an ModalWindow-Chen durch REFS

H.2 MusicalStore-Deeptimahanti

Folgende Änderungen und Löschungen wurden zufällig ausgewählt und in MusicalStore-Deeptimahanti durchgeführt:

H.2.1 Löschungen

```
1  G-311
2  G-352
3  G-234
4  G-347
5  G-354
```

H.2.2 Änderungen

```
1   G-230      name="whomOrWhat"  name="whomOrWhatUpdate"
2   G-273      <target xmi:idref="G-323" /> <target xmi:idref="G-322" />
3   G-286      <target xmi:idref="G-250" /> <target xmi:idref="G-251" />
4   G-341      name="rental" nach name="rentalUpdate"
5   G-246      name="searches(␣actor:Store_assistant␣)"
6              <node xmi:type="uml:CallOperationAction" xmi:id="G-246"
7              name="searches(␣actor:main_office␣)"> </node>
8   G-332      name="creator"  name="creatorUpdate"
9   G-346      name="State␣Diagram␣[Store_administration]"
10             name="State␣DiagramUpdate␣[Store_administration]"
11  G-241      name="submits(␣actor:Store_management
12  ␣␣␣␣␣␣␣␣␣whomOrWhat:price_changes␣)" actor:main_office
13  G-361      MISSING
14  G-369      name="overdue_notice"    name="overdue_noticeUpdate"
15  G-311      MISSING
16  G-310      name="produces" name="producesUpdate"
17  G-327      name="owned_address"     name="owned_addressUpdate"
```

H.2.3 Änderungen im Text

Abbildung H.2 zeigt die Rückkopplung der Änderungen in den Text.

H.3 Circe-Ambriola

Folgende Änderungen und Löschungen wurden zufällig ausgewählt und in Circe-Ambriola durchgeführt:

The music _-store receives tape _requests from customers.
The music _-store receives new tape from the Main _-office.
Music _-store sends overdue noticeUpdate notice to customers.
Store _assistant handles tape _requests.
Store _assistant update the rental list.
Store _management submits new tapes to the store which ordered them.
creatorUpdate producesUpdateStore administration produces rental reports.
Main _-office sends overdue noticeUpdate notice for tape to corresponding store.
Customer _requests tape.
Store _assistant checks the availability of tape.
Store _assistant searches for the available tape.
Store _assistant searches for the rental price of available tape.
Store _assistant checks status of the tape to be _returned by customer.
Customer is _allowed to rent tape if there are zero overdue tapes.
Store _assistant records rental by updating the rentalUpdaterental list.
Store _assistant asks the customer for his owned addressUpdateaddress.

Abbildung H.2: Änderungen an MusicalStore-Deeptimahanti durch REFS

H.3.1 Löschungen

1	G-269	bereits durch Löschung eines Sale-Knoten gelöscht

H.3.2 Änderungen

1	G-273	name="Integer" name="IntegerUpdate"
2	G-308	name="owner" name="ownerUpdate"
3	G-349	name="view" name="viewUpdate"
4	G-265	DELETED
5	G-271	DELETED
6	G-342	DELETED
7	G-337	name="Region" name="RegionUpdate"
8	G-219	name="whomOrWhat" name="whomOrWhatUpdate"
9	G-230	name="whomOrWhat" name="whomOrWhatupdate"
10	G-342	DELETED
11	G-306	DELETED
12	G-344	DELETED
13	G-303	name="sends" name="sendsUpdate"

H.3.3 Änderungen im Text

Abbildung H.3 zeigt die Rückkopplung der Änderungen in den Text..

```
Circe comprises the WebUI _interface ,.
, Cico, the view modules, and the view selector.
The WebUI _interface receives requirements and glossary from the user.
Requirements contain data on the team ,.
, on the author and on the revision.
The WebUI _interface transmits to Cico _requirements and glossary.
If the project is cooperative
       ,.
, the WebUI interface sends requirements and glossary to the repository,
too.
Cico computes abstract requirements using requirements ,.
, glossary, MAS-rules, predefined glossary and team data.
If the project is cooperative
       ,.
, Cico requests team data to the repository.
The viewUpdateview modules receive abstract requirements from Cico.
The view _modules can be _dedicated to modeling ,.
, validation or metrication.
From abstract requirements ,,-view _modules compute a viewUpdateview.
The user requests a viewUpdateview to the view  selector.
```

Abbildung H.3: Änderungen an Circe-Ambriola durch REFS

H.4 MonitoringPressure-Berry

Folgende Änderungen und Löschungen wurden zufällig ausgewählt und in MonitoringPressure-Berry durchgeführt:

H.4.1 Löschungen

```
1  -keine effektiven Löschungen am Text-
```

H.4.2 Änderungen

```
1  G-142    name="block"      name="blockUpdate"
2  G-118    name="ActivityFinal"    name="ActivityFinalUpdate"
3  G-129    name="Region"    name="RegionUpdate"
4  G-102    DELETED
5  G-104    <target xmi:idref="G-88" /> <target xmi:idref="G-89" />
6  G-82     name="Association"  name="AssociationUpdate"
```

```
7  G-83     name="Integer"  name="IntegerUpdate"
8  G-119    name="Join" name="JoinUpdate"
9  G-105    target xmi:idref="G-89" />  target xmi:idref="G-88" />
```

H.4.3 Änderungen im Text

Abbildung H.4 zeigt die Rückkopplung der Änderungen in den Text.

```
The system monitors the pressure and sends the safety _injection _signal
when the pressurizer _pressure falls below a low threshold.
The human operator can override system actions by turning on a Block_—
button and resets the manual block by pushing on a Reset_—button.
A manual block is _permitted if the pressure is below the threshold.
The manual blockUpdateblock must be automatically reset by the system.
A manual blockUpdateblock is effective if it is _executed before the
system sends the safety _injection _signal.
The Reset —button has higher priority than the Block —button.
```

Abbildung H.4: Änderungen an MonitoringPressure-Berry durch REFS

H.5 ATM-Rumbaugh

Folgende Änderungen und Löschungen wurden zufällig ausgewählt und in ATM-Rumbaugh durchgeführt:

H.5.1 Löschungen

```
1  G-267    Already DELETED G-267
2  G-215    G-225 edge DELETED   G-215
3          G-235 edge DELETED
4  G-285    G-286 transition DELETED    G-285
5  G-298    G-242 package DELETED    G-298
6          G-192 owned paramter DELETED
7  G-210    G-220, G-230 edges DELETED   G-210
```

H.5.2 Änderungen

```
1  G-189    name="return"   name="returnUpdate"
2  G-250    name="designUpdate"
3  G-308    name="HumanUpdate"
```

```
 4  G-198    name="whomOrWhatUpdate"
 5  G-250    SEE ABOVE
 6  G-219    <target xmi:idref="G-263" /> <target xmi:idref="G-262" />
 7  G-256    name="provideUpdate"
 8  G-273    name="banksUpdate"
 9  G-196    name="whomOrWhatUpdate"
10  G-220    Already DELETED
11  G-268    <upperValue xmi:type="uml:LiteralString" xmi:id="G-184"
12          value="Each"> to
13          <upperValue xmi:type="uml:LiteralString" xmi:id="G-184"
14          value="100">
```

H.5.3 Änderungen im Text

Abbildung H.5 zeigt die Rückkopplung der Änderungen in den Text..

```
100Each bank provides computers to maintain.
its own accounts and process transactions against them.
Cashier _stations are _owned by each bank and communicate with their
banksUpdatebank's computer.
HumanUpdateHuman cashiers type _account and transaction _data on
keyboard.
ATMs communicate with the master _computer which clears transactions with
the corresponding banks.
An ATM reads the cash _card ,.
, interacts with the user, communicates with the master computer to
process transactions, dispenses cash, and prints receipts.
The system requires detailed record keeping and security _provisions.
The system must handle concurrent accesses to the same account correctly.
The banks provideUpdateprovide software for their computers; contractor
shall design the software for the ATMs and the network.
```

Abbildung H.5: Änderungen an ATM-Rumbaugh durch REFS

H.6 SteamBoiler-Mellor

Folgende Änderungen und Löschungen wurden zufällig ausgewählt und in XXXXYYYY durchgeführt:

H.6.1 Löschungen

```
1  G-178    G-190, G-202 edges
2  G-174    G-186, G-198 edges
```

H.6.2 Änderungen

```
 1  G-260    name="message_transmission_deviceUpdate"
 2  G-252    name="amountUpdate"
 3  G-191    <target xmi:idref="G-225" /><target xmi:idref="G-224" />
 4  G-200    Already DELETED
 5  G-257    name="pump_statusUpdate"
 6  G-254    name="SBSUpdate"
 7  G-189    <target xmi:idref="G-225" /><target xmi:idref="G-224" />
 8  G-194    <target xmi:idref="G-171" />
 9  G-248    name="consistsUpdate"
10  G-161    name="receiverUpdate"
11  G-201    <target xmi:idref="G-177" /><target xmi:idref="G-176" />
12  G-235    name="controlUpdate"
13  G-213    <client xmi:idref="G-253" /><client xmi:idref="G-252" />
14  G-254    Already UPDATED
15  G-186    <target xmi:idref="G-225" /><target xmi:idref="G-224" />
16  G-160    name="whomOrWhatUpdate"
```

H.6.3 Änderungen im Text

Abbildung H.6 zeigt die Rückkopplung der Änderungen in den Text..

The steam _boiler _system (SBS) ensures that the contained
amountUpdateamount of water never exceeds a tolerance _level , thus
avoiding damage to the steam _boiler and the turbine empty SaleSentenc.
The steam produced by the steam _boiler drives the turbine.
The SBS consistsUpdate of the steam_boiler ,.
During operation ,.
The SBS consists of the steam boiler, a measuring device for the water
level, a pump to provide the steam boiler with water, a measuring device
for the pump status, a measuring device for the amount of steam produced
by the steam boiler, an operator desk, and a message transmission device.
During operation, the SBS keeps the water level within the tolerance
level using the measuring devices and the pump while the measuring
devices produce status information for the operator desk.
Even with two measuring _device broken
,.
, the SBS can still monitor the steam boiler.
If the contained amountUpdateamount of water exceeds the tolerance _level
,., SBS transfers control to the operator desk.
Additionally ,., the operator can stop the SBS at any time via the
operator desk.

Abbildung H.6: Änderungen an SteamBoiler-Mellor durch REFS

Abbildungsverzeichnis

Tabellenverzeichnis

Literaturverzeichnis

[ABL89]   ACKERMAN, A.F. ; BUCHWALD, L.S. ; LEWSKI, F.H.:   Software inspections: an effective verification process.   In: *Software, IEEE* 6 (1989), Mai, Nr. 3, S. 31–36. http://dx.doi.org/10.1109/52.28121. – DOI 10.1109/52.28121. – ISSN 0740–7459

[ABL96]   ABRIAL, Jean-Raymond ; BÖRGER, Egon ; LANGMAACK, Hans: The Steam Boiler Case Study: Competition of Formal Program Specification and Development Methods.   In: *Formal Methods for Industrial Applications. Specifying and Programming the Steam-Boiler Control*, Springer, 1996, 1–12

[AFG+07] ATLEE, Joanne M. ; FRANCE, Robert ; GEORG, Geri ; MOREIRA, Ana ; RUMPE, Bernhard ; ZSCHALER, Steffen: Modeling in Software Engineering.   In: *Proc. ICSE 2007 Companion Software Engineering - Companion 29th International Conference on*, 2007, S. 113–114

[AG97]   AMBRIOLA, Vincenzo ; GERVASI, Vincenzo: Processing natural language requirements.   In: *ASE '97: Proceedings of the 12th international conference on Automated software engineering (formerly: KBSE)*.   Washington, DC, USA : IEEE Computer Society, 1997. – ISBN 0–8186–7961–1, 36–46

[AG06]   AMBRIOLA, Vincenzo ; GERVASI, Vincenzo: On the Systematic Analysis of Natural Language Requirements with CIRCE.   In: *Automated Software Engg.* 13 (2006), January, 107–167. http://dx.doi.org/10.1007/s10515-006-5468-2. – DOI 10.1007/s10515–006–5468–2. – ISSN 0928–8910

[Alt08]   ALTOVA: *UModel - UML tool for software modeling and application development*. http://www.altova.com/umodel.html.   Version: 2008

[AP03]   ADAM PEASE, William M.:   An English to Logic Translator for Ontology-based Knowledge Representation Languages.   In: *IEEE 0-7803-7902-0/03* (2003), S. 777–783

[ARA+09] ANQUETIL, N. ; ROYER, J.-C. ; ANDRE, P. ; ARDOUREL, G. ; HNETYNKA, P. ; POCH, T. ; PETRASCU, D. ; PETRASCU, V.:   JavaCompExt: Extracting Architectural Elements from Java Source Code.   In: *Reverse Engineering, 2009. WCRE '09. 16th Working Conference on*, 2009. – ISSN 1095–1350, S. 317 –318

[Bal11]   BALZERT, Helmut: *Lehrbuch der Softwaretechnik: Entwurf, Implementierung, Installation und Betrieb*.   3. Heidelberg : Spektrum Akademischer Verlag, 2011 (SpringerLink : BÄ¼cher). http://dx.doi.org/10.1007/978-3-8274-2246-0. – ISBN 978–3–8274–2246–0

[Ban94] BANDLER, Richard: *Metasprache und Psychotherapie: Die Struktur der Magie I.* Junfermann, 1994. – ISBN 3–87387–186–6

[BB11] BALDRIDGE, Jason ; BIERNER, Gann: *OpenNLP.* http://incubator.apache.org/opennlp. Version: 2011

[BBGT08] BERRY, Daniel M. ; BUCCHIARONE, Antonio ; GNESI, Stefania ; TRENTANNI, Gianluca: A New Quality Model for Natural Language Requirements Specifications. (2008). http://citeseerx.ist.psu.edu/viewdoc/summary?doi=10.1.1.96.5268

[BBJW97] BOMAN, Magnus ; BUBENKO, Jr. Janis A. ; JOHANNESSON, Paul ; WANGLER, Benkt: *Conceptual modelling.* Upper Saddle River, NJ, USA : Prentice-Hall, Inc., 1997 http://portal.acm.org/citation.cfm?id=249194. – ISBN 0–13–514879–0

[BBN99] Norm 13250:1999 Dezember 1999. *Topic Maps*

[BD10] BRÜGGE, Bernd ; DUTOIT, Allen H.: *Object-oriented software engineering : using UML, patterns, and Java.* 3. ed., international ed. Boston : Pearson, 2010. – ISBN 978–0–13–815221–5 ; 0–13–815221–7

[BKK03] BERRY, Daniel M. ; KAMSTIES, Erik ; KRIEGER, Michael M.: *From Contract Drafting to Software Specification: Linguistic Sources of Ambiguity - A Handbook.* 2003 http://se.uwaterloo.ca/~dberry/handbook/ambiguityHandbook.pdf

[BKL09] BIRD, Steven ; KLEIN, Ewan ; LOPER, Edward: *Natural Language Processing with Python: Analyzing Text with the Natural Language Toolkit.* Beijing : O'Reilly, 2009. http://dx.doi.org/http://my.safaribooksonline.com/9780596516499. http://dx.doi.org/http://my.safaribooksonline.com/9780596516499. – ISBN 978–0–596–51649–9

[BM02] BERGHAMMER, R. ; MILANESE, U.: JAVA-RAP - A modern user interface for RAP. In: WIRSING, M. (Hrsg.) ; PATTINSON, D. (Hrsg.) ; HENNIKER, R. (Hrsg.): *16th International Workshop on Algebraic Development Techniques (WADT 2002), Frauenchiemsee, 24.9-27.9. 2002, Technischer Bericht.* Institut für Informatik, Universität München, 2002, S. 85–86

[BME+07] BOOCH, Grady ; MAKSIMCHUK, Robert A. ; ENGLE, Michael W. ; YOUNG, Bobbi J. ; CONNALLEN, Jim ; HOUSTON, Kelli A. ; BOOCH, Grady (Hrsg.): *Object-oriented analysis and design with applications.* 3. ed. Upper Saddle River, NJ : Addison-Wesley, 2007 (The Addison-Wesley object technology series). http://www.gbv.de/dms/ilmenau/toc/303104554.PDF. – ISBN 0–201–89551–X ; 978–0–201–89551–3. – Includes bibliographical references and index

[Boe87] BOEHM, Barry: Industrial Software Metrics: A Top-Ten List. In: *IEEE Software* 4 (1987), September, Nr. 5, S. 84–85

[BR97]   BURG, J. F. M. ; RIET, Reind P. d.: Truly intelligent CASE environments profit from linguistics. In: *Proceedings of the 9th International Conference on Software Engineering and Knowledge Engineering*, 1997, S. 407–414

[Bru09]   BRUMM, Torben: *Rechnergestütze Verbesserung von textbasietext Softwarespezifikationen mit Hilfe von Ontologien*, Diplomarbeit, Juli 2009

[BTMC04] BONTCHEVA, Kalina ; TABLAN, Valentin ; MAYNARD, Diana ; CUNNINGHAM, Hamish: Evolving GATE to Meet New Challenges in Language Engineering. In: *Natural Language Engineering* 10 (2004), Nr. 3/4, S. 349–373

[BW81]   BASILI, Victor R. ; WEISS, David M.: Evaluation of a software requirements document by analysis of change data. In: *ICSE '81: Proceedings of the 5th international conference on Software engineering*. Piscataway, NJ, USA : IEEE Press, 1981. – ISBN 0–89791–146–6, S. 314–323

[CA07]   CHENG, Betty H. C. ; ATLEE, Joanne M.: Research Directions in Requirements Engineering. In: *Proc. Future of Software Engineering FOSE '07*, 2007, S. 285–303

[Cal98]   CALLAGHAN, Paul: *An Evaluation of LOLITA and Related Natural Language Processing Systems*. 1998

[Cas09]   CASTILHO, Richard E.: *TreeTagger for Java*. online. http://www.annolab.org/tt4j/index.html. Version: September 2009. – Zuletzt besucht am 15.05.2010

[Cha00]   CHARNIAK, Eugene: A Maximum-Entropy-Inspired Parser. In: WIEBE, Janyce (Hrsg.): *Proceedings of the First Conference of the North American Chapter of the Association for Computational Linguistics (NAACL 2000)*. Seattle, Washington : Morgan Kaufmann Publishers, San Francisco, CA, USA, April 29 - May 04 2000, 132–139

[Cha05]   CHARETTE, R. N.: Why software fails. In: *IEEE Spectrum* 42 (2005), September, Nr. 9, 42–49. http://spectrum.ieee.org/computing/software/why-software-fails/0

[Che11]   CHEN, Raymond: *The Old New Thing*. MSDN Blogs. http://blogs.msdn.com/b/oldnewthing/archive/2011/12/12/10246541.aspx. Version: December 2011

[Cho65]   CHOMSKY, Noam: *Aspects of the Theory of Syntax*. Cambridge, Mass. : The MIT Press, 1965

[CHR10]   CUNNINGHAM, Hamish ; HANBURY, Allan ; RÜGER, Stefan: Scaling up High-Value Retrieval to Medium-Volume Data. In: CUNNINGHAM, Hamish (Hrsg.) ; HANBURY, Allan (Hrsg.) ; RÜGER, Stefan (Hrsg.): *Advances in Multidisciplinary Retrieval (the 1st Information Retrieval Facility Conference)*. Vienna, Austria : Springer, May 2010 (Lecture Notes in Computer Science, Volume 6107). – ISBN 978–3–642–13083–0

[CMB+11] CUNNINGHAM, Hamish ; MAYNARD, Diana ; BONTCHEVA, Kalina ; TABLAN, Valentin ; ASWANI, Niraj ; ROBERTS, Ian ; GORRELL, Genevieve ; FUNK, Adam ; ROBERTS, Angus ; DAMLJANOVIC, Danica ; HEITZ, Thomas ; GREENWOOD, Mark A. ;

SAGGION, Horacio ; PETRAK, Johann ; LI, Yaoyong ; PETERS, Wim: *Text Processing with GATE (Version 6).* 2011 http://tinyurl.com/gatebook. – ISBN 978–0956599315

[CMBT02] CUNNINGHAM, Hamish ; MAYNARD, Diana ; BONTCHEVA, Kalina ; TABLAN, Valentin: GATE: A Framework and Graphical Development Environment for Robust NLP Tools and Applications. In: *Proceedings of the 40th Anniversary Meeting of the Association for Computational Linguistics (ACL'02),* 2002

[CNRW06] CHANTREE, Francis ; NUSEIBEH, Bashar ; ROECK, Anne de ; WILLIS, Alistair: Identifying Noucous Ambiguities in Natural Language Requirements. In: *RE '06: Proceedings of the 14th IEEE International Requirements Engineering Conference (RE'06).* Washington, DC, USA : IEEE Computer Society, 2006. – ISBN 0–7695–2555–5, S. 56–65

[cod12] CODE.GOOGLE.COM: *NLTK Development.* http://nltk.googlecode.com. Version: 07 2012

[CP93] COURTOIS, P.-J. ; PARNAS, D. L.: Documentation for safety critical software. In: *ICSE '93: Proceedings of the 15th international conference on Software Engineering.* Los Alamitos, CA, USA : IEEE Computer Society Press, 1993. – ISBN 0–89791–588–7, S. 315–323

[Cyca] CYC.COM (Hrsg.): *Cyc 101 Tutorial.* Cyc.com. http://dx.doi.org/http://cyc.com/. http://dx.doi.org/http://cyc.com/

[Cycb] CYCORP INC.: *OpenCyc.* http://www.opencyc.org/. – Zuletzt besucht am 28.05.2010

[Cycc] CYCORP INC.: *ResearchCyc.* http://research.cyc.com/. – [abgerufen am 24.07.2009]

[DB09] DEEPTIMAHANTI, Deva K. ; BABAR, Muhammad A.: An Automated Tool for Generating UML Models from Natural Language Requirements. In: *Automated Software Engineering, International Conference on* 0 (2009), S. 680–682. http://dx.doi.org/http://doi.ieeecomputersociety.org/10.1109/ASE.2009.48. – DOI http://doi.ieeecomputersociety.org/10.1109/ASE.2009.48. – ISSN 1527–1366

[DBK03] DENGER, Christian ; BERRY, Daniel M. ; KAMSTIES, Erik: Higher Quality Requirements Specifications through Natural Language Patterns. Los Alamitos, CA, USA : IEEE Computer Society, 2003, S. 80

[Der10] DERRE, Bugra: *Rückkopplung von Softwaremodelländerungen in textuelle Spezifikationen,* KIT - Karlsruhe Institute of Technology, Diplomarbeit, Mai 2010

[DOJ⁺93] DAVIS, A. ; OVERMYER, S. ; JORDAN, K. ; CARUSO, J. ; DANDASHI, F. ; DINH, A. ; KINCAID, G. ; LEDEBOER, G. ; REYNOLDS, P. ; SITARAM, P. ; TA, A. ; THEOFANOS, M.: Identifying and measuring quality in a software requirements specification. In: *Proceedings of the First International Software Metrics Symposium,* 1993. – ISBN 0–8186–3740–4, S. 141–152

[DS08]   DEEPTIMAHANTI, Deva K. ; SANYAL, Ratna: Static UML Model Generator from
          Analysis of Requirements (SUGAR). In: *Advanced Software Engineering and Its
          Applications* 0 (2008), S. 77–84. http://dx.doi.org/http://dx.doi.org/10.1109/ASEA.
          2008.25. – DOI http://dx.doi.org/10.1109/ASEA.2008.25. ISBN 978–0–7695–3432–
          9

[DS09]   DEEPTIMAHANTI, Deva K. ; SANYAL, Ratna: An Innovative Approach for Gene-
          rating Static UML Models from Natural Language Requirements. In: *Advances in
          Software Engineering* Bd. 30, Springer Berlin Heidelberg, 2009 (Communications in
          Computer and Information Science). – ISBN 978–3–642–10241–7 (Print) 978–3–
          642–10242–4 (Online), 147–163

[Ebe08]   EBERT, Christof: *Systematisches Requirements Engineering und Management.* 2nd.
          dpunkt.verlag, 2008

[Ecl12a] ECLIPSE FOUNDATION: *Eclipse Modeling Framework Project (EMF).* http://www.
          eclipse.org/modeling/emf/. Version: 01 2012

[Ecl12b] ECLIPSE FOUNDATION: *EMF Compare.* http://wiki.eclipse.org/EMF_Compare.
          Version: Jan 2012

[Edg12]   EDGEWALL SOFTWARE: *TRAC Homepage.* Webpage, online. http://trac.edgewall.
          org/. Version: 2012

[Fag76]   FAGAN, Michael E.: Design and Code Inspections to Reduce Errors in Program De-
          velopment. In: *IBM Systems Journal* 15 (1976), Nr. 3, S. 182–211

[Fel98]   FELLBAUM, Christiane (Hrsg.): *WordNet: An Electronic Lexical Database.* Cam-
          bridge, MA : MIT Press, 1998. – ISBN 978–0–262–06197–1

[FFGL01] FABBRINI, F. ; FUSANI, M. ; GNESI, S. ; LAMI, G.: The Linguistic Approach to
          the Natural Language Requirements Quality: Benefit of the use of an Automatic Tool.
          In: *SEW '01: Proceedings of the 26th Annual NASA Goddard Software Engineering
          Workshop.* Washington, DC, USA : IEEE Computer Society, 2001. – ISBN 0–7695–
          1456–1, 97

[FGH+94] FINKELSTEIN, A. C. W. ; GABBAY, D. ; HUNTER, A. ; KRAMER, J. ; NUSEI-
          BEH, B.: Inconsistency Handling in Multiperspective Specifications. In: *IEEE Trans.
          Softw. Eng.* 20 (1994), Nr. 8, 569–578. http://dx.doi.org/http://dx.doi.org/10.1109/32.
          310667. – DOI http://dx.doi.org/10.1109/32.310667. – ISSN 0098–5589

[FGLM02] FANTECHI, A. ; GNESI, S. ; LAMI, G. ; MACCARI, A.: Applicati-
          on of Linguistic Techniques for Use Case Analysis. In: *Requirements En-
          gineering, IEEE International Conference on* 0 (2002), S. 157. http://dx.
          doi.org/http://doi.ieeecomputersociety.org/10.1109/ICRE.2002.1048518. – DOI
          http://doi.ieeecomputersociety.org/10.1109/ICRE.2002.1048518. – ISSN 1090–705X

[FGM05] FINKEL, Jenny R. ; GRENAGER, Trond ; MANNING, Christopher D.: Incorporating Non-local Information into Information Extraction Systems by Gibbs Sampling. In: *Proceedings of the 43nd Annual Meeting of the Association for Computational Linguistics (ACL 2005)*, 2005, 363–370

[Fil69] FILLMORE, Charles J.: Toward a modern theory of case. In: REIBEL, D. A. (Hrsg.) ; SCHANE, S. A. (Hrsg.): *Modern Studies in English*. Prentice Hall, 1969, S. 361–375

[FPF88] FAIRCHILD, K. ; POLTROCK, S. ; FURNAS, G.: *SemNet: Three-dimensional graphic representations of large knowledge bases*. Lawrence Erlbaum Associates, 1988 (Cognitive Science and its Applications for Hu). – 201–233 S. http://www.cs.toronto.edu/~nernst/papers/SEMNET.txt

[FSS99] FUCHS, Norbert E. ; SCHWERTEL, Uta ; SCHWITTER, Rolf: Attempto Controlled English — Not Just Another Logic Specification Language. In: *Lecture Notes in Computer Science* 1559 (1999), S. 1–20. http://dx.doi.org/10.1007/3-540-48958-4_1. – DOI 10.1007/3–540–48958–4_1. – ISSN 0302–9743

[GCK10] GLEICH, Benedikt ; CREIGHTON, Oliver ; KOF, Leonid: Ambiguity Detection: Towards a Tool Explaining Ambiguity Sources. In: WIERINGA, Roel (Hrsg.) ; PERSSON, Anne (Hrsg.): *Requirements Engineering: Foundation for Software Quality, 16th International Working Conference* Bd. 6182. Essen, Germany : Springer, July 2010 (LNCS), S. 218–232

[GDG08] GELHAUSEN, Tom ; DERRE, Bugra ; GEISS, Rubino: Customizing GrGen.NET for Model Transformation. In: *GRaMoT '08: Proceedings of the 3rd International Workshop on Graph and Model Transformation*. New York, NY, USA : ACM, 2008. – ISBN 978–1–60558–033–3, S. 17–24

[Gel10] GELHAUSEN, Tom: *Modellextraktion aus natÃ¼rlichen Sprachen : Eine Methode zur systematischen Erstellung von Domänenmodellen*, Institut fÃ¼r Programmstrukturen und Datenorganisation, Lehrstuhl Programmiersysteme Prof. Dr. Walter F. Tichy, Fakultät fÃ¼r Informatik, Karlsruher Institut fÃ¼r Technologie (KIT), Diss., Juli 2010. http://digbib.ubka.uni-karlsruhe.de/volltexte/1000019366

[Ger01] GERVASI, Vincenzo: The Cico Domain-Based Parser / University of Pisa, Dipartimento di Informatica. Version: November 2001. http://circe.di.unipi.it/~gervasi/main/publications.html. 2001 (TR-01-25). – Forschungsbericht

[GHP+09] GLINZ, Martin ; HEYMANS, Patrick ; PERSSON, Anne ; SINDRE, Guttorm ; AURUM, Aybüke ; MADHAVJI, Nazim H. ; PAECH, Barbara ; REGEV, Gil ; WIERINGA, Roel: Report on the working conference on requirements engineering: foundation for software quality (REFSQ'09). In: *ACM SIGSOFT Software Engineering Notes* 34 (2009), Nr. 5, S. 40–45

[GJ02]   GILDEA, Daniel ; JURAFSKY, Daniel: Automatic labeling of semantic roles. In: *Computational Linguistics* 28 (2002), September, Nr. 3, S. 245–288. http://dx.doi.org/10.1162/089120102760275983. – DOI 10.1162/089120102760275983. – ISSN 0891–2017

[Gli11]   GLINZ, Martin: On Model Quality, 2011

[Gru92]   GRUBER, Tom: *What is an Ontology?* http://www-ksl.stanford.edu/kst/what-is-an-ontology.html. Version: 1992

[GT07]   GELHAUSEN, Tom ; TICHY, Walter F.: Thematic Role Based Generation of UML Models from Real World Requirements. In: *Proc. International Conference on Semantic Computing ICSC 2007*, 2007, S. 282–289

[Hau08]   HAUGHEY, Duncan: Why Software Projects Fail and How to Make Them Succeed. In: *ProjectSmart.com* (2008). http://www.projectsmart.co.uk/why-software-projects-fail.html

[Hea07]   HEATH, Chip Heath & D.: *Made to Stick: Why Some Ideas Survive and Others Die.* 1. Auflage. Random House, 2007. – ISBN 978–1400064281

[HG00]   HARMAIN, H. M. ; GAIZAUSKAS, Robert J.: CM-Builder: An Automated NL-Based CASE Tool. In: *ASE*, 2000, S. 45–54

[HJL96]   HEITMEYER, Constance L. ; JEFFORDS, Ralph D. ; LABAW, Bruce G.: Automated consistency checking of requirements specifications. In: *ACM Trans. Softw. Eng. Methodol.* 5 (1996), Nr. 3, S. 231–261. http://dx.doi.org/http://doi.acm.org/10.1145/234426.234431. – DOI http://doi.acm.org/10.1145/234426.234431. – ISSN 1049–331X

[HKKS09] HASEGAWA, Ryo ; KITAMURA, Motohiro ; KAIYA, Haruhiko ; SAEKI, Motoshi: Extracting Conceptual Graphs from Japanese Documents for Software Requirements Modeling. In: KIRCHBERG, Markus (Hrsg.) ; LINK, Sebastian (Hrsg.): *APCCM* Bd. 96, Australian Computer Society, 2009 (CRPIT). – ISBN 978–1–920682–77–4, 87-96

[HSA07]   HAVASI, C. ; SPEER, R. ; ALONSO, J.: ConceptNet 3: a Flexible, Multilingual Semantic Network for Common Sense Knowledge. In: *Recent Advances in Natural Language Processing.* Borovets, Bulgaria, September 2007

[HSB$^+$11] HOFFART, Johannes ; SUCHANEK, Fabian M. ; BERBERICH, Klaus ; LEWIS-KELHAM, Edwin ; MELO, Gerard de ; WEIKUM, Gerhard: YAGO2: Exploring and Querying World Knowledge in Time, Space, Context, and Many Languages. In: SRINIVASAN, Sadagopan (Hrsg.) ; RAMAMRITHAM, Krithi (Hrsg.) ; KUMAR, Arun (Hrsg.) ; RAVINDRA, M. P. (Hrsg.) ; BERTINO, Elisa (Hrsg.) ; KUMAR, Ravi (Hrsg.) ; Association for Computing Machinery (ACM) (Veranst.): *Proceedings of the 20th international conference companion on World Wide Web (WWW 2011)*. Hyderabad, India : ACM, 2011, S. 229–232

[IEE90]   IEEE Standard Glossary of Software Engineering Terminology. In: *IEEE Std 610.12-1990* (1990), S. 1. http://dx.doi.org/10.1109/IEEESTD.1990.101064. – DOI 10.1109/IEEESTD.1990.101064

[IEE98]   IEEE recommended practice for software requirements specifications. In: *IEEE Std 830-1998* (1998), Oktober

[inc]   INC. stylus: What makes software projects succeed?   http://www.stylusinc.com/ Common/Concerns/SoftwareProjectsFailure.php

[JL93]   In: JOHNSON-LAIRD, P. N.:   *Mental models*.   Cambridge, MA, USA : MIT Press, 1993. – ISBN 0–262–16112–5, 469–499

[JM00]   JURAFSKY, Daniel ; MARTIN, James H.: *Speech and language processing*. Prentice Hall, Prentice-Hall International, 2000. – ISBN 0–13–095069–6, 0–13–122798–X

[JM09]   JURAFSKY, Dan ; MARTIN, James H.:   *Speech and Language Processing: An Introduction to Natural Language Processing, Computational Linguistics and Speech Recognition*. 2. ed., [Pearson International Edition]. Englewood Cliffs, NJ : Prentice Hall, Pearson Education International, 2009 (Prentice Hall series in artificial intelligence). – ISBN 0–13–504196–1 ; 978–0–13–504196–3

[JML00] JUZGADO, Natalia J. ; MORENO, Ana M. ; LOPEZ, Marta: How to Use Linguistic Instruments for Object-Oriented Analysis. In: *IEEE Software* 17 (2000), Nr. 3. http://dx.doi.org/10.1109/52.896254. – DOI 10.1109/52.896254

[JVKV09] JAIN, Prateek ; VERMA, Kunal ; KASS, Alex ; VASQUEZ, Reymonrod G.: Automated review of natural language requirements documents: generating useful warnings with user-extensible glossaries driving a simple state machine. In: *ISEC '09: Proceedings of the 2nd India software engineering conference*. New York, NY, USA : ACM, 2009. – ISBN 978–1–60558–426–3, S. 37–46

[JZZZ08] JIANG, M. ; ZHANG, Jing ; ZHAO, Hong ; ZHOU, Yuanyuan: Maintaining software product lines - an industrial practice. In: *Software Maintenance, 2008. ICSM 2008. IEEE International Conference on*, 2008. – ISSN 1063–6773, S. 444 –447

[KBP01] KAMSTIES, Erik ; BERRY, Daniel M. ; PAECH, Barbara: Detecting Ambiguities in Requirements Documents Using Inspections. In: *Proceedings of the First Workshop on Inspection in Software Engineering (WISE'01)*, 2001, S. 68–80

[KC05]   KONRAD, Sascha ; CHENG, Betty H.: Facilitating the Construction of Specification Pattern-based Properties. In: *Requirements Engineering, IEEE International Conference on* (2005), S. 329–338. http://dx.doi.org/http://doi.ieeecomputersociety.org/10.1109/RE.2005.29. – DOI http://doi.ieeecomputersociety.org/10.1109/RE.2005.29

[KDGL]   KÖRNER, Sven J. ; DERRE, Bugra ; GELHAUSEN, Tom ; LANDHAEUSSER, Mathias: *RECAA – The Requirements Engineering Complete Automation Approach.* https://svn.ipd.uni-karlsruhe.de/trac/mx

[KG08]   KÖRNER, Sven J. ; GELHAUSEN, Tom: Improving Automatic Model Creation using Ontologies. In: KNOWLEDGE SYSTEMS INSTITUTE (Hrsg.): *Proceedings of the Twentieth International Conference on Software Engineering & Knowledge Engineering,* 2008, S. 691–696

[KGR06] KROHA, Petr ; GERBER, Philipp ; ROSENHAINER, Lars: Towards Generation of Textual Requirements Descriptions from UML Models. (2006), April, 31 - 38. http://sunsite.informatik.rwth-aachen.de/Publications/CEUR-WS/Vol-180/paper03.pdf

[KJL09] KROHA, Petr ; JANETZKO, Robert ; LABRA, Jose E.: Ontologies in Checking for Inconsistency of Requirements Specification. In: *Advances in Semantic Processing, International Conference on* 0 (2009), S. 32–37. http://dx.doi.org/http://doi.ieeecomputersociety.org/10.1109/SEMAPRO.2009.11. – DOI http://doi.ieeecomputersociety.org/10.1109/SEMAPRO.2009.11. ISBN 978–0–7695–3833–4

[KKPS01] KAMSTIES, Erik ; KNETHEN, Antje V. ; PHILIPPS, Jan ; SCHÄTZ, Bernhard: An Empirical Investigation of the Defect Detection Capabilities of Requirements Specification Languages. In: *EMMSAD'01: Proceedings of the Sixth CAiSE/IFIP8.1 International Workshop on Evaluation of Modelling Methods in Systems Analysis and Design,* 2001

[KL10]   KÖRNER, Sven J. ; LANDHÄUSSER, Mathias: Semantic Enriching of Natural Language Texts with Automatic Thematic Role Annotation NLDB 2010, 2010

[Kof04] KOF, Leonid: Natural Language Processing for Requirements Engineering: Applicability to Large Requirements Documents. In: *Automated Software Engineering, Proceedings of the Workshops.* Linz, Austria, September 2004

[Kof05a] KOF, Leonid: An Application of Natural Language Processing to Domain Modelling – Two Case Studies. In: *International Journal on Computer Systems Science Engineering* 20 (2005), S. 37–52

[Kof05b] KOF, Leonid: Natural Language Processing: Mature Enough for Requirements Documents Analysis? In: MONTOYO, Andres (Hrsg.) ; MUNOZ, Rafael (Hrsg.) ; METHAIS, Elizabeth (Hrsg.): *Application of Natural Language to Information Systems.* Alicante, Spain : Springer–Verlag, 2005, S. 91–102. – Copyright Springer-Verlag, available at http://www.springerlink.com/content/p1uccn0202c7cn2h/

[Kof09] KOF, Leonid: Requirements Analysis: Concept Extraction and Translation of Textual Specifications to Executable Models. In: HORACEK, Helmut (Hrsg.) ; MU?OZ, Rafael (Hrsg.) ; MÃ©THAIS, Elizabeth (Hrsg.): *Application of Natural Language to*

Information Systems Bd. 5723. Saarbrücken, Germany : Springer, June 24-26 2009 (LNCS), S. 79–90

[Kof10]   Kof, Leonid: From Requirements Documents to System Models: Interactive Semi-Automatic Translation. In: *18th IEEE International Requirements Engineering Conference*. Sydney, Australia : IEEE Computer Society Conference Publishing Services, 29.09-01.10 2010, S. 391–392

[Kri05]   Krifka, Manfred: *Thematische Rollen*. http://amor.rz.hu-berlin.de/~h2816i3x/GK_Semantik_10_ThematischeRollen.pdf. Version: June 2005

[Kro00]   Kroha, P.: Preprocessing of Requirements Specification. 1873 (2000), 675–684. http://www.springerlink.com/content/9pfyb0xdxv9gqnjn/. – ISBN 978–3–540–67978–3

[Kru03]   Kruchten, Philippe: *The Rational Unified Process: An Introduction*. 3. Auflage. Boston, MA : Addison-Wesley, 2003. – ISBN 0201707101

[KS05]   Kaiya, H. ; Saeki, M.: Ontology based requirements analysis: lightweight semantic processing approach. In: *Proc. Fifth International Conference on Quality Software (QSIC 2005)*, 2005, S. 223–230

[KS06]   Kaiya, H. ; Saeki, M.: Using Domain Ontology as Domain Knowledge for Requirements Elicitation. In: *Proc. th IEEE International Conference Requirements Engineering*, 2006, S. 189–198

[KZMB08] Kiyavitskaya, Nadzeya ; Zeni, Nicola ; Mich, Luisa ; Berry, Daniel M.: Requirements for tools for ambiguity identification and measurement in natural language requirements specifications. In: *Requir. Eng.* 13 (2008), Nr. 3, S. 207–239. http://dx.doi.org/http://dx.doi.org/10.1007/s00766-008-0063-7. – DOI http://dx.doi.org/10.1007/s00766–008–0063–7. – ISSN 0947–3602

[Lan10]   Landhäusser, Mathias: *Automatische Auszeichnung von Semantik in natürlich-sprachlichen Spezifikationen*, Diplomarbeit, May 2010. http://www.ipd.uka.de/Tichy/theses.php?id=165

[LBC09]   Li, Yaoyong ; Bontcheva, Kalina ; Cunningham, Hamish: Adapting SVM for Data Sparseness and Imbalance: A Case Study on Information Extraction. In: *Natural Language Engineering* 15 (2009), Nr. 2, 241–271. http://journals.cambridge.org/repo_A45LfkBD

[LDL98]   Lamsweerde, A. van ; Darimont, R. ; Letier, E.: Managing conflicts in goal-driven requirements engineering. 24 (1998), Nov., Nr. 11, S. 908–926. http://dx.doi.org/10.1109/32.730542. – DOI 10.1109/32.730542

[Lil09]   Lilienthal, C.: Architectural Complexity of Large-Scale Software Systems. In: *Software Maintenance and Reengineering, 2009. CSMR '09. 13th European Conference on*, 2009. – ISSN 1534–5351, S. 17 –26

[LL04] LIU, Hugo ; LIEBERMANN, Henry: Toward a Programmatic Semantics of Natural Language. (2004), S. 2

[LL05] LIEBERMAN, Henry ; LIU, Hugo: Feasibility Studies for Programming in Natural Language. In: *End-User Development, H. Lieberman, F. Paterno, V. Wulf, eds. Â© 2005 Kluwer Academic Publishers/Springer. Printed in the Netherlands.* (2005), S. 16

[LLM06] LIU, Hugo ; LIEBERMAN, Henry ; MIHALCEA, Rada: NLP (Natural Language Processing) for NLP (Natural Language Programming). In: *A. Gelbukh (Ed.) (c)Springer-Verlag Berlin Heidelberg 2006* CICLing 2006, LNCS 3878 (2006), pp. 319-330. http://larifari.org/writing/CICLING2006-NLP4NLP.pdf

[LLSB04] LIU, Hugo ; LIEBERMAN, Henry ; SINGH, Push ; BARRY, Barbara: Beating Common Sense into Interactive Applications. (2004). http://larifari.org/writing/AIMag2004-BeatingCommonSense.pdf

[LRR97] LAVOIE, Benoit ; RAMBOW, Owen ; REITER, Ehud: Customizable descriptions of object-oriented models. In: *Proceedings of the Fifth Conference on Applied Natural Language Processing (ANLP-97).* Morristown, NJ, USA : Association for Computational Linguistics, 1997, S. 253–256

[LS80] LIENTZ, Bennett P. ; SWANSON, E. B.: *Software Maintenance Management.* Boston, MA, USA : Addison-Wesley Longman Publishing Co., Inc., 1980. – ISBN 0201042053

[LS04a] LIU, Hugo ; SINGH, Push: Commonsense Reasoning in and over Natural Language. In: *Media Laboratory Massachusetts Institute of Technology Cambridge, MA 02139, USA hugo,push@media.mit.edu* (2004). http://larifari.org/writing/KES2004-CommonSenseNL.pdf

[LS04b] LIU, Hugo ; SINGH, Push: ConceptNet - a practical commonsense reasoning tool-kit. In: *BT Technology Journal* Vol 22 (2004). http://larifari.org/writing/BTTJ2004-ConceptNet.pdf

[Lud04] LUDEWIG, Jochen: Models in software engineering - an introduction. In: *Inform., Forsch. Entwickl.* 18 (2004), Nr. 3-4, S. 105–112

[LV07] LAUKAITIS, A. ; VASILECAS, O.: Integrating all stages of software development by means of natural language processing. In: *Proc. of International Working Conference on Requirements Engineering: Foundation for Software Quality. LNCS* Bd. 4542, 2007, S. 218–231

[LW00] LEFFINGWELL, Dean ; WIDRIG, Don: *Managing Software Requirements: A Unified Approach.* Reading, Mass. [u.a.] : Addison-Wesley, 2000. – ISBN 0–201–61593–2

[LWB+10] LENAT, Douglas ; WITBROCK, Michael ; BAXTER, David ; BLACKSTONE, Eugene ; DEATON, Chris ; SCHNEIDER, Dave ; SCOTT, Jerry ; SHEPARD, Blake: Harnessing

Cyc to Answer Clinical Researchers' Ad Hoc Queries. In: *AI Magazine* 31 (2010), Nr. 3, 13-32. http://www.aaai.org/ojs/index.php/aimagazine/article/view/2299. – ISSN 0738–4602

[MÖ7]   MÜLLER, Stefan: *Head-Driven Phrase Structure Grammar – Eine Einfuehrung.* Tübingen, Germany : Stauffenburg Verlag, 2007 (Stauffenburg Einführungen 17). http://hpsg.fu-berlin.de/~stefan/Pub/hpsg-lehrbuch.html

[Mai08]   MAIDEN, N.: User Requirements and System Requirements. In: *Software, IEEE* 25 (2008), march-april, Nr. 2, S. 90 –91. http://dx.doi.org/10.1109/MS.2008.54. – DOI 10.1109/MS.2008.54. – ISSN 0740–7459

[Mas06]   MASAK, Dieter: *Legacysoftware.* Springer, 2006. – ISBN 3–540–25412–9

[MaT]   MATREX: *MaTREx.* http://www.comp.lancs.ac.uk/research/projects/matrex

[Max12]   MAX PLANCK INSTITUT FÜR INFORMATIK: *YAGO - Version 2.* http://www.mpi-inf. mpg.de/yago-naga/yago/. Version: 2012

[McL06]   MCLAUGHLIN, Laurianne: Automated Programming: The Next Wave of Developer Power Tools. In: *May/June 2006 IEEE SOFTWARE* 0 7 4 0 - 7 4 5 9 / 0 6 (2006), May/June, 91-93. http://csdl2.computer.org/comp/mags/so/2006/03/s3091.pdf

[MFI04]   MICH, Luisa ; FRANCH, Mariangela ; INVERARDI, Pierluigi: Market research for requirements analysis using linguistic tools. In: *Requir. Eng.* 9 (2004), February, 40–56. http://dx.doi.org/10.1007/s00766-003-0179-8. – DOI 10.1007/s00766–003–0179–8. – ISSN 0947–3602

[MFT⁺]   MILLER, George A. ; FELLBAUM, Christiane ; TENGI, Randee ; WAKEFIELD, Pamela ; LANGONE, Helen ; HASKELL, Benjamin R.: *WordNet.* http://wordnet.princeton. edu/. – [abgerufen am 24.07.2009]

[Mic96]   MICH, L.: NL-OOPS: from natural language to object oriented requirements using the natural language processing system LOLITA. In: *Nat. Lang. Eng.* 2 (1996), June, 161–187. http://dx.doi.org/10.1017/S1351324996001337. – DOI 10.1017/S1351324996001337. – ISSN 1351–3249

[Mil95]   MILLER, George A.: WordNet: A lexical database for English. In: *Communications of the ACM* 38 (1995), Nr. 1, S. 39–41. http://dx.doi.org/10.1145/219717.219748. – DOI 10.1145/219717.219748

[MJ]   MANNING, Chris ; JURAFSKY, Dan: *The Stanford Natural Language Processing Group.* http://nlp.stanford.edu. – [Online]

[MM04]   MEZIANE, Farid (Hrsg.) ; MÉTAIS, Elisabeth (Hrsg.): *Natural Language Processing and Information Systems, 9th International Conference on Applications of Natural*

Languages to Information Systems, NLDB 2004, Salford, UK, June 23-25, 2004, Proceedings. Bd. *3136.* Springer, 2004 (Lecture Notes in Computer Science). – ISBN 3–540–22564–1

[MM08] MARNEFFE, Marie-Catherine de ; MANNING, Christopher D.: The Stanford typed dependencies representation. In: *COLING Workshop on Cross-framework and Cross-domain Parser Evaluation*, 2008, 1–8

[MM11] MARNEFFE, Marie-Catherine de ; MANNING, Christopher D.: *Stanford typed dependencies manual*, September 2011. http://nlp.stanford.edu/software/dependencies_ manual.pdf. – V.1.6.9

[MPEP08] MONTES, Azucena ; PACHECO, Hasdai ; ESTRADA, Hugo ; PASTOR, Oscar: Conceptual Model Generation from Requirements Model: A Natural Language Processing Approach. In: KAPETANIOS, Epaminondas (Hrsg.) ; SUGUMARAN, Vijayan (Hrsg.) ; SPILIOPOULOU, Myra (Hrsg.): *NLDB* Bd. 5039, Springer, 2008 (Lecture Notes in Computer Science). – ISBN 978–3–540–69857–9, 325-326

[MR97] MORENO, A. M. ; RIET, R.P. van d.: *Justification Of The Equivalence Between Linguistic And Conceptual Patterns For The Object Model.* 1997

[MRZ$^+$06] MENG, W. ; RILLING, J. ; ZHANG, Y. ; R.WITTE ; CHARLAND, P.: An Ontological Software Comprehension Process Model. In: *3rd International Workshop on Metamodels, Schemas, Grammars, and Ontologies for Reverse Engineering (ATEM 2006). October 1st, Genoa, Italy* (2006)

[NE00] NUSEIBEH, Bashar ; EASTERBROOK, Steve: Requirements engineering: a roadmap. In: *ICSE '00: Proceedings of the Conference on The Future of Software Engineering.* New York, NY, USA : ACM Press, 2000. – ISBN 1–58113–253–0, S. 35–46

[NKF93] NUSEIBEH, Bashar ; KRAMER, Jeff ; FINKELSTEIN, Anthony: Expressing the relationships between multiple views in requirements specification. In: *ICSE '93: Proceedings of the 15th international conference on Software Engineering.* Los Alamitos, CA, USA : IEEE Computer Society Press, 1993. – ISBN 0–89791–588–7, S. 187–196

[NR95] NANDURI, Sastry ; RUGABER, Spencer: Requirements validation via automated natural language parsing. In: *J. Manage. Inf. Syst.* 12 (1995), December, 9–19. http://portal.acm.org/citation.cfm?id=1189581.1189583. – ISSN 0742–1222

[NRY$^+$12] NUSEIBEH, Bashar ; ROECK, Anne D. ; YANG, Hui ; WILLIS, Alistair ; PIWEK, Paul: *MaTREx - Making Tacit Knowledge in Requirements Explicit.* http://crc.open. ac.uk/matrex. Version: 2012

[Ok10] OK, Fatih: *Finden von UML Modelländerungen für das Anforderungsmanagement.* Studienarbeit, Oktober 2010

[OLR01] OVERMYER, Scott P. ; LAVOIE, Benoit ; RAMBOW, Owen: Conceptu-
        al Modeling through Linguistic Analysis Using LIDA.   In: *Software En-*
        gineering, International Conference on 0 (2001), 0401.   http://dx.doi.
        org/http://doi.ieeecomputersociety.org/10.1109/ICSE.2001.919113.   –   DOI
        http://doi.ieeecomputersociety.org/10.1109/ICSE.2001.919113

[OMG07] OBJECT MANAGEMENT GROUP, OMG: *UML Specification 2.1.2.* http://www.omg.
        org/spec/UML/2.1.2/. Version: November 2007

[Pad07] PADBERG, Frank: *Vorlesung Softwarequalitaetssicherung, Kapitel 3: Metriken*
        und Wartbarkeit.   http://www.ipd.uka.de/mitarbeiter/padberg/lehre/sqs07/SQS_3_
        padberg.pdf. Version: 2007

[Par85] PARNAS, David L.: Software aspects of strategic defense systems. In: *Commun. ACM*
        28 (1985), Nr. 12, S. 1326–1335. http://dx.doi.org/http://doi.acm.org/10.1145/214956.
        214961. – DOI http://doi.acm.org/10.1145/214956.214961. – ISSN 0001–0782

[Per03] PERKS, Mike: Best practices for software development projects. In: *IBM Devel-*
        oper Works (2003), June.   http://www.ibm.com/developerworks/websphere/library/
        techarticles/0306_perks/perks2.html

[Pis00] PISAN, Yusuf: Extending requirement specifications using analogy. In: *ICSE '00:*
        Proceedings of the 22nd international conference on Software engineering. New York,
        NY, USA : ACM, 2000. – ISBN 1–58113–206–9, S. 70–76

[Pow01] POWER, Norah: Variety and Quality in Requirements Documentation. In: *REFSQ'01:*
        Proceedings of the Seventh International Workshop on Requirements Engineering :
        Foundation for Software Quality, 2001. – ISSN 0163–5948, S. 165–170

[Pro12] PROJECT, NLTK: *NLTK - Natural Language Toolkit.* http://nltk.org/. Version: 07
        2012

[PS94] POLLARD, Carl ; SAG, Ivan A.: *Head-Driven Phrase Structure Grammar.* Chicago,
        Illinois : University of Chicago Press and CSLI Publications, 1994 citeseer.ist.psu.
        edu/pollard94headdriven.html

[QKC04] QIU, Long ; KAN, Min yen ; CHUA, Tat seng: A public reference implementation of
        the rap anaphora resolution algorithm. In: *In: Proceedings of the Fourth International*
        Conference on Language Resources and Evaluation (LREC 2004, 2004, S. 291–294

[Rau88] RAUH, Gisa: *Tiefenkasus, thematische Relationen und Thetarollen.* TÃ¼bingen, Ger-
        many : Gunter Narr Verlag, 1988. – ISBN 3878083696

[RBP+91] RUMBAUGH, James ; BLAHA, Michael ; PREMERLANI, William ; EDDY, Frederick
        ; LORENSEN, William: *Object-oriented modeling and design.* Upper Saddle River,
        NJ, USA : Prentice-Hall, Inc., 1991. – ISBN 0–13–629841–9

[RD00]   REITER, Ehud ; DALE, Robert: *Building Natural Language Generation Systems*. Cambridge University Press, 2000 (Natural Language Processing). http://dx.doi.org/ DOI:10.2277/052102451X. http://dx.doi.org/DOI:10.2277/052102451X

[Reg98]   *A market-driven requirements engineering process: Results from an industrial process improvement programme*. 1998

[RG03]   RUPP, Chris ; GOETZ, Rolf: Psychotherapy for System Requirements. In: *Proceedings of the Second IEEE International Conference on Cognitive Informatics (ICCI '03)* (2003)

[Roa08]   ROAM, D.: *The back of the napkin: solving problems and selling ideas with pictures*. Portfolio, 2008 http://books.google.de/books?id=QnEutMamZ7IC. – ISBN 9781591841999

[RP92]   ROLLAND, C. ; PROIX, C.: A Natural Language Approach for Requirements Engineering. In: LOUCOPOULOS, P. (Hrsg.): *Proceedings of the Fourth International Conference CAiSE'92 on Advanced Information Systems Engineering* Bd. 593. Manchester, United Kingdom : Springer-Verlag, 1992, 257-277. – 10.1007/BFb0035136

[RR06]   ROBERTSON, Suzanne ; ROBERTSON, James: *Mastering the requirements process*. 2. ed. Addison-Wesley, 2006. – ISBN 0–321–41949–9

[Rup02]   RUPP, Chris: Requirements and Psychology. In: *IEEE, May/June 2002* IEEE SOFTWARE (2002)

[Rup06]   RUPP, Chris: *Requirements-Engineering und -Management*. 4. Carl Hanser Verlag, 2006. – ISBN 3–446–40509–7

[Rup07]   *Kapitel* Das SOPHIST-REgelwerk – Psychotherapie fÃ¼r Anforderungen. In: RUPP, Chris: *Requirements-Engineering und -Management*. 4. Carl Hanser Verlag, 2007. – ISBN 3–446–40509–7, S. 139–176

[Rya93]   RYAN, Kevin: The role of natural language in requirements engineering. In: *Requirements Engineering, 1993., Proceedings of IEEE International Symposium on*, 1993, 240-242

[SACO02] SMITH, R.L. ; AVRUNIN, G.S. ; CLARKE, L.A. ; OSTERWEIL, L.J.: PROPEL: an approach supporting property elucidation. In: *ICSE 2002: Proceedings of the 24rd International Conference on Software Engineering*, 2002. – ISBN 1–58113–472–X, S. 11–21

[Sae04]   SAEKI, Motoshi: Ontology-Based Software Development Techniques. In: *ERCIM News* 58 (2004), 14-15. http://www.ercim.org/publication/Ercim_News/enw58/saeki. html

[San90]   SANTORINI, Beatrice: Part-of-Speech Tagging Guidelines for the Penn Treebank Project (3rd Revision) / University of Pennsylvania Department of Computer and Information Science. Version: 1990. http://repository.upenn.edu/cis_reports/570. 1990 (MS-CIS-90-47). – Forschungsbericht

[Sch94]   SCHMID, Helmut: Probabilistic Part-of-Speech Tagging Using Decision Trees. In: *Proceedings of International Conference on New Methods in Language Processing*, 1994

[Sch95]   SCHMID, Helmut: Improvements In Part-of-Speech Tagging With an Application To German. In: *Proceedings of the EACL SIGDAT-Workshop*. Dublin, 1995, S. 47–50

[SG09]   STANDISH-GROUP: *CHAOS Summary 2009.* http://www.standishgroup.com/newsroom/chaos_2009.php. Version: April 2009. – Besucht am 10.03.2010

[SGM94]   SMITH, Mark H. ; GARIGLIANO, Roberto ; MORGAN, Richard G.: Generation in the LOLITA system: an engineering approach. In: *Proceedings of the Seventh International Workshop on Natural Language Generation*. Stroudsburg, PA, USA : Association for Computational Linguistics, 1994 (INLG '94), 241–244

[SJM07]   STRAETEN, Ragnhild Van D. ; JONCKERS, Viviane ; MENS, Tom: A formal approach to model refactoring and model refinement. In: *Software and System Modeling* 6 (2007), Nr. 2, 139-162. http://www.mathematik.uni-marburg.de/~swt/ss12/refac/files/literature/VanDerStraeten_AFormalApproachToModelRefactoringAndModelRefinement.pdf

[SKT⁺92] SHELDON, F.T. ; KAVI, K.M. ; TAUSWORTHE, R.C. ; YU, J.T. ; BRETTSCHNEIDER, R. ; EVERETT, W.W.: Reliability Measurement: From Theory to Practice. In: *IEEE Software* 9 (1992), July, Nr. 4, 13-20. http://ieeexplore.ieee.org/stamp/stamp.jsp?tp=&arnumber=143095&isnumber=3837

[SKW07]   SUCHANEK, Fabian M. ; KASNECI, Gjergji ; WEIKUM, Gerhard: Yago: A Core of Semantic Knowledge. (2007). http://www.mpi-inf.mpg.de/~suchanek/publications/www2007.pdf

[Sne91]   SNEED, Harry M.: *Softwarewartung und –wiederverwendung*. Müller, 1991

[Som04]   SOMMERVILLE, Ian: *Software engineering*. 7. ed. Boston : Pearson, Addison-Wesley, 2004 (International computer science series). http://www.gbv.de/dms/ilmenau/toc/383981964.PDF. – ISBN 0–321–21026–3

[SSV⁺09] SHARMA, Vibhu S. ; SARKAR, Santonu ; VERMA, Kunal ; PANAYAPPAN, Arun ; KASS, Alex: Extracting High-Level Functional Design from Software Requirements. In: *Proceedings of the 2009 16th Asia-Pacific Software Engineering Conference*. Washington, DC, USA : IEEE Computer Society, 2009 (APSEC '09). – ISBN 978–0–7695–3909–6, 35–42

[Sta73] STACHOWIAK, Herbert: *Allgemeine Modelltheorie*. Wien [u.a.] : Springer, 1973. – ISBN 3–211–81106–0 ; 0–387–81106–0

[Sta09] STAFFORD, Jan: Why software projects fail and more will fail in 2009. (2009), January. http://itknowledgeexchange.techtarget.com/software-quality/ why-software-projects-fail-and-more-will-fail-in-2009/

[Sut02] SUTCLIFFE, Alistair: *User Centred Requirements Engineering*. 1. publ. London : Springer, 2002. – ISBN 1–85233–517–3

[Swa76] SWANSON, E. B.: The dimensions of maintenance. (1976), S. 492–497

[The09a] THE STANFORD NATURAL LANGUAGE PROCESSING GROUP: *Stanford Log-linear Part-Of-Speech Tagger*. http://nlp.stanford.edu/software/tagger.shtml. http: //nlp.stanford.edu/software/tagger.shtml. Version: Dezember 2009. – Zuletzt besucht am 18.09.2013

[The09b] THE STANFORD NATURAL LANGUAGE PROCESSING GROUP: *Stanford Typed Dependencies*. http://nlp.stanford.edu/software/stanford-dependencies.shtml. http: //nlp.stanford.edu/software/tagger.shtml. Version: Dezember 2009. – Zuletzt besucht am 18.09.2013

[The09c] THE STANFORD NATURAL LANGUAGE PROCESSING GROUP: *The Stanford Parser: A statistical parser*. http://nlp.stanford.edu/software/lex-parser.shtml. http: //nlp.stanford.edu/software/lex-parser.shtml. Version: Juli 2009. – Zuletzt besucht am 18.09.2013

[TKL12] TICHY, Walter F. ; KÖRNER, Sven J. ; LANDHÄSSER, Mathias: *The NLRP Benchmark Homepage*. http://nlre.wikkii.com/wiki/Main_Page. Version: Jan 2012

[VK08] VERMA, Kunal ; KASS, Alex: Requirements Analysis Tool: A Tool for Automatically Analyzing Software Requirements Documents. In: *7th International Semantic Web Conference (ISWC2008)*, 2008

[VKV+10] VERMA, Kunal ; KASS, Alex ; VASQUEZ, Reymonrod G. ; SARKAR, Santonu ; SHARMA, Vibhu: *Aligning Requirements Documents to Industry-Specific Process Models*. 2010. – Eingereicht zur Konferenz RE2010.

[Vol09] VOLERE: *List of Requirement Engineering Tools*. http://www.volere.co.uk/tools.htm. Version: 2009

[WBO99] WIEBE, Janyce M. ; BRUCE, Rebecca F. ; O'HARA, Thomas P.: Development and use of a gold standard data set for subjectivity classifications. In: *Proceedings of the Association for Computational Linguistics (ACL)*, 1999, S. 246–253

[Wit22] WITTGENSTEIN, L.: Tractatus Logico-Philosophicus. In: *London: Routledge, 1981* (1922). http://scholar.google.de/scholar.bib?q=info:1G2GoIkyCZIJ:scholar.google. com/&output=citation&hl=de&ct=citation&cd=0

[WRH97] WILSON, W.M. ; ROSENBERG, L.H. ; HYATT, L.E.: Automated Analysis of Requirement Specifications. In: *ICSE '97: Proceedings of the 19th International Conference on Software Engineering*, 1997. – ISBN 0–89791–914–9, S. 161–171

[YBL11] YUE, Tao ; BRIAND, Lionel C. ; LABICHE, Yvan: A systematic review of transformation approaches between user requirements and analysis models. In: *Requir. Eng.* 16 (2011), June, 75–99. http://dx.doi.org/http://dx.doi.org/10.1007/s00766-010-0111-y. – DOI http://dx.doi.org/10.1007/s00766–010–0111–y. – ISSN 0947–3602

[ZWRH06] ZHANG ; WITTE, René ; RILLING, Juergen ; HAARSLEV, Volker: An Ontology-based Approach for Traceability Recovery. (2006)